MICHEL PASTOUREAU

Alle unsere Farben

MICHEL PASTOUREAU

Alle unsere Farben

Eine schillernde Kulturgeschichte

Aus dem Französischen
von Andreas Jandl

Verlag Klaus Wagenbach Berlin

Für Laure, für Anne

… bevor in der Ewigkeit der Stille
die Farben unserer Erinnerungen vergehen.

Gérard de Nerval
(in einem Brief an Paul Chenavard, April 1848)

Farben in der Erinnerung

Farben zu bestimmen ist keine leichte Übung. Nicht nur haben sich die Farbdefinitionen über die Jahrhunderte verändert und variieren je nach Epoche und Gesellschaft, hinzu kommt, dass, selbst wenn man sich auf die heutige Zeit beschränkte, ein und dieselbe Farbe auf den fünf Kontinenten nicht in ein und derselben Weise wahrgenommen wird. Jede Kultur definiert Farben vor dem Hintergrund ihrer natürlichen Umgebung und klimatischer Gegebenheiten, begreift sie im Kontext der eigenen Geschichte, Erfahrungen und Traditionen. Die westlichen Erkenntnisse bilden keineswegs absolute Wahrheiten ab, sondern stehen in einer Reihe neben vielen anderen. Und stimmen dabei nicht einmal überein.

Ich besuche regelmäßig Kolloquien zum Thema Farbe, an denen Fachleute aus unterschiedlichsten Disziplinen wie der Soziologie, Physik, Linguistik, Malerei, Chemie, Geschichte und Anthropologie teilnehmen, bisweilen gesellen sich auch Experten aus Neurologie, Architektur, Stadtplanung, Design und Musik hinzu. Wir freuen uns alle sehr, uns bei diesen Zusammenkünften über ein gemeinsames Herzensthema austauschen zu können, merken jedoch schon nach kurzer Zeit, dass wir nicht über dasselbe reden: Jede und jeder geht beim Thema Farbe von anderen Definitionen, Vorstellungen und Gewissheiten aus. Und die lassen sich den anderen Fachleuten nicht leicht, manchmal fast gar nicht vermitteln. Mir scheint aber, dass wir Fortschritte gemacht haben und die Missverständnisse heute nicht mehr so groß sind wie noch vor 30 oder 40 Jahren. Als jemand, der seit über drei Jahrzehnten an solchen

Treffen teilnimmt, habe ich den Eindruck, dass in Chemie und Physik zunehmend die Fragestellungen und Untersuchungen aus den Geisteswissenschaften berücksichtigt werden, und im Gegenzug haben die Kolleginnen und Kollegen aus Soziologie, Linguistik und Geschichte ihre mittelmäßigen naturwissenschaftlichen Kenntnisse aufgebessert. Wenn wir so weitermachen, wird der Austausch für alle von Nutzen sein.

Das vorliegende, teilweise autobiografische Buch widmet sich ausschließlich der geisteswissenschaftlichen Perspektive. Die Idee dazu entstand über die Jahre während meiner Forschungen zur Farbgeschichte und Farbsymbolik. Irgendwann hielt ich die Zeit für gekommen, gewisse Erinnerungen aus der Welt der Farben weiterzugeben, Erinnerungen, die nicht nur meine individuelle Geschichte, sondern gesellschaftliche Gegebenheiten in Frankreich und Europa, unsere Bräuche und Codes der letzten 50 Jahre betreffen. Das Vorhaben war nicht rein narzisstischer Natur, eher ein wenig utopisch: Zum einen wollte ich aufzeichnen, was ich in fast sechs Jahrzehnten – von 1950 bis 2010 – in Bezug auf Farben gesehen, erlebt und empfunden hatte, zum anderen Geschichte und Moden transparent machen, Beständiges von Veränderlichem unterscheiden sowie die soziale, ethische, künstlerische, poetische und traumanalytische Dimension von Farben darstellen. Ich wollte zugleich Zeitzeuge und Historiker sein, wollte dokumentieren, erläutern, beobachten, erzählen, dabei kritisch beleuchten und kommentieren. Eine schwierige, nahezu unerfüllbare Aufgabe, der ich mich dennoch stellte, obwohl ich genau wusste, wie sehr man sich als Geschichtsschreiber vor dem »Zeugen seiner Zeit« in Acht nehmen muss. Nicht nur ist Letzterer lediglich *ein* Zeuge unter vielen, zwangsläufig voreingenommen, belehrend, eigenwillig und egozentrisch, allzu leicht gerät man auch an jemanden, der besonders viel meckert (»früher war alles besser«) oder absichtlich irreführt und dessen Gedächtnis, so gut es auch sein mag, keinesfalls unfehlbar ist.

Den Beweis dafür bekam ich beim erneuten Lesen eines Werks, das zugegebenermaßen bei der Entstehung meines Farbtagebuchs Pate gestanden hat: *Je me souviens* (Ich erinnere mich) von Georges Perec (1936–1982). Ich hatte das Buch 1978 gleich nach Erscheinen gelesen und kannte Teile davon aus früheren, noch sehr kleinauflagigen Ausgaben. In seiner kompletten Fassung besteht das Werk aus 479 Sätzen beziehungsweise Absätzen, die mit den Worten »Ich erinnere mich« beginnen und eine »banale, nebensächliche, vielleicht nicht jedem, doch sehr vielen bekannte« Begebenheit in Erinnerung rufen. Ich war schon lange ein Bewunderer Perecs und trug einige seiner Formulierungen, deren scheinbare Plattitüde mich begeisterte, viele Jahre mit mir herum. So auch den großartigen Satz: »Ich erinnere mich, dass ein Freund meines Cousins Henri, wenn er für seine Prüfungen lernte, den ganzen Tag im Schlafrock blieb.« Oder das selbst in seiner Zweideutigkeit so treffende Bekenntnis: »Ich erinnere mich an meine Schwierigkeiten, zu verstehen, was die Wendung *ohne Kontinuitätsunterbrechung* bedeutete.« Oder die so nüchterne wie lächerliche Verkündung: »Ich erinnere mich an den Mai '68.« Besonders aber erfreute mich ein Satz ungefähr aus der Mitte des Buches, eine Art geheimes Juwel; ein Satz, so schön und strahlend, dass er für Perec vielleicht der wichtigste seiner Sammlung war: »Ich erinnere mich, dass General de Gaulle einen Bruder namens André mit roten Haaren hatte, der stellvertretender Leiter der Pariser Messe war.«

Nur schwerlich lässt sich etwas Plumperes, Verzagteres, Komischeres zu Papier bringen. Allerdings ist der Satz, an den ich mich doch Wort für Wort erinnere, so in keinem Buch Perecs zu finden. Perec hatte lediglich geschrieben: »Ich erinnere mich, dass de Gaulle einen Bruder namens Pierre hatte, der Leiter der Pariser Messe war.« Ich hatte Perecs Text also ergänzt und verändert, hatte den Bruder des Generals umbenannt, ihn vom ehrenvollen Leiter zu dessen Stellvertreter degradiert, und vor allem hatte ich ihn zu einem Rotschopf gemacht, obwohl bei Perec weder von Haaren noch von Röte die Rede war. Ein ganz schöner Klops für einen Historiker. Dass »Pierre« zu »André« wurde, sei mir nachgesehen: In den Evangelien sind die beiden Brüder, und der Erste, der Jesus folgt, ist nicht Petrus, sondern Andreas. Außerdem ist André mein zweiter Vorname, und wahrscheinlich messe ich ihm mehr gesellschaftliche Geltung bei, als ihm eigentlich zukommt. Nachgesehen sei mir auch, dass ich ihn vom »Leiter« zum »stellvertretenden Leiter« gemacht habe: Letzteres klingt lachhafter, absurder, fast schon literarisiert. Ließe sich der stellvertretende Leiter nicht als Schöpfung im Sinne Georges Courtelines oder eines seiner Nachahmer verstehen? Aber woher kommen die roten Haare? Sollten sie etwas Kolorit ins Bild bringen? Vielleicht, um das Burleske der Figur zu unterstreichen: Der Bruder von General de Gaulle ist stellvertretender Leiter der Pariser Messe und hat rote Haare! Willkommen im Boulevardtheater.

Es war der Versuch, eine buntere Welt zu schaffen. Unsere visuellen Erinnerungen speichern wir nämlich oft ohne Farbzuschreibung ab, nicht einmal in Schwarz-Weiß oder in Graustufen. Eingelagert in den Tiefen unseres Gedächtnisses, sind sie meist achromatisch. Sobald wir sie aufrufen, sie zu einem bestimmten Zweck hervorholen, ergänzen und vervollständigen wir das Bild, mehr oder weniger bewusst, in seinen Formen und Farben: Unsere Erinnerung schärft Umrisse, zieht Linien, und unsere Fantasie verleiht ihnen Farbe – Farbe, die sie manchmal nie gehabt haben.

So wie de Gaulles Bruder nicht rothaarig war, weder im echten Leben noch in der Darstellung des freilich sehr fantasievollen Georges Perec, so hat André Breton, der im ersten Kapitel dieses Buchs auftaucht, vielleicht nie die gelbe Weste getragen, die ich ihm andichte, weder im Café an der Place Blanche auf dem Montmartre noch in der Erinnerung jener, die ihn gekannt haben. Vielleicht ist es mein lückenhaftes

Gedächtnis, das meiner lebhaften Fantasie erlaubte, ihn in diese Farbe zu kleiden. Der außergewöhnliche André Breton spielte tatsächlich eine Rolle in meiner frühen Kindheit und steht im Zentrum einer sehr frühen Farberinnerung. Habe ich von der rätselhaften gelben Weste nur geträumt, oder hat er sie wirklich getragen?

Die Leserschaft möge mir also verzeihen, wenn ich im Folgenden manche Gedächtnislücke mit meiner Fantasie ausfülle. Das vorliegende Farbtagebuch basiert aber nicht nur auf flüchtigen Eindrücken, subjektiven Erinnerungen und Erlebnissen, sondern beinhaltet auch Notate, wissenschaftliche Exkurse sowie philologische, soziologische und journalistische Beiträge. Auf seinem Weg durchstreift es zahlreiche Forschungsgebiete: Lexik und Linguistik, Mode und Bekleidung, Gegenstände und Tätigkeiten des täglichen Lebens, Embleme und Flaggen, Sport, Literatur, Malerei, das künstlerische Schaffen ganz allgemein. Reale und erdachte Farben vereinen sich zur geschichtlichen Darstellung der letzten fünf bis sechs Jahrzehnte, im Persönlichen wie im Kollektiven. Der Historiker weiß nur zu gut, dass die Vergangenheit nicht allein das ist, was war, sondern auch das, was die Erinnerung aus ihr macht. Erdachtes steht keineswegs im Gegensatz zur Wirklichkeit: Es ist weder ihr Gegenteil noch ihr Widerpart, sondern bloß eine weitere Realität – abweichend, fruchtbar, voller Melancholie, eine Realität, die unsere Erinnerungen komplizenhaft ergänzt.

Stoffe und Bekleidung

Im Anfang war das Gelb

Ist es meine älteste Erinnerung? Vielleicht nicht. Bestimmt aber die älteste in Farbe. Als mein Vater, Henri Pastoureau, sich endgültig mit André Breton überwarf, war ich gerade einmal fünf. Die beiden kannten sich seit 1932 und waren fast 20 Jahre lang trotz ihres unterschiedlichen Alters und Bekanntheitsgrades in einer intellektuellen Freundschaft verbunden gewesen, die zwar ihre Höhen und Tiefen hatte, aber beständig war. In den Nachkriegsjahren rief Breton mehrmals in der Woche an, und es war nicht ungewöhnlich, dass er zu uns nach Montmartre hinaufkam, um sich mit meinem Vater über irgendwelche surrealistischen Vorhaben und Veröffentlichungen zu unterhalten. Ab und zu besuchte er uns auch zum Abendessen und brachte mir Buntstifte und Papier mit, das alles andere als gewöhnlich war: nie einfach nur weiß, immer dick oder rau, unregelmäßig geformt, vielleicht handelte es sich um Reste aus einer Druckerei oder selbstausgeschnittenen Karton. Für mich als Kind war das unkonventionelle Papier allerdings ein wenig enttäuschend. Und das, obwohl Breton manchmal mit einer halben Kartoffel darauf »malte«: Mit etwas Tinte oder Wasserfarbe verwandelte er das Gemüse in eine Art Farbstempel zum Aufdrucken seltsamer Figuren. Er verlieh ihnen gerne fischähnliche Formen, und seine Farbwahl ging mit Vorliebe ins Grünliche. Einige seiner »Stempelbilder«, die mich in meiner surrealistischen Kindheit erfreuten, habe ich aufgehoben. Damals wusste ich noch nicht, dass

Kartoffelstempel in aller Welt auch zur Fälschung amtlicher Dokumente und Ausweispapiere hergestellt wurden.

Für meine Mutter waren die Abendessen mit Breton immer eine gefürchtete kulinarische Prüfung. In Essensfragen zeigte er sich nämlich sehr eigensinnig und erließ regelrechte Lebensmittelverbote. Beispielsweise durfte niemand ihm Karotten, Sardinen oder Kalbsleber auftischen. Erbsen hingegen waren willkommen, fast schon verpflichtend. Ihm Bier zu servieren war »infam« (ganz meine Meinung).

Zwar habe ich keine genaue Erinnerung an all die von Breton vor meinen Augen angefertigten Stempelbilder, meine Erinnerung an seine äußere Erscheinung hingegen ist ziemlich intakt. Er besaß drei Auffälligkeiten: Er war deutlich älter als mein Vater, hatte einen riesigen Kopf und trug eine gelbe Weste. Mehr noch als seine affektierte, für Kinderohren einschüchternde Stimme ängstigte mich sein Kopf: Der erschien mir im Vergleich zum restlichen Körper unverhältnismäßig groß und war von ungewöhnlich dichtem, langem Haar umgeben. Die Großmutter meines Schulkameraden Christian, die bei uns im Haus als Concierge arbeitete, nannte ihn wegen seiner Mähne den »Schamanen«. Tatsächlich schien es uns, als trüge er eine Maske. Erstaunlicherweise kommen Bretons Biografen selten auf seinen ungewöhnlichen Kopf zu sprechen, der mit seinen markanten Zügen und durch seine schiere Größe zweifelsohne Adel und Autorität vermittelte, die kleinen Kinder auf dem Montmartre jedoch in Angst und Schrecken versetzte. Vielleicht liegt darin auch der Ursprung von Bretons großem Interesse an Masken …

Noch deutlicher als sein häufig gemalter und fotografierter Kopf hat sich mir allerdings die Farbe seiner immertreuen Weste eingeprägt, ein mattes, warmes, fast liebliches Gelb, das ich auch heute noch ohne Schwierigkeiten auf einer Farbmusterpalette bestimmen könnte. Es ist unwahrscheinlich, dass Breton seine Weste zum Abendessen je vor meinen Augen ausgezogen hat, das tat er nur äußerst selten. Aber wie könnte eine Weste Anfang der 1950er-Jahre beschaffen gewesen sein, dass sie mich als kleinen Jungen so beeindruckte, aus welchem Material war sie – Leder, Fell, Wildleder? –, und wie genau war sie gefärbt? Hatte meine Erinnerung womöglich das Beige einer einfachen Woll- oder Filzweste in ein Honiggold verwandelt? Oder handelte es sich um das leuchtende Sattgelb eines exzentrischen Kleidungsstücks, wie Breton es bisweilen trug? – man denke nur an den »himmelblauen Frottee-Regenmantel«, in dem Claude Lévi-Strauss und andere ihn an Deck des Schiffs gesehen haben, das ihn nach Amerika brachte. Ich werde es wohl nie erfahren, da im Gegensatz zu meiner farbigen Erinnerung die von damals erhaltenen Fotografien alle schwarz-weiß sind. Welche Farbänderung hat das unter Umständen ganz gewöhnliche Kleidungsstück über die Zeit erfahren, und warum? Um die Erinnerung an einen ungewöhnlichen und in mancher Hinsicht furchteinflößenden Menschen lebendig zu halten? Oder um sie an jüngere Bilder anzugleichen, die dem Mythos von Breton eher entsprechen? Zwischen uns und unsere Erinnerungen schieben sich manchmal andere Gedächtnisbilder, eigene wie erzählte.

Im Grunde spielt es keine Rolle. André Breton wird in meiner Erinnerung immer mit einem bestimmten Gelbton verbunden bleiben, und mit ihm die gesamte surrealistische Bewegung. Für mich ist der Surrealismus auf ewig gelb, strahlend und geheimnisvoll gelb.

Die Wechselhaftigkeit der Streifen

Mit etwa 40 begann ich mich für die Geschichte und Symbolik von Streifen in den europäischen Gesellschaften zu interessieren. Ich behandelte das Thema in mehreren Seminaren an der *École pratique des hautes études*, die als Grundlage für ein Buch dienten, das 1991 im Verlag Le Seuil erschien und in etwa

30 Sprachen übersetzt wurde: *Des Teufels Tuch: eine Kulturgeschichte der Streifen und der gestreiften Stoffe*[1]. Ein solches Buch zu veröffentlichen war gar nicht so einfach: Die Verlagsleitung hielt das Thema für zu belanglos, vielleicht sogar für heikel, und es bedurfte großer Hartnäckigkeit seitens des Historikers Maurice Olender, dem Leiter der Reihe »La Librairie du XX siècle«, um die Publikation doch zu ermöglichen. Das Zögern des Verlags war an sich schon ein Geschichtszeugnis und eine Reaktion auf den Gegenstand des Buches. Ich wollte darin nämlich zeigen, dass Streifen in der westlichen Welt lange als negativ angesehen, gar als teuflisch gefürchtet wurden, und gestreifte Kleidung den Außenseitern und Geächteten vorbehalten war. Erst im 18. Jahrhundert kamen die »guten« Streifen in Umlauf, als Zeichen von Freiheit, Jugend und Kreativität. Die guten Streifen, die die »bösen« aber keineswegs verschwinden ließen, zierten im darauffolgenden Jahrhundert die Kleidung von Kindern, Dandys und Gauklern und eroberten anschließend Strände, Sportplätze und die gesamte Freizeitwelt.

Ich selbst machte schon früh unangenehme Bekanntschaft mit den »bösen« Streifen: als Fünfjähriger im Jardin du Luxembourg, den ich jeden Donnerstagnachmittag in Begleitung meiner Großmutter besuchte. Ich war schüchtern, misstrauisch und litt an Agoraphobie, weshalb ich es kaum wagte, mich weiter als 20 Meter von ihr zu entfernen, zumal sie sich mit Vorliebe in einen der Stühle am großen Wasserbecken setzte, das mir besonders gefährlich erschien. Ich fürchtete mich vor allem und jedem, vor dem Bootsverleiher, vor den keifenden Stuhlverleiherinnen (damals lieh man sich die ockergelben Stühle gegen Gebühr), vor den lauten republikanischen Gardisten, die wirklich jeden Donnerstag um 18 Uhr im Musikpavillon die Marseillaise spielten, und ganz besonders vor den

1 Michel Pastoureau, *Des Teufels Tuch: eine Kulturgeschichte der Streifen und der gestreiften Stoffe*, dt. von Marie Luise Knott, Frankfurt, Campus Verlag, 1995

Parkwächtern, deren dunkelgrüne Uniform mich als Kind an übelwollende Polizisten erinnerte.

Eines Donnerstags im April oder Mai kam einer von ihnen auf mich zu und warf mir vor, ich hätte hinter dem Becken eine verbotene Rasenfläche betreten, die über 50 Meter von uns entfernt lag. Das war natürlich ein Irrtum: Niemals hätte ich mich getraut, mich so weit weg zu bewegen oder einen verbotenen Bereich zu betreten. Ich war viel zu ängstlich und hielt mich viel zu genau an Vorschriften. Er musste mich mit einem anderen Jungen verwechselt haben, der ebenfalls ein weißes Baumwolloberteil mit marineblauen Streifen trug. Wir waren um die 50 Kinder im Park, die ein solches Kleidungsstück trugen, einen Abklatsch des Matrosenanzugs für kleine Jungen aus der Zeit um 1900. Es war nicht leicht, uns aus der Ferne zu unterscheiden. Doch der Parkwächter blieb stur, behauptete, er habe sehr gute Augen, wiederholte seine Anschuldigungen und sagte schließlich, als meine Großmutter mich verteidigte, den grausigen Satz: »Dann stecke ich dich und deine Oma eben ins Gefängnis.« Ich brach in Tränen aus und klammerte mich schreiend an den Rock meiner Großmutter, vollkommen verschreckt angesichts dieses hochrot angelaufenen Mannes mit seinem gallischen Schnurrbart und dem viel zu großen Käppi. Wir rannten fast davon, während er mit seiner Pfeife herumfuchtelte und rief: »Ins Gefängnis, ins Gefängnis!« Meine Großmutter war zu wohlerzogen, um ihn zu beschimpfen, das übernahmen andere Leute, daran erinnere ich mich noch.

Während dieses kurzen Dramas offenbarten die Streifen sich in ihrer ganzen Ambivalenz und Widersprüchlichkeit, erfüllten gleich mehrere althergebrachte Funktionen, über die ich viel später als Historiker forschen sollte: Streifen sind jung, verspielt, fröhlich und gut zu erkennen, aber sie können auch trügerisch und gefährlich sein, uns erniedrigen und unserer Freiheit berauben. Damals hatten die bösen Streifen über die guten gesiegt, und mein blau-weißes Pseudomatrosenhemd hatte mir kein Glück gebracht. Ich wollte es nicht mehr tragen, auch kein anderes in der Art. Was zumindest einen positiven Effekt hatte, denn später, kurz vor der Pubertät, nahm ich ziemlich zu, und die Querstreifen eines Matrosenhemds hätten meine jugendliche Molligkeit nur noch betont.

Den Jardin du Luxembourg mieden wir ein paar Monate lang und gingen stattdessen in den etwas weiter entfernten, öderen und tristeren Parc Montsouris. Der brachte meine Großmutter um die Treffen mit ihren üblichen Parkgefährtinnen und mich um das Schauspiel der grauen und rötlichen Esel, die den ganzen Nachmittag ihre Runden um die große Rasenfläche drehten und äpfelten. Elender Parkwächter!

Der marineblaue Blazer

Ich kann mich nicht erinnern, vor dem 13. Lebensjahr je ein Jackett getragen zu haben. Diese Freiheit endete im Frühling 1960, als ich mit meinen Eltern zur Hochzeit einer ehemaligen PTA aus der Apotheke meiner Mutter eingeladen wurde, einer jungen Frau, die sich, als ich kleiner war, viel um mich gekümmert und mir einen Blick auf die Welt und die Gesellschaft eröffnet hatte, der sich von dem meiner Familie unterschied. Man beschloss, mir für diesen Anlass eine graue Anzughose und einen marineblauen Blazer zu besorgen. Der Einkauf erfolgte bei einem Herrenausstatter, dem größten der südlichen Pariser Vorstadt, wo wir damals wohnten. Ich habe die devote Stimme des Verkäufers noch im Ohr, als er ironisch bemerkte: »Recht kurvig, der junge Mann.« Womit er auf meinen breiten Hintern anspielte. Die Auswahl der Hose verlief dennoch problemlos.

Anders als beim Blazer, und das lag an mir. Ich hätte lieber einen Zweireiher gehabt, in dem ich, wie ich fand, ein wenig nach Admiral oder sogar Flieger ausgesehen hätte, doch der unausstehliche Verkäufer überzeugte meine Mutter davon, ich sei für das Kleidungsstück zu korpulent. Es sollte also ein Einreiher werden, was mir widerstrebte. Nicht wegen der Form, sondern wegen der Farbe. Ich hatte nämlich gesehen, dass bei dem eigentlich gut sortierten Ausstatter die marineblauen Einreiher für Teenager blasser gefärbt waren als die Zweireiher. Nur um einen Deut, aber da ich bereits ein Gespür für Farben und Nuancen hatte, sagte mir meine Empfindung, dass ein nicht absolut sattes Marineblau kein richtiges Marineblau war. Mitschüler aus wohlhabenderem Elternhaus trugen bereits Jacketts, und ich wusste, dass bei ihnen das Blau ein anderes war als das des mir angebotenen Einreihers: dunkler, dichter, nicht so nah am Violett; in einem Wort, weniger »vulgär«.

Jugendliche haben ihre eigene Vorstellung davon, was vulgär ist, aber oft tun sie sich schwer, Erwachsenen zu vermitteln, was genau sie meinen. Fest steht jedoch, dass etwas – in ihren Augen – Vulgäres absolut tabu ist. Bei dem »beinah marineblauen« Blazer war dies der Fall, er war untragbar, hässlich und machte mich wahrscheinlich auch dicker! Anprobe, Ablehnung, Diskussion, Vergleich, erneute Anprobe, Hinzurufen eines anderen Verkäufers, schließlich des Abteilungsleiters, ein beeindruckender Mann, der mich überraschenderweise in meiner Meinung bestärkte. Nichts zu machen: Ich konnte mich nicht durchsetzen. Ein schneller Gang auf die Straße ins Tageslicht bestätigte meine Mutter darin, dass das Blau des Blazers ein sehr akzeptables, klassisches war und meine Farbkapriolen – es war nicht der erste Zwischenfall dieser Art – keine Berechtigung hatten. Der Verkäufer feixte. Der Abteilungsleiter weniger, da die Zweireiher teurer waren als die Einreiher. Ich musste zu der Hochzeit also das verfluchte Ding anziehen und schämte mich wie selten zuvor. Keiner meiner Schulkameraden war da, nur wenige Gäste kannten mich, und natürlich bemerkte niemand, dass mein Marineblau nicht ganz marineblau war. Aber ich spürte es, wusste es, und der winzige Nuancenunterschied ließ mir keine Ruhe. Ich hatte das Gefühl, dass alle auf den scheußlichen Blazer stierten.

Das Ereignis hatte keine direkten Folgen, außer dass mir meine Farbüberempfindlichkeit damals, mit ungefähr 13, erstmals richtig bewusst wurde. War sie Geißel oder Geschenk? Wahrscheinlich beides. Meiner Überempfindlichkeit verdanke ich absurde und auch schmerzhafte Situationen, aber ich verdanke ihr auch mein ausdauerndes Interesse an Farben und deren Darstellung, an dem schier unendlichen Feld farbbezogener Beobachtungen und Überlegungen, worin heute der Großteil meiner Arbeit als Historiker liegt.

Die Geschichte des Marineblaus, zu der ich später verschiedentlich forschte, ist ein Beispiel unter vielen. Ohne die Aufregung um den Blazer wäre ich vielleicht nie auf die besondere Blaunuance, die sich lange Zeit durch Färben nur schwer herstellen ließ, aufmerksam geworden. Vor dem 18. Jahrhundert traf man sie in der europäischen Mode selten an. Erst die massive Einfuhr von Indigo aus der Neuen Welt und die (zufällige) Entdeckung von Preußischblau verhalfen ihr ab 1750 langsam zu mehr Popularität. Doch Konkurrenz im Kreis der dunklen Farben machte das Marineblau dem Schwarz erst gegen Ende des 19. Jahrhunderts, und in größerem Rahmen erst nach dem Ersten Weltkrieg, vornehmlich in den Städten. Innerhalb weniger Jahrzehnte wurden viele Herrenkleider, die aus unterschiedlichen Gründen schwarz gewesen waren, durch marineblaue ersetzt. Angefangen bei der Dienstbekleidung. Zwischen 1900 und 1950 wechselten vielerorts, je nach Land in anderem Tempo und nach anderen Maßgaben, zahlreiche Uniformträger von Schwarz zu Marineblau: Matrosen, Feldhüter, Gendarmen, Polizisten, Feuerwehrleute, Zöllner, Postbeamte, einige Soldaten, die meisten Internatsschüler, die Wölflinge bei den Pfadfindern, die ersten Sportler und jüngst sogar einige Geistliche. Zwar vollzog sich dieser Wandel nicht systematisch – es gab immer wieder Ausnahmen –, aber zwischen 1880 und

1960 verdrängte das Marineblau allmählich das Schwarz und wurde in Europa wie in den USA zur vorherrschenden Farbe von Uniformen aller Art. Bald folgten auch die Zivilisten dem Beispiel: Ab den 1920er-Jahren, vor allem aber nach 1950, ist eine Abkehr vieler Männer von den traditionellen schwarzen Anzügen, Jacketts und Hosen zu beobachten, sie trugen, insbesondere im Frühjahr und im Herbst, Marineblau. Der Blazer ist das offenkundigste Beispiel dieser Revolution, die gewiss als eines der großen kleidungs- und farbgeschichtlichen Ereignisse des 20. Jahrhunderts in Erinnerung bleiben wird.

Subversive Hosen

Januar 1961, ein kalter, sogar eisiger Winter. Der nach den Feiertagen massenhaft gefallene Schnee bleibt liegen, die Straßen und Gehsteige sind spiegelglatt. Ich gehe in die neunte Klasse am Lycée Michelet in Vanves, eine der seltenen gemischten Klassen dieser Schule, an der es ohnehin nur wenige Mädchen gibt – und auch das nur vom sechsten bis zum neunten Schuljahr, da gemischte Klassen an staatlichen Einrichtungen ab der Zehnten als gefährlich gelten. Generell ist es Mädchen nicht erlaubt, in Hosen zum Unterricht zu erscheinen, außer im Sportunterricht, wo sie Trainingshosen tragen dürfen. Lediglich an besonders kalten Tagen werden statt der Röcke und Kleider auch Hosen toleriert, sofern es sich nicht um Bluejeans handelt, denn die betrachtet man als ungehörig oder gar subversiv.

Trotz der Toleranzregelung wird eines Dienstagmorgens zwei Schülerinnen, zwei Schwestern, von denen eine bei mir in der Klasse ist, die andere in der Siebten, der Zutritt zum Gebäude verweigert. Die beiden sind in Hosen gekommen, und obwohl es sich nicht um Bluejeans handelt, erachten die pflichteifrigen Herren von der Hausmeisterei die Kleidung als »unanständig« (!) und lassen die Mädchen nicht herein. Am folgenden Tag spitzt sich die Angelegenheit zu, die Eltern mischen sich ein, Petitionen und Gerüchte machen die Runde. Da niemand die genauen Gründe für den Ausschluss kennt, fantasiert die männliche Schülerschaft sich einiges über die famosen Hosen zusammen. Ein paar »Große« aus der zehnten und elften Klasse stellen sie sich aufreizend vor, hauteng oder mit anzüglichem Flitter besetzt. Die Jüngeren können nur schwer nachvollziehen, dass Hosen so viel Aufsehen erregen. Die beiden vom Unterricht Ausgeschlossenen sind schüchterne, brave, gute Schülerinnen. Die Sache währt zum Glück nicht lange, der Wirbel legt sich schnell wieder, die Verwaltung macht einen Rückzieher und die Kälte auch. Als meine Mitschülerin eine Woche später zurück in den Unterricht kommt, erfahre ich den wahren Grund für den Skandal: Die Hosen waren rot.

Kein Rot in einer staatlichen Schule! Zumindest keine rote Kleidung. So lautete die ministerielle Leitlinie im Schuljahr 1960/61. Wenngleich nirgends schriftlich fixiert, hatte diese ungeschriebene Regel beinahe die Kraft eines Gesetzes. Tatsächlich kann ich mich nicht entsinnen, in den unteren Klassen am Lycée jemals einen Schüler in roter Kleidung gesehen zu haben. Ich erinnere mich lediglich an den roten Schal unseres Zeichenlehrers, eines griesgrämigen Schönlings, der den musengeküssten Künstler gab und sich fortwährend in Samt kleidete. Der Schal ersetzte die Krawatte, die er nie trug. Sein Sohn, eine kleine Knallcharge in meinem Alter, kopierte den Kleidungsstil des Vaters, obwohl sein Schal, wenn ich mich nicht täusche, ganz banal braun war.

Ich bezweifle, dass die Hosen der heimgeschickten Mädchen so provokant oder aggressiv rot waren wie der Schal des Zeichenlehrers. Wahrscheinlich waren sie dunkel- oder mattrot, glanzlos, wie seinerzeit üblich. Nur Skihosen sah man damals in kräftigem »Wintersport«-Zinnober leuchten. Doch was hatten der Hausmeister und seine Mannen – und über ihnen die Verwaltung – wirklich von zwei Kindern in roten

Hosen zu befürchten? Wo lag die Gefahr? Schwer vorstellbar, dass irgendwer in der Farbe der Kleidung einer Elf- und einer Vierzehnjährigen ein politisches oder gar aktivistisches Rot erkennen könnte, also ein Bekenntnis zum Kommunismus. Derartige Wahnvorstellungen hatte die Schulverwaltung wohl doch nicht. Zumindest nicht in dieser Hinsicht: Sie sorgten sich nicht um Politisches, sondern um die »Sitten«. Immer wenn ein Aufseher einen Schüler bei einem Vergehen ertappte, brachte er ihn zur Hauptaufsicht und spulte den rituellen Satz ab: »Herr Zensor, der Schüler hat soeben eine sehr große Dummheit begangen.« Woraufhin sich dieser besorgt erkundigte: »Etwas gegen die Sitten?« Verneinte der Aufseher, folgte ein erleichtertes Seufzen – und das Vergehen, egal wie schlimm, war halb vergeben. Im Übrigen betätigte sich am Gymnasium fast niemand politisch, und im Winter 1960/61 kam die Gefahr für den Staat nicht von Seiten der Kommunisten, sondern von Seiten der »Organisation der geheimen Armee«, der OAS, deren Farbe keineswegs Rot war.

Die Gründe, warum Rot in den Schulen auf Ablehnung stieß, lassen sich eher in einer nicht klar umrissenen Assoziationssphäre und in abwegigen Vorstellungen zu der Farbe finden. Rot galt und gilt immer noch als Signal für Gefahr oder Grenzverletzung. Teils bewusst, teils unbewusst wurde die Farbe stets mit Feuer und Blut, Gewalt und Krieg, Schuld und Sünde assoziiert. Zu intensiv, zu kräftig, zu verführerisch – in seinen Zuschreibungen setzte sich Rot von den übrigen Farben ab und fand im Alltag nur sehr wenig Platz. Im Straßenbild war Rot damals weniger vertreten als heute (und es ist immer noch selten). In der Schule beschränkte sich die Funktion der Farbe Rot darauf, in Klassenbüchern, Klassenarbeiten und Schreibheften Fehler zu markieren, zu verwarnen oder Strafe anzudrohen. Eine undankbare Rolle für eine Farbe, die doch oft für die schönste gehalten wurde.

In meiner Jugend, zu Beginn der 1960er-Jahre, galten Jeans bereits als eine Art Uniform. Zumindest für Jugendliche in dem sozialen Umfeld, in dem ich mich bewegte: der mehr oder minder wohlhabenden Mittelschicht. Die blauen Hosen hatten einen rebellischen Ruf, Autoritäten nahmen sie mit Argwohn in den Blick. Wie bereits erwähnt war das Tragen von Jeans in der Schule verboten, Gleiches galt für Ferienlager und Sportvereine. Jeans wurden vor allem in der Freizeit getragen, und trotz ihrer Schwere und Beschaffenheit galten sie als Kleidung für entspannte Momente, beispielsweise am Meer. In der Bretagne mauserten sich die Bluejeans, in Kombination mit einem marineblauen Pullover und einem weißen oder hellblauen Hemd, bei jungen Menschen zu einer regelrechten Uniform.

Seinerzeit waren alle Jeans blau. Viele ältere Menschen benutzen heute noch den Begriff »Bluejeans«, der für Jugendliche auch damals schon alt und nach Pleonasmus klang. Meine Großmutter und ihre Schwester, die beide in England gelebt hatten, waren außerstande, einfach nur »Jeans« zu sagen: Sie blieben bei »Bluejeans« – ausgesprochen mit englischem Akzent, einem übertrieben verzogenen Mund und leicht vorwurfsvollem Unterton.

Alle Jeans waren blau, aber nicht in gleicher Weise. Die unendlich vielen Farbvarianten durch die heute üblichen Färbe- und Bleichverfahren (*bleached, stone used, double stone, stone dirty, stone destroy, rinse washed* et cetera) gab es zwar noch nicht, aber das Spektrum an Blautönen war bereits recht groß. Jede Marke hatte ihre eigene Farbpalette und deklinierte sie auf verschieden dicken Baumwollstoffen unter Beimischung verschiedener Anteile sonstiger Fasern durch. Für die Jugendlichen waren die unterschiedlichen Blautöne von Bedeutung, während ihre Eltern die Nuancen anscheinend nicht wahrnahmen (was sich ein paar Jahre später schon änderte); ebenso viel

Bedeutung maßen sie dem Schnitt, dem Stoff und den Schildern bei. Es gab solche und solche Jeans, und die Jugendlichen wussten beim Kauf ganz genau, was sie wollten und was nicht. Doch fragte man nicht immer nach ihrer Meinung. Die »richtige« Jeans, ihr Inbegriff, war die berühmte, in den 1930er-Jahren entworfene und seither kaum abgewandelte »Levi's 501«. Allein ihre Farbe hatte sich verändert, sie war heller geworden und in verschiedenen Blautönen erhältlich: unterschiedlich dunkel gefärbt, eher satt oder eher verwaschen. In den Augen der Sechzigerjahre-Jugend wirkte eine zu dunkle, fast marineblaue Jeans altmodisch, »spießig«, geradezu »hinterwäldlerisch«. Andererseits verlor eine zu helle Jeans, die schon ins Himmelblau ging, ihre Aufmüpfigkeit und Authentizität. Der richtige Farbton lag dazwischen, ein mittleres Blau, verwaschen, aber nicht zu sehr, etwas ins Gräuliche gehend, aber auf keinen Fall ins Violette (absoluter Horror!), nicht wirklich einfarbig, aber auch nicht fleckig-verwaschen. Ich sehe den Farbton noch heute vor mir, auch wenn er sprachlich schwer zu fassen ist, ein Blau, wie es zwischen 1960 und 1965 »absolut angesagt« war. Die Grausamkeit der Jugendlichen ging so weit, dass Altersgenossen mit Jeans in anderen Blautönen nicht selten Spott und Schikanen erfuhren.

Später, gegen Ende der 1960er-Jahre, wurde das Spektrum der Farbvarianten erheblich erweitert. Das Blau verlor sein Monopol, ebenso wie der grobe Baumwollstoff. Einfarbige und gestreifte Samtjeans in unterschiedlichsten Farben wurden populär, später auch Leinenhosen. Neue Codes etablierten sich und mit ihnen ein neues Sektierertum. Was Kleidungsfragen angeht, war die Zeit um 1968 für junge Menschen weniger von Freiheit geprägt als vielmehr von neuer Ausgrenzung, die oft gnadenloser war als zuvor.

Bleiben wir bei der Jeans, dem heute meistgetragenen Kleidungsstück der Welt. Seit der Westen nicht mehr die Exklusivrechte am blauen Gold hat, seit es immer mehr Marken und Submarken gibt und mit ihnen vielerlei Nachahmungen und Fälschungen, ist die Palette der Blautöne quasi unendlich geworden: Jedes Exemplar besitzt seine ganz eigene Farbe, die vom Besitzer mitunter »customized« wurde. In der Soziologie und Psychologie sieht man darin ein weiteres Zeichen des heute verbreiteten Individualismus. Doch handelt es sich wirklich um Individualismus, wenn die Einzelpersonen sich alle in die gleiche Richtung orientieren? Darüber lässt sich wunderbar streiten. Doch wollen wir hier lediglich die Geschichte einer Hose erzählen, die zu einem unumgänglichen gesellschaftlichen Phänomen geworden ist.

Wie alle Dinge von starker Symbolkraft umwittert die Ursprünge der Jeans ein gewisses Geheimnis. Dafür gibt es verschiedene Gründe, doch dürfte vornehmlich der Brand dazu beigetragen haben, der 1906 in San Francisco nach dem großen Erdbeben das Archiv der Firma Levi Strauss zerstörte, in der die berühmte Hose ein halbes Jahrhundert zuvor erfunden worden war. So begab es sich im Frühjahr 1853, dass der junge, aus Bayern stammende Levi Strauss, dessen Vorname erstaunlicherweise unbekannt blieb, mit 24 Jahren als kleiner jüdischer Hausierer von New York nach San Francisco zog, wo das Goldfieber seit 1849 für einen beachtlichen Bevölkerungszuwachs gesorgt hatte. Er brachte viele Rollen Zeltstoff und Wagenplane mit und hoffte, von deren Erlös sein Leben bestreiten zu können. Doch der Verkauf lief schleppend. Ein Pionier erklärte ihm, statt Zeltstoff brauchten die Leute in dem Teil Kaliforniens eher praktische und haltbare Hosen. Daraufhin ließ der junge Levi Strauss aus seiner Zeltplane Hosen schneidern. Ein augenblicklicher Erfolg, der den kleinen Hausierer aus New York zum Konfektionsproduzenten und Textilindustriellen machte. Gemeinsam mit seinem Schwager gründete er eine über die Jahre beständig wachsende Firma. Obwohl sie die Produktpalette erweiterten, blieben Overalls und Hosen das Kerngeschäft. Damals waren die Hosen noch nicht blau, sondern rangierten zwischen eierschalfarben und dunkelbraun. Die Zeltplane erwies sich zwar als sehr stabil, war jedoch auch sehr schwer, rau und schwierig zu verarbeiten. Und so ersetzte Levi Strauss sie zwischen 1860 und 1865 schrittweise durch Denim, einen aus Europa importierten, ausschließlich mit Indigo gefärbten Stoff. Die *blue jeans* war geboren.

Die Herkunft des englischen Begriffs *denim* ist umstritten. Möglicherweise handelt es sich um eine Verkürzung des französischen »serge de Nîmes«, eines Stoffes aus Wolle und Seidenabfällen, der mindestens seit dem 16. Jahrhundert in der Gegend von Nîmes hergestellt wurde. Jedoch bezeichnete er seit dem Ende des 17. Jahrhunderts auch ein Mischgewebe aus Leinen und Baumwolle, das man damals im gesamten Bas-Languedoc produzierte und nach England exportierte. Daneben hieß ein feines Wolltuch, das zwischen der Provence und dem Roussillon an den Gestaden des Mittelmeers hergestellt wurde, im Okzitanischen *nim* – vielleicht rührt der Ursprung von *denim* auch hierher. Die Forschung ist uneins, und der Regionalchauvinismus der Autoren, die sich zu der Frage äußern, macht es dem Bekleidungshistoriker keineswegs einfacher.

Wie dem auch sei, bezeichnete *denim* zu Beginn des 19. Jahrhunderts in England und den USA einen sehr belastbaren, mit Indigo gefärbten Baumwollstoff. Er wurde hauptsächlich für die Kleidung von Bergleuten, Arbeitern und Sklaven verwendet. In den 1860er-Jahren ersetzte Denim allmählich den Jeansstoff, auch bei der Produktion von Hosen und Latzhosen im Hause Levi Strauss. »Jeans« ist übrigens die phonetische Transkription im Englischen von *genoese*, was »aus Genua« bedeutet. Die Zelt- und Planenstoffe, die der junge Levi Strauss verarbeitet hatte, gehörten ursprünglich zu einer Gattung von Stoffen aus Genua und Umgebung, die zunächst aus einer Mischung von Wolle und Leinen bestanden, später von Leinen und Baumwolle, und seit dem 16. Jahrhundert zu Schiffssegeln, Seemannshosen, Zelten und Planen verarbeitet wurden.

In San Francisco hatte Levi Strauss' Hose bereits um 1855 in einer Art Metonymie den Namen ihres Materials angenommen: Jeans. Als man gut zehn Jahre später den genuesischen Leinenstoff durch Denim ersetzte, blieb der Name dennoch bestehen. 1872 begann Levi Strauss eine Zusammenarbeit mit dem Schneider Jacob W. Davis aus Reno, der zwei Jahre zuvor eine Holzfällerhose mit genieteten Gesäßtaschen entwickelt hatte. Fortan wurden auch die Jeans von Levi Strauss mit Nieten versehen. Obwohl der Begriff *blue jeans* erst 1920 im Handel auftauchte, waren die Jeans von Levi Strauss – da Denim traditionell mit Indigo gefärbt wurde – bereits in den 1870er-Jahren durchweg blau. Der Stoff war allerdings zu grob und zu dick, um die Farbe dauerhaft zu binden, sodass er als »nicht farbecht« galt. Doch gerade die Farbschwankungen erwiesen sich als Grund für den Erfolg: Das gefärbte Material der *blue jeans* wirkte lebendig und entwickelte sich zusammen mit ihren Trägern weiter. Einige Jahrzehnte später, als es dank der Fortschritte in der Farbstoffchemie möglich war, mit Indigo gleichmäßig und dauerhaft zu färben, mussten die Jeanshersteller ihre blauen Hosen extra bleichen oder auswaschen, um den gleichen Farbeffekt wie bei den Ursprungsmodellen zu erreichen.

In den 1890er-Jahren endete das Markenpatent der Firma Levi Strauss. Konkurrierende Hersteller boten Hosen aus feineren Stoffen, leicht variiert und zu niedrigeren Preisen an. Die 1908 gegründete Firma Lee beispielsweise trat 1926 mit der Idee in Erscheinung, die Knöpfe am Hosenschlitz durch einen Reißverschluss zu ersetzen. Als stärkster Konkurrent jedoch erwies sich ab 1919 die Firma Blue Bell (1947 in Wrangler umbenannt). In Reaktion auf die Blue-Bell-Produkte entwarf man bei Levi Strauss in San Francisco (der Firmengründer war 1902 als Milliardär gestorben) die »Levi's 501« aus doppeltem Denim mit den originalgetreuen Nieten und Metallknöpfen. Um Verwechslungen zwischen den original Levi-Strauss-Jeans und denen der Konkurrenz zu vermeiden, wurde ab 1936 der Markenname auf einem kleinen roten Etikett am oberen Rand der rechten Gesäßtasche eingenäht. Erstmals in der Bekleidungsgeschichte prangte ein Markenname auffällig auf der Außenseite eines Kleidungsstücks.

Inzwischen trug man die Jeans längst nicht mehr nur bei der Arbeit. Sie hatte sich auch als Freizeitbekleidung etabliert, insbesondere unter den Gutbetuchten im Osten der USA, die ihren Urlaub bevorzugt im Westen verbrachten und sich dort gern als Cowboys und Pioniere gaben. Diesseits des Atlantiks erschien 1935 in der französischen Hochglanzrevue *Vogue* eine erste Anzeige für Jeans als »stilvolles« Beinkleid. Vermehrt tauchten nun Studenten in Jeans auf dem Campus einiger Universitäten auf, vornehmlich Studenten im dritten und vierten Semester, die eine Zeitlang versuchten, das Tragen von Jeans für »Erst- und Zweitsemester« untersagen zu lassen. Jeans wurden zu einem Kleidungsstück für junge Männer aus urbanen Milieus, später auch für Frauen.

Nach dem Zweiten Weltkrieg erreichte der Trend die breite westeuropäische Bevölkerung. Zunächst bevorratete man sich mit Jeans direkt aus amerikanischen Beständen, später bauten verschiedene Hersteller eigens Fabriken in Europa. Zwischen 1950 und 1970 griff das Tragen von Jeans unter Jugendlichen geradezu um sich. In der Soziologie erkannte man darin ein echtes, durch die Werbung stark beeinflusstes (oder sogar herbeimanipuliertes) gesellschaftliches Phänomen und wertete das androgyne Kleidungsstück als Zeichen der Revolte.

In den achtziger Jahren wandten sich in der westlichen Welt jedoch viele junge Menschen allmählich wieder von der Jeans ab und zogen ihr andere Schnitte, andere Stoffe und vielfältigere Farben vor. Trotz der Bestrebungen zur Farbdiversifizierung in den sechziger und siebziger Jahren waren die meisten Jeans weiterhin blau, wenngleich in Nuancen (wie heute noch). Während in Westeuropa das Jeanstragen abnahm (in den 1980er-Jahren war es in modebewussten Kreisen geradezu verpönt), entwickelte die Jeans sich in den sozialistischen und sogar in muslimischen Ländern zu einem Kleidungsstück des Protests, das für eine Öffnung gen Westen, dessen Freiheit, Moden und Werte stand.

Die Geschichte und den Symbolgehalt der Jeans auf den Aspekt des Protests und der Befreiung zu reduzieren wäre jedoch übertrieben, wenn nicht gar falsch. Schon ihre Farbe verbietet es: Ein blaues Kleidungsstück ist niemals subversiv. Die ursprünglich für Männer gedachte Arbeitshose wandelte sich zu einem Freizeitkleidungsstück für alle, unabhängig von Geschlecht und sozialer Schicht. Zu keinem Zeitpunkt, auch nicht in den letzten Jahrzehnten, war sie allein der Jugend vorbehalten. Macht man sich die Mühe und analysiert, wer in Nordamerika und Europa zwischen dem Ende des 19. und dem Beginn des 21. Jahrhunderts Jeans trug, stellt man schnell fest, dass es sich um ein ganz gewöhnliches Kleidungsstück von ganz gewöhnlichen Menschen handelte, die weder rebellierten noch Grenzen übertreten wollten oder sich sonst irgendwie hervortaten, also einfach um eine robuste, praktische Hose. Kurzum, ein recht neutrales Kleidungsstück.

Die Farbe auf unserer Haut

Ich habe kaum Erinnerungen an Unterwäsche. Zumindest nicht an meine eigene. Wann trugen die Jungs meiner Generation erstmals etwas anderes als weiße Unterhosen oder Slips? Ich weiß es nicht mehr. Vielleicht war ich schon auf der

Oberschule, als ich die weiße Wäsche zunächst um hellblaue, dann um marineblaue ergänzte. Ich habe noch lebhaft vor Augen, was für eine absurde Truppe wir bei der jährlichen Schuluntersuchung abgaben: alle in Weiß.

Sehr viel genauer erinnere ich mich an die Kataloge für Damenunterwäsche, in denen meine Schulkameraden und ich als Vierzehn- und Fünfzehnjährige mit erster Sinneslust blätterten. Es waren keine Schmuddelheftchen, nur die Dessous-Seiten der bekannten Versandhauskataloge: hübsche Models in Unterwäsche, man musste sich nicht damit verstecken.

Die Farbpalette war bereits groß. Knallige Töne kamen selten vor, dafür war die Vielfalt bei den Pastelltönen sehr ausgeprägt, sie reichte von Himmelblau über Lindgrün und Cremegelb bis hin zu Zartrosa und Malve, ganz zu schweigen von Farbtönen wie Altrosa, Ecrü, Elfenbein und Champagner, Sand- und Aschetönen, um nur einige zu nennen. Eine amtliche Bandbreite, deutlich facettenreicher als bei der Vorgängergeneration, wenn auch nicht ganz so bunt und unbändig wie heutzutage. Bewusst wurde mir das allerdings erst 15 Jahre später, als ich mich mit Kleiderordnungen und ihrer Farbgeschichte beschäftigte.

In Europa war sämtliche Kleidung, die den Körper berührte, über Jahrhunderte weiß oder ungefärbt. Die Gründe dafür waren sowohl materieller (da Wäsche zur Reinigung oft gekocht wurde, würden gefärbte Stoffe schnell ausbleichen) als auch hygienischer (Weiß als Symbol der Reinheit konnte durch nichts verunreinigt werden) und moralischer Art (grelle Farben galten als unschicklich). Nach und nach, zwischen 1850 und 1950, wurde das Weiß der Unterwäsche, Hemden, Bettbezüge, Matratzen und Handtücher allmählich abgelöst von Farben – Pastelltönen – oder Streifen (Weiß als Farbe, die eine andere »bricht«). Was um 1830 noch unüblich war, erfreut sich ein Jahrhundert später großer Beliebtheit: rosafarbene Unterwäsche, hellblaue Unterröcke und lindgrüne Hemden, beige

Handtücher und gestreifte Matratzenbezüge. Ab 1960 wurden Weiß und Ecrü seltener, und neben den Pastelltönen erfuhren lebendige, satte Farben einen Aufschwung. Sukzessive brachen meine und die Generation meiner Kinder Tabus, die für unsere Groß- und Urgroßeltern unantastbar gewesen waren: Man trug zitronengelbe oder marineblaue Unterwäsche, trocknete sich mit orangefarbenen oder dunkelgrünen Handtüchern ab, schlief in blutroter, violetter und sogar schwarzer Bettwäsche. Schwarzer Bettwäsche! Gibt es Menschen, die in schwarzer Bettwäsche schlafen? Ich kenne niemanden, aber seit gut 20 Jahren werden solche Bezüge und Laken in Geschäften und Katalogen zum Verkauf angeboten. Werden sie wirklich gekauft? Ich glaube kaum. Riskiert nicht, wer in schwarzer Bettwäsche schläft, einen nächtlichen Besuch des Teufels?

Zurück zur etwas subtiler konnotierten Damenunterwäsche. Seit die Farbauswahl in den 1960er-Jahren größer wurde, und zwar nicht nur in bizarren Kleinstmilieus am Rande der Gesellschaft, sondern in allen Schichten, kam Farbe eine Wichtigkeit zu, mit der in der Werbung gespielt wurde: »Sage mir, welche Farbe du unter deinem Kleid trägst, und ich sage dir, wer du bist« (oder zumindest, welches Bild du von dir hast beziehungsweise vermitteln willst). Farbcodes erfuhren eine schnelle Verbreitung, verloren dann aber an Bedeutung, wie sich am Schicksal der Farbe Schwarz zeigen lässt. Anders als das brave, hygienische Weiß galt Schwarz eine Zeitlang als erotisch, unmoralisch und war den Verführungsprofis vorbehalten. In den letzten beiden Jahrzehnten des 20. Jahrhunderts verlor Schwarz den Aspekt des Anstößigen und der Ausschweifung jedoch vollständig und wurde so alltäglich, dass es heute bei Frauen die häufigste Unterwäschefarbe ist. Unter einem dunklen Rock oder einer dunklen Bluse tragen manche lieber schwarze statt weißer Unterwäsche. Andere finden, dass Schwarz besser zu ihrer Hautfarbe passt. Wieder andere – sehr viele – haben erkannt, dass bei heutigen Synthetikstoffen Schwarz am längsten gegen das Auswaschen in der Maschine standhält. Dem Schwarz eines Slips oder eines BHs haftet nichts Verpöntes oder Erotisches mehr an.

Das Weiß wiederum hat seine einstige Unschuld eingebüßt. Wenn Männer heute sagen sollen, welche Farbe sie auf der Haut einer Frau am attraktivsten finden, so ist es Weiß. Weckt Reinheit etwa die Lust auf Unreines? Und gilt heute nicht Rot, mehr noch als Schwarz und Weiß, als anregende, ja aufreizende Farbe? Schon möglich. Gibt es heute in irgendeinem Bereich überhaupt noch verführerische, erotische Farben, die der subtilen Gewalt des Kommerzes entkommen und sich etwas von ihrem Geheimnis und ihrer Symbolkraft bewahren konnten? Ich bezweifle es.

Der gute neutrale Ton

1979 erschien bei den Éditions de Minuit Pierre Bourdieus Buch *Die feinen Unterschiede. Kritik der gesellschaftlichen Urteilskraft*[2]. Die Presse berichtete viel darüber, es stieß auf großes Echo in intellektuellen und akademischen Kreisen und wurde auch im Buchhandel ein echter Erfolg. Das Werk war allerdings nicht einfach und erlaubte mehrere Lesarten, angefangen beim Titel, der im Französischen zwei Bedeutungen hat: »La distinction« bedeutet sowohl »Unterschied« als auch »Vornehmheit«. Bourdieus Untersuchungen stützen sich auf empirische Beobachtungen, auf persönliche Berichte, aber auch auf trockene Statistik. Im Zentrum der Analyse stehen Fragen von Geschmack, Codes, Verhaltensweisen, die Dialektik zwischen Vornehmheit und Vulgarität sowie die Hierarchisierung des sozialen Raums, bei der nicht allein ökonomisches Kapital

2 1982 folgte die Veröffentlichung der deutschsprachigen Übersetzung von Bernd Schwibs und Achim Russer bei Suhrkamp, Frankfurt am Main.

den Ausschlag gibt (marxistische Vorstellung), sondern mehr noch kulturelles Kapital, das hier in »symbolisches« Kapital verwandelt wird. Bourdieu zufolge sichern die herrschenden Klassen ihre Herrschaft eher über die Durchsetzung der Legitimität ihres Geschmacks und ihrer Werte als durch Reichtum und Produktionsmittel.

Ich erinnere mich, das Buch sofort nach Erscheinen gekauft und darüber ausgiebig in meinem Umfeld diskutiert zu haben, insbesondere mit mehreren Freundinnen und mit meinem Onkel. Hinsichtlich der angeführten Beispiele, der untersuchten Lebensbereiche und -stile fielen mir in der Analyse zwei Leerstellen auf: Vornamen und Farben. In meinen Augen sind dies zwei in der französischen Gesellschaft seit Jahrzehnten sehr bedeutsame Distinktionskriterien. Wieso hat Bourdieu sie nicht bedacht? Unser Vorname klassifiziert uns ein Leben lang, kann uns ein Leben lang im Wege stehen oder leiden lassen. In der Schule, in der Ausbildung, auf dem Arbeitsmarkt, in Freundschaften oder Liebesbeziehungen werden wir, bewusst oder unbewusst, nach unserem Vornamen beurteilt. Neben dem Nachnamen und unserer Physis ist er – leider! – ein gewichtiges soziales Unterscheidungsmerkmal. Bourdieu ließ das Thema vielleicht außen vor, weil er selbst einen in seiner Generation kaum konnotierten Vornamen trug. »Pierre« als häufiger, aber nicht zu häufiger Vorname, der in allen Milieus vertreten war, sagte nichts über die soziale Herkunft seines Trägers aus. Bourdieu, der behauptete, stark unter seiner sozialen Herkunft gelitten zu haben, hat wahrscheinlich nicht unter seinem Vornamen gelitten.

Dass Betrachtungen zu Vornamen nicht vorkommen, ist daher verständlich. Doch was ist mit den Farben? Wie kann man in einem Buch so genau Kleiderfragen und die dazugehörigen Codes untersuchen, die Farben dabei aber außer Acht lassen? Hatte Bourdieu kein Gespür dafür? Hatte er die Macht der Farben nie erfahren? Betrachtete er sie als nebensächlich, als einen vernachlässigbaren »ästhetischen Bereich«? Oder wollte er sich auf das stets veränderliche, schwer erfassbare Terrain einfach nicht vorwagen? Soziologen wie Historiker fühlen sich bei Farben nie ganz wohl: Als Gegenstand der Analyse scheinen sie sich ihnen zu versperren.

Vielleicht fehlten Bourdieu auf dem Gebiet einfach belastbare Daten. Farbliche Feinheiten bei der Kleidung sind in erster Linie ein Thema der Bourgeoisie. Die in den *Feinen Unterschieden* dargestellten Vertreter dieser Schicht sind größtenteils jedoch keine echten Bourgeois. Sie fallen oft zusammen mit den »Herrschenden« oder mit den Emporkömmlingen. Doch die wahre Bourgeoisie, das sind andere. Im Gegensatz zu Bourdieus Annahme ist die »echte« Bourgeoisie nicht die große, sondern die mittlere. Und deren Vertreter sind weder reich noch an Macht interessiert. Sie richten ihren »Lebensstil« an Werten aus, die Außenstehende nicht immer erfassen, oft verzerrt darstellen und manchmal auch erfinden.

Ich hatte das Glück, in eine Familie intellektueller Bohemiens geboren zu werden, die weder reich oder arm noch irgendwie »Durchschnitt« war. Schon lange hatten sich meine Eltern von den bürgerlichen Werten distanziert – Werte, die übrigens nicht von ihren Eltern, sondern ihren Großeltern vertreten worden waren. Als Jugendlicher hatte ich einige enge Freunde aus Kreisen, in denen man diese Werte noch hochhielt. Da sie mir fremd waren, irritierten und faszinierten sie mich gleichermaßen. Mein Blick war der eines Außenstehenden, wie bei Bourdieu, und daher verzerrend. Im Unterschied zu Bourdieu gehörten »meine« Bourgeois allerdings eher zum »alten Frankreich«, sie entstammten einem verarmten Kleinadel, gehörten nicht zu der Gruppe wohlhabender Emporkömmlinge und regierungsnaher Industrieller. In ihrem Milieu war alles eine Frage der Tradition. Etwas anderes als das Gewohnte zu tun galt bei ihnen nicht als Nonkonformismus oder Unschicklichkeit, sondern als Idiotie. Ihr Nonkonformismus bestand ja gerade darin, das Gewohnte zu tun. Und nicht von der Landbevölkerung wollte man sich unbedingt unterscheiden – im Gegenteil, Bauern galten als »achtbar« –, sondern von den Städtern und Großstädtern: den Arbeitern und, schlimmer noch, den »Emporkömmlingen«, eine Bezeichnung, die einer Beleidigung gleichkam.

Bei »meinen« Bourgeois fanden die Gewohnheiten und Traditionen ihren vollen Ausdruck in der Kleidung. Damit einher gingen zahlreiche Verbote, vor allem hinsichtlich der Farbzusammenstellung. Die Tanten eines Freundes, unvermögende Nachfahrinnen einer alten bretonischen Marineoffiziersfamilie, warnten mich Anfang der sechziger Jahre mehrfach vor Geschmacksverirrungen, die ein »guter« junger Mann besser vermied. Ganz wichtig sei es, nie, also wirklich niemals eine Hose zu tragen, die dunkler als das Jackett oder der Pullover war. Außerdem dürfe das Hemd unter einer Krawatte keinesfalls weiß, und die Krawatte selbst müsse einfarbig sein, Streifen oder Karomuster verboten sich von selbst. Auch gepunktete Krawatten lehnten sie ab. Wollte ein junger Mann sein Jackett ablegen, bei Hitze durchaus zulässig, so nur unter zwei Bedingungen: Zum einen müsse er darunter ein langärmeliges Hemd tragen, zum anderen habe er im gleichen Zuge auch die Krawatte abzulegen. Unter allen Umständen seien bei jedweder Kleidung einfarbige Stoffe gemusterten vorzuziehen, die einzige Ausnahme bildeten feine, unauffällige Streifen: Streifen, die kräftiger als Nadelstreifen seien, verwandelten einen jungen Mann aus gutem Hause umgehend in einen Mafioso. Abgesehen davon verboten sich außerhalb der Herbstmonate Brauntöne, und zwar sämtliche. Blau sei vorzuziehen. Aber niemals Blau auf Rot oder Rot auf Blau – zu vulgär. Jeans seien nicht verboten, doch sollte man dazu ein hellblaues Hemd und einen dunkelblauen Pullover tragen und sie niemals mit einem Jackett kombinieren, auch keinem lässig geschnittenen, allerhöchstens mit einem Caban.

Die Vorliebe für Blau, helles wie dunkles, erinnerte mich an einen Satz, den mein Vater und seine Surrealistenfreunde in einem 1934 gehaltenen Plädoyer für die Schuluniform aufgestöbert hatten und mit großer Freude zitierten; er stammt von einem Oratorianerpater, der seinerzeit eine berühmte Jungenschule leitete: »Himmelblau bildet in Kombination mit Marineblau ein Paar, das den Internatsschüler von schlechten Gedanken fernhält.« In ähnlicher Weise erfreute ich mich an einer Wendung, die ich bei den Tanten meines Freundes aufgeschnappt hatte, nämlich, dass in Kleiderfragen immer der »gute neutrale Ton« zu wählen sei. Was sie mit dem »guten neutralen Ton« wohl meinten? Ließen die beiden Adjektive sich überhaupt miteinander verbinden? Was genau heißt eigentlich »neutral«, wenn alles, was wir empfinden, lieben und hassen, was wir denken, mit dem Blick von außen gemessen wird? Roland Barthes, der dies zum Gegenstand seiner letzten Vorlesungsreihe am Collège de France gemacht hatte, ist zu früh verstorben, um es uns noch zu erklären. Die erhaltenen Aufzeichnungen zeigen jedoch, wie komplex und spannend dieses Thema ist.

Mitterrand-Beige

Auf die Bezeichnung »Mitterrand-Beige« stieß ich erstmals in einem *San-Antonio*-Roman von Frédéric Dard. Sein Lieblingsheld, der grobschlächtige Alexandre-Benoît Bérurier, der Auflagen von über 500.000 Exemplaren ermöglichte, trug einen, wie so oft, fettverschmierten »Regenmantel in ›Mitterrand-Beige‹«. Später, Anfang der 1990er-Jahre, kam mir dieselbe Bezeichnung in anderem Zusammenhang bei anderen Autoren unter. Sie beschrieb lediglich eine Farbe, ganz ohne politische Konnotation und ohne jede sprachimmanente, geschweige denn journalistische Grundlage; eine großartige, quasi-wissenschaftliche, rein literarische Schöpfung.

Ich weiß nicht, ob Frédéric Dard sie erfunden hat – ich weiß, dass er ein enger Vertrauter des Präsidenten war, den er indes nicht von Kritik verschonte –, doch bin ich mir ziemlich sicher, dass der Ausdruck auf die Farbe eines Anzugs anspielte, den François Mitterrand mindestens zwei Sommer lang getragen hatte: einen Anzug aus Leinen oder Leintuch, nicht sehr gut geschnitten und in einem Beige, das ihm überhaupt nicht stand. Der einstige Präsident war nicht bekannt für anspruchsvolle oder repräsentative Kleidung, schon gar nicht in Hinblick auf seine Sommergarderobe. In Tweed oder Samt konnte er beeindrucken und sich staatsmännisch geben, in heller Kleidung und dünnen Stoffen hingegen wirkte er lächerlich und unbeholfen. Seine Stilberater schienen das seltsamerweise nicht zu bemerken. Warum steckten sie einen alternden Präsidenten bei sommerlicher Hitze in einen beigefarbenen Anzug, wenn ein Anzug in Marineblau tausendmal unauffälliger und passender gewesen wäre? Konnte François Mitterrand Marineblau etwa nicht leiden? Oder jemand anderes aus seinem Umfeld? Wurde Blau im Élysée-Palast aus Naivität – oder Dummheit – für zu klassisch oder zu weit »rechts« gehalten? Wie konnten Kleidungs- und Kommunikationsprofis so danebenliegen! Der beige Präsident wirkte nicht nur schlecht gekleidet, sondern auch abgekämpft, als glaubte er nicht mehr an die eigenen Werte.

Der Beigeton war wirklich eine Katastrophe. Er war zu hell und zu auffällig, ließ ihn wie einen Kleinganoven aussehen und erinnerte farblich recht unschön an »verdorbenen Senf«. Natürlich kenne ich den Anzug nur von Fotos und aus dem Fernsehen, ich könnte nicht einmal sagen, ob es sich immer um denselben handelte. Vielleicht waren es mehrere aus demselben Stoff? Das Beige jedenfalls schien mir immer das gleiche zu sein: ein hässliches, altmodisches und zu intensives Beige, ein Beige der Provinz, ein Beige der schlechten Viertel. Vulgär war es, wie aus einem Vierzigerjahre-Roman, als hätte man es zu lange in den Farbtopf getaucht. Kurz, ein »Simenon-Beige«, das zum »Mitterrand-Beige« umgemünzt wurde. Es hatte nichts, rein gar nichts mit dem wunderschönen Aristokraten-Beige zu tun, das mein Lieblingsschriftsteller Vladimir Nabokov am Ende seines Lebens am Genfer See trug, wo ich ihm mehrmals begegnete, ihn aber, wohl weil ich ihn zu sehr bewunderte, nie ansprach.

Ob irgendwer beziffern kann, wie viele Stimmen das schreckliche Mitterrand-Beige die Linken Anfang der 1990er-Jahre gekostet hat?

Schlankmachende Farben

»Er wäre einfach nur stattlich, wäre er nicht so dick gewesen« (*Tantum opimus nisi tam crassus*). So beschreibt ein Biograf humorvoll den 1274 verstorbenen Kirchenlehrer Thomas von Aquin. Die Formulierung ist scherzhaft, aber weder ironisch noch abwertend gemeint. Im 13. Jahrhundert dick zu sein war keine Schmach. O glückliche Zeit! Alle Zeitzeugen betonten die ungewöhnliche Leibesfülle des großen Theologen, des, so einer seiner Schüler, »dicksten Mannes, der je gelebet hat«. Die Beleibtheit verbindet Thomas von Aquin übrigens mit Platon, der nach alter Überlieferung »hochgewachsen und füllig« war. Es verschafft mir, ehrlich gesagt, eine gewisse Genugtuung, dass zwei der größten Denker des Abendlands fettleibig waren. Denn heute herrscht ja gemeinhin die Ansicht, ein schwerer Körper und ein beweglicher Geist wären unvereinbar …

Ungeachtet seiner Körperfülle hatte Thomas von Aquin wahrscheinlich keine Probleme, passende Kleidung zu finden. Er trug die weiße dominikanische Robe und dazu ein schwarzes Pluviale, das ihn vor Kälte und Witterung schützte. Die weiße Robe betonte zwar seine Üppigkeit, wahrscheinlich mehr, als es die schwarze Benediktinerkutte oder die graubraune

Franziskanerrobe getan hätten, doch seinerzeit galt: Die Kutte macht den Ordensmann. Und mehr als das Gewand selbst stand dabei seine Farbe im Vordergrund. Die Benediktiner trugen Schwarz, die Zisterzienser Weiß, die Dominikaner Schwarz-Weiß, und die Franziskaner strebten für ihre Roben den »Nullpunkt der Farbe« an, weshalb sie die Wolle nicht färbten – dennoch hießen sie bei den Laien die »grauen Brüder«. Die Farbe prägte den Namen. Später wurde selbst der heilige Franz von Assisi im Volksmund zum »Grauen Heiligen«. Daraus entstand unter anderem der recht obszöne Fluch »ventre-saint-gris!«, der auf den »Unterleib des Grauen Heiligen« anspielte, also den Wanst des heiligen Franziskus – ein Fluch, der häufig von Heinrich IV. gebraucht wurde und bis in die Mitte des 18. Jahrhunderts belegt ist.

Heute ist es für korpulente Menschen eine aufwändige und leidvolle Angelegenheit, passende Kleidung zu finden. Ich mache die Erfahrung seit mehreren Jahrzehnten. Als Kind war ich nicht dick, wurde es aber in der Pubertät und blieb es bis zur Volljährigkeit. Danach wurde ich wieder dünner. Zwischen dem 18. und 35. Lebensjahr hatte ich das Gewicht eines Durchschnittsmannes, nahm danach aber langsam zu, etwa zwei Kilo pro Jahr – was sich nach 20 Jahren auf ungefähr 40 Kilo Übergewicht belief. Diäten halfen mir, Gewicht zu verlieren – in meinem Leben habe ich bestimmt mehrere Zentner abgenommen! –, doch nahm ich danach jedes verlorene Gramm wieder zu, und mehr als das. Daher fiel es mir nie leicht, mich den Blicken anderer auszusetzen, und noch schwieriger war es, mich zu kleiden.

Anders als in Deutschland oder in den Niederlanden gibt es in Frankreich für Männer nur sehr kleine Konfektionsgrößen (in Italien ist es noch schlimmer). Wer zu viel auf die Waage bringt, muss in Spezialgeschäfte gehen, in trostlose Boutiquen für »kräftige Männer«, in denen der Ton zwar höflich ist, die Verachtung der Verkäufer bisweilen jedoch abgrundtief. Die

Dicken sind immer selbst schuld. Doch am meisten bedrückt mich etwas anderes: Regelmäßig wundere ich mich in den Geschäften für »kräftige Männer« darüber, wie wenig Kleidung sich in den (angeblich) schlankmachenden Farben finden lässt: also in Schwarz, Grau und Dunkelblau. Nein, allzu oft gibt es dort nur Jacken und Hosen in hellen Farben, in Beige, Chamois, Grüntönen, Perlgrau oder – wie bereits gesehen – in einem angeblichen Marineblau, das gar keines ist. Als müsse der korpulente Mann zu seinen Pfunden stehen und zeigen, wie frei und stolz er ist, indem er sich vorsätzlich in Farben kleidet, die das Übermaß seines Körpers betonen. Tatsächlich geht das Tragen solcher Kleidung keineswegs mit dem Gefühl von Freiheit, Stolz und Wohlbefinden einher, sondern fühlt sich, wie ich selbst bezeugen kann, eher wie eine Strafe oder gar Demütigung an. Umso mehr, da die Farben für den Sommer – Weiß, Hellblau, Hellgrün, Gelb, manchmal auch Rosa und Orange – noch dicker machen als die für den Herbst und Winter. Die Grausamkeit der Bekleidungshersteller kennt keine Grenzen!

Den Beweis dafür liefern die Kataloge von Versandhäusern. Einige der bekanntesten bieten eine Beilage oder ein Sonderheft »für Übergrößen« an. Die Preise sind zwar niedriger als in den Boutiquen für »kräftige Männer«, aber die Farb-, Stoff- und Musterauswahl ist erschreckend: helle Farben, unförmige Stoffe, Querstreifen und sehr auffällige Muster. So angezogen wird der korpulente Mann auf hundert Meter Entfernung als solcher erkannt. Was sind das für Designer und Entscheider, die solche Outfits für Menschen entwickeln, die unter ihrem Übergewicht leiden und am allerliebsten dunkle, möglichst unauffällige, neutrale Kleidung tragen würden? Völlig unfähige Marketingleute? Komplexbehaftete, aufmerksamkeitsheischende Stylisten? Böswillige Geldmacher? Oder rachsüchtige Hungerhaken?

London, Herbst 2004. Es regnet. Ich suche das British Museum auf, um die berühmten mittelalterlichen Schachfiguren von der Hebrideninsel Lewis noch einmal genau zu untersuchen, doch der Kurator, mit dem ich mich verabredet hatte, ist nicht da. Vor mir liegen auf einmal drei Stunden Freiheit. Da ein Spaziergang bei dem Wetter ausgeschlossen ist, beschließe ich, mir im Somerset House eine Ausstellung über die Geschichte der Londoner U-Bahn anzusehen: eine nüchtern dargebotene, hauptsächlich aus Fotografien bestehende Sammlung. Zu meiner Überraschung tauchen bereits Ende der 1930er-Jahre Farbfotos auf, und 20 Jahre später sind sie gang und gäbe. Ab den siebziger Jahren überwiegen die Farbfotografien sogar. Sie zeigen Reisende an Schaltern, auf Treppen, Bahnsteigen und in Zügen. Ihre Kleidung ist gut zu erkennen und erlaubt nicht selten die Unterscheidung sozialer Klassen.

Für einen Historiker sind solche Fotos wertvolle Dokumente: Sie zeigen, dass sich die Farben unserer Kleidung über fast 70 Jahre kaum verändert haben. Die Formen hingegen schon. Die einzelnen Teile und ihre Kombinationen ebenfalls. Die Fotos zeigten nicht die Mode, sondern den Alltag, sprich die Kleidung, die von den Menschen in London tatsächlich getragen wurde. Mit dem, was man aus Magazinen oder Film und Fernsehen kennt, hat das wenig zu tun. Und egal in welcher Epoche, ob 1940, 1960, 1980 oder 2000 – die Farben sind immer die gleichen. Es dominieren Schwarz, Grau, Blau, Beige und Braun. Weiß und Grün sind selten, Rot noch seltener. Gelb, Violett, Rosa und Orange tauchen gar nicht auf. Die Farbwahl gilt gleichermaßen für Männer und Frauen, sie zieht sich durch alle Altersklassen und sozialen Schichten, zu jeder Jahreszeit. Wobei es in London mit den Jahreszeiten ja nicht so weit her ist ... Doch bin ich sicher, dass eine ähnliche Ausstellung über die Pariser U-Bahn zu denselben Erkenntnissen führen würde.

Wir machen uns in puncto Kleidung möglicherweise ein falsches Bild. Wir glauben, die Mode würde unsere Kaufentscheidungen, unseren Geschmack und unser Verhalten beeinflussen. Das trifft in gewissem Maße auf Schnitte und Längen zu, auf Kombinationen und die Art und Weise, wie wir ein Kleidungsstück tragen, doch in Bezug auf die Farben stimmt es nicht. Man muss nur die Passanten auf der Straße, die Kunden in Geschäften, die Fahrgäste in Bus und U-Bahn beobachten. Das farbliche Einerlei springt sofort ins Auge. Alles ist schwarz, grau, braun, beige, weiß und blau. Im Winter ein bisschen mehr schwarz und grau, im Sommer ein bisschen mehr blau und weiß. Trägt jemand – zumeist eine Frau – etwas Rotes, Gelbes oder Violettes, sticht es gleich hervor. Verlassen wir Europa und besuchen eine Großstadt in Asien, Afrika oder Südamerika, wird der Unterschied schnell deutlich: Hier sind die Farben lebhafter, bunter, offensiver.

Dafür gibt es eine Reihe von Gründen: historische, sittliche, soziale, stoffliche, sogar klimatische. Zwei erscheinen mir jedoch wesentlich, um die Eintönigkeit und Stetigkeit der europäischen Kleidung zu verstehen: Erstens erneuert niemand seine Garderobe komplett auf einmal, jeder achtet beim Kauf neuer Kleidungsstücke darauf, dass sie gut zu den anderen passen, wodurch sich die Farben kaum verändern. Zweitens gibt es, anders als manche Stylisten oder Soziologen glauben, weitaus mehr Menschen, die nicht durch Kleidung auffallen wollen, als solche, die es wollen.

Manchmal überlege ich, wie Historiker der Zukunft in zwei-, dreihundert Jahren auf die Kleidungsgeschichte in Europa zu Beginn des 21. Jahrhunderts blicken. In ihrem Forschungskorpus werden Modezeitschriften wahrscheinlich einen großen Platz einnehmen. Doch hoffe ich, die künftigen Kolleginnen und Kollegen werden nicht so naiv sein zu glauben, wir wären im Jahr 2010 tatsächlich so gekleidet gewesen. Die Fotos in den Hochglanzmagazinen bilden Fantasien ab – auch das ist sicher ein interessanter Forschungsbereich –, doch dokumentieren sie mitnichten, was die Menschen im Alltag tragen. Ähnlich verhält es sich mit überlieferten Zeugnissen aus der Vergangenheit. Aus dem Mittelalter haben wir dank Kirchenfenstern, Wandteppichen, Miniaturen, Wandmalereien und anderen Quellen eine recht große Anzahl bildlicher Referenzen, was Kleidungsstücke, ihre Beschaffenheit, Formen und Farben angeht. Dennoch sollte man nicht glauben, dass die Kleidung, die Kirchenfenster, Wandteppiche und Miniaturen uns zeigen, dem entspricht, was zu einer bestimmten Zeit, in einer bestimmten Region oder in einem bestimmten Milieu wirklich getragen wurde. Wie repräsentativ die Abbildungen sind, bleibt fraglich. Ein Bild, genau wie Sprache, gibt die Wirklichkeit nie eins zu eins wieder. Und schon gar nicht, wenn sie bunt ist.

Alltagsleben

Die Apotheke meiner Mutter

Ich bin in Paris in einer Apotheke aufgewachsen, und zwar in der meiner Mutter, oben auf der Butte Montmartre, direkt gegenüber dem Wasserturm, der dort mitten auf einem kleinen Platz steht. Die Apotheke gibt es immer noch, und sie ist wahrscheinlich die am höchsten gelegene im Großraum Paris. Für die Kinder, die oben auf der Butte wohnten – etwa ein Dutzend in meinem Alter –, war der Platz mit seinem wuchtigen Turm der ideale Ort zum Herumtollen, Schreien, Streiten, Raufen und Versteckenspielen; die Apotheke meiner Mutter stellte eine Art ruhige und geheimnisvolle Gegenwelt dar, die nur mir vorbehalten war. Meine Eltern haben mir nie verboten, in der Apotheke zu spielen, mochten es aber nicht, wenn ich andere Kinder dorthin einlud. Ich tat es trotzdem, weil meine Eltern als tolerante Bohemiens nie viel Autorität ausübten. Sie vertrauten jedem (auch in puncto Zahlungsmoral), Erwachsenen wie Kindern. Und das war wohl der Grund, warum meine Mutter, als ich zehn wurde, bankrottging und wir von Montmartre in die südliche Vorstadt ziehen mussten, in eine andere soziale, kulturelle und farbliche Umgebung.

Damals waren Apotheken in der Regel sorgfältig in unterschiedliche Bereiche mit jeweils eigenen Einheiten und Untereinheiten aufgeteilt. Farben spielten dabei eine wichtige Rolle, sie kennzeichneten die jeweiligen Bereiche, markierten Regale, Fläschchen, Dosen und Tiegel. Den Schrank mit den gefährlichen Substanzen, dem ich mich nicht nähern durfte, hatte meine Mutter beispielsweise mit einem roten Schild versehen, auf dem in schwarzen Lettern »GIFT« stand. Die Kombination von Rot und Schwarz – die aggressivste und ausdrucksstärkste von allen – machte den verbotenen Schrank gleichzeitig zum sichtbarsten. Wer den Fuß in die Apotheke setzte, dessen Blick fiel automatisch auf unseren Giftschrank, was der eigentlichen Absicht wahrscheinlich zuwiderlief.

Die einzelnen Medikamente waren unauffälliger verstaut, die Schachteln subtiler gestaltet. Schon damals gab es nichts – in keinem Laden, Labor oder Betrieb –, was so ausgeklügelt und raffiniert verpackt gewesen wäre wie Medikamente. Auch heute investieren die Pharmakonzerne riesige Summen in das Design und die Herstellung von Verpackungen. Nicht einmal Parfüms und Kosmetika werden mit so viel Sorgfalt abgepackt, dargeboten und ausgewiesen. Die Auswahl der Farben ist in diesem Zusammenhang begrenzt, aber wohldurchdacht. Weiß dominiert, es verleiht den Schachteln eine hygienische, Heilung versprechende und wissenschaftliche Anmutung; Weiß steht sowohl für Wissen als auch für Reinheit. Häufig sind Produktbezeichnung, Firmenname und Dosierungsangabe nicht in schwarzer Schrift aufgedruckt – der Kontrast wäre zu stark, zu aggressiv auf dem weißen Grund –, sondern in grauer. Hier und da hebt etwas Farbe das Herstellerlogo hervor und weist nach einem ungeschriebenen, aber funktionierenden Code auf die Wirkung des Produkts hin. In Blautöne verpackt werden Beruhigungs- und Schlafmittel sowie Angstlöser. In Gelb oder Orange hingegen Stärkungsmittel, Vitamine und sämtliche Tonika. Manchmal erfüllt diese Rolle auch ein Regenbogen – allerdings ohne Blau! Im heutigen westlichen Empfinden werden Orange und Vielfarbigkeit, die Farben der Sonne und des Regenbogens, mit dem Leben assoziiert. Beige und Braun stehen eher für Medikamente zur Regulierung und Unterstützung der Verdauung. Der Farbanteil auf der Schachtel sollte jedoch überschaubar sein: Je dezenter auf den abführenden Inhalt der Packung hingewiesen wird, umso besser.

Grüntöne werden für unterschiedliche Mittel und zu unterschiedlichen Zwecken eingesetzt (was die Vieldeutigkeit dieser Farbe bestätigt). Früher wurde Grün nur selten verwendet (vielleicht, weil man dachte, die Farbe bringe Unglück?). Im Zuge der Ökologisierung ist es zur Farbe der alternativen Medizin, der Pflanzenheilkunde und vieler Parapharmazeutika geworden. Schwarz ist im Arzneimittelbereich ein Tabu, kein Medikament will mit der Farbe des Todes assoziiert sein. Sogar die abscheuliche Aktivkohle, die in meiner Kinderzeit bei Magen- oder Darmbeschwerden helfen sollte, war farblich anders codiert (etwa mit Braun, Gelb, Blasslila). Bleibt zu guter Letzt Rot: Wie bei Süßigkeiten kann es auf einen Geschmack (Erdbeere, Himbeere, Johannisbeere) hindeuten, der es Kindern leichter macht, eine Tablette oder einen Hustensaft zu schlucken. Es dient jedoch auch als Farbchiffre für ein Antibiotikum oder Antiseptikum und weist auf Blut oder Wundbehandlung hin. In erster Linie steht Rot allerdings für Gefahr und Verbot, es hebt den wichtigen Hinweis hervor: »Nicht überdosieren!«

Draußen wies ein einfaches, dunkelgrün gestrichenes Holzkreuz auf die Apotheke meiner Mutter hin. Zwar gab es in den 1950er-Jahren bereits blinkende Neonröhren, doch solchen Luxus konnte sich meine Mutter für ihre Apotheke nicht leisten. Später, bei meinem ersten Besuch in Italien, stellte ich fest, dass die Kreuze vor den Apotheken dort rot waren. Was mich auf die Idee brachte, die Geschichte des mit Gesundheit und Handel assoziierten Zeichens genauer zu untersuchen.

Schon im Mittelalter war Grün die Symbolfarbe der Apotheker, da die Arzneimittel im Wesentlichen aus der Pflanzenwelt stammten. Bis in die Mitte des 19. Jahrhunderts verwendeten die Apotheker jedoch unterschiedliche Erkennungszeichen (Tierhörner, Abbildungen heilender Heiliger). In Frankreich tauchten die grünen Kreuze erst in den 1880er-Jahren auf, als zahlreiche Städte die Apothekengilden anhielten, ihre Räumlichkeiten mit einheitlichen Schildern zu kennzeichnen. Das Kreuz stand damals für Hilfe und Fürsorge. Es fand sich im 17. Jahrhundert bereits auf den Gewändern von Geistlichen der Hospitalorden, die christlichen Pilgern beistanden, wenn sie auf ihren Reisen in islamischen Ländern erkrankten. Auch zu Zeiten des Ancien Régime war das Kreuz in den Wappen zahlreicher karitativer Einrichtungen vertreten. Bei der Genfer Konvention von 1863/64 wurde es zum Emblem des *Internationalen Roten Kreuzes* (wahrscheinlich spielte die Schweizer Fahne – weißes Kreuz auf rotem Grund – bei der Entstehung eine Rolle). Die italienischen Apotheken orientierten sich an der Vorlage und behielten sie bei. Sie gaben der Farbe des Blutes Vorrang vor der Farbe der Arznei, gaben Wundbehandlung und Verbänden den Vorrang vor Heilpflanzen und Tinkturen.

In Frankreich haben einige Apotheken in den letzten 20 Jahren ihr grünes Kreuz durch ein blaues oder grün-blaues Kreuz ersetzt. Eine solche Veränderung geschieht sicher nicht ohne Grund, bei Zeichen dieser Art herrscht keine Willkür. Doch lassen sich die Gründe dafür schwer bestimmen. Handelt es sich um eine Übernahme des »Krankenhaus«-Blaus, da die französischen Krankenhäuser sich zunehmend in Blau (meist in Kombination mit Weiß) präsentieren? Oder soll die moderne Apotheke als »Gesundheitsort« wahrgenommen werden, als Ort der Begegnung und des Wissens – für beides steht Blau – in Abgrenzung zu einem gewöhnlichen Geschäft für Lebensmittel, Kräuter und Pflegeprodukte?

Die traurige Geschichte des kleinen Philippe

Meine erste Auslandsreise führte mich in die Schweiz, ein Land, das über die Jahre aus vielerlei Gründen zu meiner zweiten Heimat werden sollte. Bei meinem ersten Aufenthalt war ich neun. Er hatte sich im Rahmen einer Winterausfahrt unseres »Rudels«, meiner Wölflingsgruppe bei den Pfadfindern, ergeben. Genau genommen fuhren wir in die französischen Alpen, in die Haute-Savoie, unweit der Schweizer Landesgrenze. Wir passierten die Grenze jeden Tag zu Fuß oder auf Skiern. Um unangenehmen Zwischenfällen bei Kontrollen durch den Zoll zuvorzukommen, hatten die Leiter unserer kleinen Truppe allen Kindern eingeschärft, immer den Personalausweis dabeizuhaben. Natürlich hatte keiner von uns einen, Mitte der fünfziger Jahre besaßen selbst viele Erwachsene keinen Ausweis. In Frankreich bestand keine Verpflichtung zum Besitz eines solchen. Mein Vater, 1912 im Departement Orne geboren und 1996 im Departement Mayenne gestorben, war das ganze Jahrhundert hindurch ohne Ausweispapiere ausgekommen, sogar ohne Führerschein. Ein glücklicher Mann! 1956 kam es einem Hindernislauf gleich, sich einen Personalausweis ausstellen zu lassen, insbesondere für ein Kind. Man musste während der Schulzeit in Begleitung eines Elternteils im Rathaus vorstellig werden, diverse schwer beschaffbare Dokumente vorlegen, Formulare mit winzigen Kästchen ausfüllen und unterschreiben, seine Fingerabdrücke hinterlegen und nicht zuletzt »vorschriftsgemäße« Passfotos beibringen. Letzteres war nicht so einfach: Zwar gab es schon Fotoautomaten, aber nur sehr wenige, und häufig waren sie, wie Telefonzellen, außer Betrieb. Im Übrigen ließen sie jede und jeden, egal welchen Alters, auf den Bildern wie Häftlinge aussehen. Daher bemühten manche Familien für die Fotos ihrer Kinder lieber einen professionellen Fotografen. Wenn es auch teurer war, entsprach das Ergebnis eher ihren Wünschen.

Genauso verfuhr die Familie meines Mit-Wölflings Philippe. Ich kannte ihn gut, weil wir in Saint-Lazare demselben Rudel angehörten, »den grauen Wölfen«, doch mochte ich ihn nicht besonders. Er war sehr selbstbewusst und angeberisch, da seine Eltern reich waren und dies auch zeigten. Sie hatten sogar einen Fernseher, was 1956 großen Wohlstand bedeutete (heute ist es andersherum). Sein Vater hatte für besagten Personalausweis farbige Passbilder von Philippe machen lassen, eine Seltenheit damals. Er war der Einzige mit einem solchen Schatz, wir anderen hatten nur die gewöhnlichen Schwarz-Weiß-Bilder und waren neidisch. Zumal Philippe die Fotos an drei Donnerstagen hintereinander auf den Wölflings-Treffen großspurig herumzeigte und uns damit gewaltig auf den Senkel ging.

Doch bald sollten wir Genugtuung erhalten. Sein Vater ließ sich mit der Beantragung des Personalausweises nämlich recht viel Zeit. Als die beiden gut zehn Tage vor der Fahrt im Rathaus vorsprachen, wies der Beamte besagte Fotos als »nicht vorschriftsmäßig« zurück, da es Farbbilder waren. Der Vater tobte und drohte, angebliche Beziehungen spielen zu lassen, aber nichts half. Neue Fotos mussten beschafft werden, diesmal in Schwarz-Weiß. Die Bearbeitung zog sich über ein paar Tage, sodass der Ausweis nicht rechtzeitig fertig wurde. Philippe konnte nicht mit uns in den Schnee fahren und musste in jenem Jahr auf die Entdeckung der Schweiz verzichten. Da wir den Grund seiner Abwesenheit nicht kannten, dachten wir, er sei krank, und bemitleideten ihn ein wenig. Aber doch nicht allzu sehr. Erst als wir wieder zu Hause waren, erfuhren wir vom köstlichen Fatum der Farbfotos und spotteten mit der Grausamkeit von Neun- und Zehnjährigen über den Kameraden. Sein Stolz hinderte ihn mehrere Wochen daran, zu uns zurückzukehren.

Die unglückselige Geschichte des kleinen Philippe ist weniger anekdotisch, als es scheinen mag. Sie zeigt, dass die Farbfotografie vor 50 Jahren in Frankreich als suspekt und unzuverlässig galt. Alles Offizielle und sämtliche Angelegenheiten, bei denen es auf Genauigkeit ankam, um Ernsthaftigkeit, Gerechtigkeit und Wahrheit ging, wurden in Schwarz-Weiß abgebildet. Farben waren dem Frivolen vorbehalten, dem Pittoresken, Vergnügungen und Freizeitaktivitäten. Zugegebenermaßen hatten Farbfotos, selbst in der Wissenschaft und Forschung, seinerzeit noch nicht die gleiche Qualität wie heute.

In nur einem halben Jahrhundert haben sich unsere Gewohnheiten, Techniken, Codes und Wertesysteme grundlegend verändert: Mittlerweile sind für die meisten Ausweise Farbbilder vorgeschrieben, die sehr strengen Normen für Format, Bildausschnitt und Blickwinkel unterliegen. Es ist sogar verboten, zu lächeln, was viel über die aktuelle Gesellschaft aussagt ... Die Schwarz-Weiß-Bilder hingegen, die früher als authentisch und exakt galten, werden heute als unvollständig empfunden und als wenig authentisch angesehen. Doch nicht in allen Lebensbereichen: Manche Unternehmen verlangten von Bewerbern noch lange nach dem Aufkommen der Farbfotografie einen Lebenslauf mit Schwarz-Weiß-Foto. Recht lange auch in Deutschland.

Die Rivalität zwischen Farbe und Schwarz-Weiß und das Wetteifern um Zuverlässigkeit und Echtheit ist nicht neu. Sie ist schon gegen Ende des 15. Jahrhunderts zu beobachten, als in großem Umfang schwarz-weiße Gravurdrucke Verbreitung fanden – eine Revolution im Vergleich zu den meist mehrfarbigen mittelalterlichen Bildern. In der Welt der Künste, vor allem in der Malerei, entzündeten sich daran heftige Kontroversen, in denen sich die Anhänger der Schwarz-Weiß-Zeichnung und die Verfechter der Farben zwei Jahrhunderte lang gegenüberstehen sollten. Die einen argumentierten, die Farbgebung sei ein unnötiger Kunstgriff, eine zu verführerische Schminke und formverdeckende Täuschung, die den Blick missbrauche und vom Wesentlichen ablenke. Die anderen behaupteten, nur Farben könnten zum Kern und zur Wahrheit der Dinge vordringen, außerdem sei das Wesen der Malerei in erster Linie von Farben bestimmt. Ich werde später ausführen, warum ich mich dem Lager der Farbfans angeschlossen habe.

Bonbonautomaten

Als Kind naschte ich für mein Leben gern und hatte mit zehn Jahren wahrscheinlich zehnmal so viel Süßzeug verspeist wie Gleichaltrige. Wofür ich später teuer bezahlen sollte. Im Paris der fünfziger Jahre war jede Fahrt mit der Metro für mich eine Gelegenheit, aus einem mitten auf der Plattform aufgestellten Automaten eine Packung Bonbons zu »ziehen«. Solche Automaten gab es in nur etwa einem Drittel der Stationen, vor allem in Umsteigebahnhöfen. So etwa dort, wo ich ausstieg, um zu meiner Großmutter zu fahren: Raspail. Am Fuß des Montmartre, wo meine Eltern wohnten, befanden sich die Bahnhöfe Abbesses und Lamarck-Caulaincourt – ohne Bonbonautomaten. In Anvers, wo wir auch manchmal in die Metro stiegen, stand nur auf einem einzigen Bahnsteig ein Automat, und der war nicht wie üblich orange, sondern grau. Warum nur einer? Warum grau?

In meiner Erinnerung waren die Automaten nämlich fast überall orange, eine Farbe, die mich sofort an Süßigkeiten denken ließ, Begehrlichkeiten weckte und das Leben aufhellte. Die meisten Automaten waren recht schmal und hatten nur vier Bonbonsorten im Angebot; neuere Automaten waren breiter, mit ausreichend viel Platz für sechs Sorten. Die Bonbons steckten in kleinen Schachteln, die, sobald das 20-Francs-Stück eingeworfen war und man an der großen Kupferstange in der Mitte zog, unten am Automaten in eine Rinne fielen. Das Herunterplumpsen der Schachtel hallte immer durch die ganze Station und lenkte die Blicke neidischer Kinder auf den Glückspilz am Automaten.

Meine Lieblingsbonbons waren die, die angeblich Mandarinensirup enthielten. Die kleinen, orangefarbenen Kugeln waren segmentiert wie die Frucht und mit einer süßen Flüssigkeit gefüllt. Wie viel Prozent Mandarinensaft der perfide Sirup wirklich enthielt? Wahrscheinlich null. Doch das war mir egal. Die

Bonbons schmeckten köstlich und halfen mir, die lange Fahrt zu überstehen, gerade weil es einige Zeit dauerte, bis das harte Äußere weggelutscht war und endlich die kostbare Füllung preisgab.

Ich erinnere mich noch sehr genau an alles, und eben besonders an das Orange der Automaten. Beim Durchblättern einiger Publikationen über die Geschichte der Pariser Metro stolperte ich vor einigen Jahren über Fotos aus den Fünfzigern, den Jahren meiner Kindheit, auf denen auch die – seltsam leeren – Bahnsteige abgebildet waren. Es gab sogar einige Aufnahmen in Farbe. In der Mitte der Plattform standen ebenjene Bonbonautomaten, schmal und starr wie Zapfsäulen, doch waren sie mitnichten orange, sondern entweder hellbeige oder aus blankem, leicht silbern schimmerndem Metall. Woher rührte nur die große farbliche Diskrepanz zwischen meiner Erinnerung und den historischen Belegen? Wurden die Fotos falsch datiert und sind fünf oder zehn Jahre jünger, als die Bildunterschrift behauptet? Oder zeigen sie ungewöhnliche Metrostationen mit Bonbonautomaten in untypischen Farben? Historiker wissen, dass es aus jeder Zeit Dokumente gibt, die der Nachwelt eine Realität suggerieren, die den tatsächlichen Gegebenheiten widerspricht: Das Ungewöhnliche wird besser überliefert und erhalten als das Gewöhnliche.

Sollte ich nicht klugerweise zugeben, dass mein Gedächtnis mich getäuscht hat, mein Gedächtnis, dem ich ständig traue, weil es sich Dutzende Telefonnummern, endlos viele Sportergebnisse und Hunderte (Tausende?) historische Details merken kann? Täuscht es mich tatsächlich bei meinem Lieblingsthema, den Farben? Möglich. Es wäre nicht das erste Mal, dass es mich in chromatischen Fragen in die Irre führt. Habe ich in dem Fall den Teil für das Ganze gehalten? Habe ich die Farbe des Bonbons auf den Automaten projiziert? In meiner Erinnerung zog ich nie andere als die leckeren süßen, runden, orangefarbenen Mandarinenbonbons aus dem Automaten. Hat mein Gedächtnis deshalb gleich alles in Orange getaucht?

Wir werden sehen, wie häufig es bei Farberinnerungen vorkommt, dass wir den Teil für das Ganze halten.

Sich seine Farbe aussuchen: Geht das?

Ich fahre ungern Auto und fühle mich motorisierten Fahrzeugen generell nicht besonders verbunden. Im Grunde stören mich weniger die Fahrzeuge selbst als das Gewese, das um sie gemacht wird. Wie kann man stolz darauf sein, ein dickes Auto zu fahren, oder mit seinem Bleifuß angeben? Das ist albern und dämlich. Für mich ist das Wichtigste an einem Auto die Farbe. Und damit bin ich nicht allein: Laut einiger Meinungsumfragen aus den letzten fünf Jahren ist beim Autokauf nach dem Preis für unerwartet viele Menschen die Farbe nicht nur ein wichtiges, sondern das entscheidende Auswahlkriterium, sie rangiert noch vor Marke, Modell, Motorleistung und anderen Merkmalen. Überrascht von dieser Erkenntnis beschlossen die Autohersteller zunächst, sie zu ignorieren. Die fortwährende Nachfrage drängte sie aber schließlich dazu, ihre Farbpolitik zu überdenken und wechselnde Moden sowie die Wünsche der Kunden zu berücksichtigen. Wenn auch mit einer gewissen Zurückhaltung, um nicht zu sagen widerstrebend. Den Entwicklern und Autobauern ist die Farbe ziemlich egal. In den Fertigungsstraßen ist das Lackieren der letzte Arbeitsschritt. Nur die Vertriebler wissen (oder sollten wissen), welch große Bedeutung die Farbe für den Absatz hat. Allerdings ist deren Tätigkeit in der Automobilindustrie nicht die am höchsten angesehene.

Dass der Farbe eine besondere Bedeutung beim Verkauf zukommt, ist nicht neu. Schon zu Beginn des 20. Jahrhunderts zeigten sich die meisten Kaufinteressierten sehr aufgeschlossen

Farben gegenüber, die meisten Hersteller aber eher zurückhaltend, wie auch Henry Ford (1863–1947), Gründer der gleichnamigen Automobilfirma: Ungeachtet der Wünsche des breiten Publikums, ungeachtet der zwei- bis dreifarbigen Fahrzeuge, die die Konkurrenz auf den Markt brachte, und ungeachtet der zunehmenden Relevanz von Farben im Alltag hielt der pingelige Puritaner und Antisemit aus Gründen, die er für moralisch hielt, unbeirrt an der Produktion überwiegend schwarzer Autos fest! Allein das berühmte Modell T, Fords Vorzeigeprodukt, das von 1908 bis 1927 vom Band lief, ist ein Symbol dieser Chromophobie.

Trotz meiner Indifferenz gegenüber Autos habe ich im Laufe meines Lebens mehrere gekauft, zunächst Gebraucht-, später Neuwagen. Eine furchtbare, aber wenigstens seltene Übung, die dazu führte, dass ich mich mit dem Verkäufer und seinen für Normalsterbliche kaum nachvollziehbaren technischen Ausführungen befassen musste.

Wenig nachvollziehbar, aber manchmal doch lehrreich, zumindest für den Farbhistoriker. In den achtziger Jahren wurde mir so der besondere Status roter Autos bewusst, die man damals in Frankreich noch recht selten sah. Bei der Suche nach einem Gebrauchtwagen hatte ich das Glück, einen Preisnachlass gewährt zu bekommen, da ich mich für eine feuerrote »Familienkutsche« interessierte. Der Verkäufer erklärte mir, das Modell sage vor allem bodenständigen und älteren Menschen zu, die sich jedoch an dem Rot störten, das für Sportlichkeit und rasantes Tempo stand. Die Farbe war ihnen zu knallig, zu exzentrisch, zu »schnell«. Jüngere Interessenten hingegen, die sich von dem aggressiven, dynamischen Farbton angesprochen fühlten, fanden das Modell »überholt« und den Motor zu schwach. Das Auto erwies sich ohne großzügigen Rabatt als unverkäuflich.

Bis vor kurzem galten rote Fahrzeuge automatisch als schnell. Die Farbe der Ferraris in der Formel-1 war und ist dafür das

Musterbeispiel. Auch auf der Autobahn bildeten rote Autos, die in gemäßigtem Tempo unterwegs waren, eher die Ausnahme. Solche Wagen mussten schnell sein. Bis in die siebziger Jahre verlangten manche Versicherungsgesellschaften von den Haltern roter Autos einen Sonderzuschlag. Nicht wegen der Farbe, sondern weil die Fahrer jung und damit überdurchschnittlich oft in Unfälle verwickelt waren. Die Erhebung eines solchen Sonderzuschlags erscheint uns heute unvorstellbar, willkürlich und geeignet, eine Kontroverse auszulösen.

Eine freie Farbwahl ist beim Autokauf jedenfalls selbst bei Neuwagen fast unmöglich. Der Verkäufer kann zwar auf eine attraktive Farbpalette hinweisen. Doch in Wirklichkeit sind die Auswahlmöglichkeiten begrenzt: Der eine Farbton ist erst in sechs Monaten verfügbar, der nächste mit einem Aufpreis verbunden, und ein weiterer steht für das fragliche Modell nicht zur Verfügung oder lässt sich nicht mit anderen Optionen kombinieren. Die Entscheidung des Kunden fällt schließlich zwischen den drei, vier verbleibenden Farbtönen per Negativauswahl. Statt auszusuchen, was uns gefällt, wählen wir aus, welche Farbe uns am wenigsten missfällt. Daher stehen die klugen Erkenntnisse der Soziologie, die Statistiken über bevorzugte Autofarben in einzelnen Ländern, Regionen, Jahrzehnten und sozialen Milieus führt, auf sehr wackligen Beinen. Die Zahlen zeigen anstelle der tatsächlichen Vorlieben der Menschen eher den Ideenmangel, den schlechten Geschmack, die ewiggestrigen Moralvorstellungen und das infantile Innovationsstreben der Hersteller.

Und dennoch wird man oft nach der Farbe seines Autos beurteilt, das ist schon skandalös. In einem Auto mit hellen oder ungewöhnlichen Farben vermutet man einen provokanten oder exzentrischen Fahrer, in einem roten einen gefährlichen Raser und in einem schwarzen einen Amtsträger. Weiße und gelbe Autos gelten als tendenziell feminin, grüne als jugendlich, braune, senf- und orangefarbene als abgeschmackt. Grautöne hingegen stehen für schlichte Eleganz. Zumindest in Frankreich im Jahr 2010. In Deutschland, Italien und den skandinavischen Ländern sind Autofarben anders konnotiert. Farbsymbolik ist immer kulturell bedingt, variiert je nach Geografie und verändert sich mit der Zeit. Zudem kann sie sich rückwärts entwickeln oder Grenzen übertreten, um neue Wertevorstellungen zu etablieren. Wenn man als bodenständiger Familienvater oder namhafter Notar in der Provinz ein rosa oder lila Auto fährt, kann man damit beispielsweise demonstrieren, dass man bodenständig und namhaft genug ist, um sich den Luxus zu leisten, mit Regeln zu brechen.

Grau in Grau

Im Jahr 1981, also recht spät, hielt ich mich zum ersten Mal in einem Land mit sozialistischem Regime auf. Ich war damals schon über 30 und hatte mich bereits viele Jahre mit Farben und ihrer Geschichte befasst. Der Grund meiner Reisen hinter den Eisernen Vorhang war, dass ich an einigen Symposien und Konferenzen in der DDR teilnehmen wollte. Obwohl die Spannungen zwischen den beiden Blöcken seinerzeit noch immer groß waren, hatten einige Kleidungsstücke und Produkte aus dem Westen Einzug in die großen Städte Ostdeutschlands gehalten, vor allem in Ostberlin. Trotz des zaghaften politischen Tauwetters empfand ich die Atmosphäre der akademischen Veranstaltungen als unglaublich steif, die Einrichtung der meisten Hotels als unglaublich spartanisch und die oft positivistisch-voluntaristischen Inhalte vieler Gespräche als unglaublich langweilig. Was mir jedoch am stärksten und schmerzlichsten in Erinnerung blieb, war das Straßenbild. Der Westen, gemessen an der Buntheit von Schwellenländern oder Ländern der Dritten Welt selbst eher nüchtern, wirkte dagegen wie ein Farbparadies.

In den großen Städten Ostdeutschlands war einfach alles grau oder braun. Nicht unbedingt alt, schmutzig oder heruntergekommen, aber trist, traurig, trostlos. Zwar sollten ein paar große Farbflächen das Leben der Passanten und Anwohner mancherorts aufhellen, doch waren die wiederum in diesem Umfeld viel zu knallig und wirkten eher aggressiv als aufmunternd. Zwischen den Brauntönen der Kleidung entdeckte ich hier und da auch Mode in grellen Farben und mit auffälligen Mustern. Gedeckte Unifarben und dezente Streifen, die im Westen gemeinhin für einen guten Geschmack standen, sah ich praktisch keine. Nicht alles war ärmlich, aber alles wirkte irgendwie schäbig und geschmacklos. Was ich umso deprimierender fand, da die Modegestalter und -hersteller der DDR nach meinem Eindruck mit denselben Mitteln und ohne finanziellen Mehraufwand problemlos ein ansprechenderes Lebensumfeld hätten entwerfen und erschaffen können.

Besonders bemerkenswert erschien mir in dem Zusammenhang ein Farbton, den ich immer wieder in der Ostberliner U-Bahn und auf den Straßen von Jena und Leipzig zu Gesicht bekam. Bis dahin war er mir noch nirgendwo anders aufgefallen. Hier nun entdeckte ich ihn an Kleidungsstücken von Männern wie Frauen (vor allem Regenmäntel waren so gefärbt), an Gebäuden, Haushaltswaren und Verkehrsmitteln (Fahrräder, Autos, Waggons). Ihn zu beschreiben ist nicht einfach. Es handelte sich um eine Mischung aus Braun, Grau und Violett, die – und das machte die Farbe so ungewöhnlich – mit etwas Grüngelb versetzt worden war, wie um das Ganze noch mit einem Schuss Senf »abzurunden«. Ein abgrundtief hässlicher Farbton, der ins Auge stach und die Seele verletzte. Außerdem hatte er etwas Brutales, Unzivilisiertes an sich, er kam mir vor wie eine Art *Urfarbe* aus den barbarischen Zeiten der ersten industriellen Revolution, die sich gegen alles Moderne wehrte. Ich weiß noch, dass ich mich fragte, wie die Farbindustrie in den sozialistischen Ländern eine solche Mischung hinbekam. Mit welchen Stoffen, welchen Verfahren und vor allem zu welchem Zweck? Es war kein spezifisch deutscher Farbton, eher ein sozialistischer, denn später habe ich ihn in Polen wiedergesehen. Ließ er sich aus billigen Pigmenten und Farbstoffen besonders leicht herstellen? Hatte die Farbe den Vorteil, wenig schmutzanfällig zu sein? Ehrlich gesagt wirkte sie schon im Neuzustand schmutzig.

Seit dem Fall der Berliner Mauer ist in der ehemaligen DDR eine Gedächtniskultur entstanden, um die Erinnerung an die Jahre im real existierenden Sozialismus wachzuhalten. Eine »Ostalgie«, die nicht nur von Romanen und Filmen gespeist wird, sondern auch von bestimmten Gegenständen ausgeht, die mittlerweile den Status von Kultobjekten genießen. Nirgendwo ist mir jedoch eine Spur des senfigen Braungrauvioletts wiederbegegnet, das mir doch so charakteristisch für diese Zeit erschien. Vielleicht hatte sich die das Auge schmerzende Farbe zur Mythologisierung als ungeeignet erwiesen.

Metrotickets

In der U-Bahn lassen sich der Umgang mit Farben und die gesellschaftlichen Codes rund um das Thema bestens beobachten, denn, wie bereits erwähnt, hier wird die Bandbreite der tatsächlich getragenen Farben offenbar – und auch die Kluft, die sich zu den untragbaren Farbfantasien aus den Modezeitschriften auftut. Vielleicht sollten Stylisten, Designer und Soziologen öfter mal Metro fahren.

Farbliche Markierungen spielen beim U-Bahn-Fahren eine wichtige Rolle, eine wichtigere noch als beim Zugfahren über Tage oder beim Fliegen. Um die Linienpläne trotz ihrer Informationsfülle für die Fahrgäste übersichtlich zu gestalten, haben sich unterschiedliche Farben zur Differenzierung der einzelnen Linien als hilfreich erwiesen. Viele Fahrgäste, vor allem in den angelsächsischen Ländern, benennen die Linien, statt mit ihren

Nummern oder Namen, nach deren Farben auf dem Plan. Mich würde bei allen größeren Städten interessieren, wann und warum einer bestimmten Linie eine bestimmte Farbe zugeordnet wurde (ich glaube hier kaum an Willkür) und welche Symbolik sich im Bahnbetrieb nach einigen Jahrzehnten daraus ergeben hat.

Auch die Geschichte der Farbgebung von Metrotickets – analogen Gegenständen, die zunehmend aus unserem Alltag verschwinden – muss noch geschrieben werden. Ich erinnere mich an die Pariser Metrotickets aus den 1950er-Jahren, die entweder rötlich oder gelblich waren und entsprechend für die 1. oder die 2. Klasse Gültigkeit hatten. Dann erlebte ich mit, wie alle Fahrscheine beige wurden und es lange blieben; die Verkehrsbetriebe sprachen von »havannagelb«. In den Siebzigern kamen gelbe Fahrscheine mit einem braunen Magnetstreifen auf der Rückseite in Umlauf. Darauf folgten die von einer so reißerischen wie nutzlosen Werbung angepriesenen »chic et choc«-Tickets. Wenige Jahre später war es mit dem Löcherknipsen vorbei: Die Schaffnerzangen verschwanden. 1992 wurden die gelben Fahrscheine grün: Der Grünton hatte einen leichten Einschlag ins Türkise, den die Pariser Verkehrsbetriebe hochtrabend als »jadegrün« bezeichneten. Die Farbänderung betraf nicht nur den Einzelfahrschein, sondern alle Tickets, einschließlich des Wochentickets, das bis dahin einen etwas helleren »Havannaton« gehabt hatte. Als zusätzliches Unterscheidungsmerkmal trug das Wochenticket den deutlichen Aufdruck »COUPON JAUNE« (»Gelbes Ticket«). Als nun 1992 alle Fahrscheine jadegrün wurden, geschah dies auch mit dem Wochenticket, wenngleich noch monatelang der Aufdruck »COUPON JAUNE« auf dem Fahrschein prangte – eine eigenartige Diskrepanz zwischen Farbbezeichnung und tatsächlicher Farbe.

Doch so eigenartig auch wieder nicht. Ohne uns dessen bewusst zu sein, verwenden wir manche Farbbezeichnungen für Dinge, deren Farbe mit den bezeichnenden Begriffen fast nichts zu tun haben. So sagen wir etwa »Weißwein« zu einem Wein, der überhaupt nicht weiß ist. Genauso bezeichnen wir einen Wein, der nicht wirklich rot ist, als »rot«, violette Trauben als »raisin noir«, also als »schwarz«, und grün-gelbe Trauben als »raisin blanc«, also als »weiß«. Niemand stört sich daran. Zumal unsere Vorfahren es ebenso hielten, und unsere Vor-Vorfahren auch, seit Urzeiten. Vielleicht hat schon Noah ...

Abweichungen zwischen Farbbezeichnung und tatsächlicher Farbe von Dingen des täglichen Bedarfs oder mit hohem Symbolwert – bleiben wir beispielsweise beim Wein – erinnern uns daran, wie sehr Farbgebung Konvention, Etikett und sozialer Code ist. Ihre Hauptfunktion besteht darin, zu unterscheiden, zu klassifizieren, zu gruppieren, zu trennen und zu hierarchisieren. In Europa erhielten Wein und Trauben ihre farbigen Zuschreibungen schon in sehr früher Zeit, als nur drei Farben – Weiß, Rot und Schwarz – dafür in Gebrauch waren. Die anderen Farben gab es natürlich auch, aber sie spielten im Code- und Wertesystem eine untergeordnete Rolle. Einen Wein als gelb oder eine Traube als violett zu bezeichnen, hätte damals keinen Sinn ergeben. Sie als »weiß«, »rot« oder »schwarz« zu qualifizieren verlieh ihnen eine poetische und symbolische Dimension, die sie bis heute innehaben.

Rot oder blau?

Bleiben wir kurz in der Metro. Oder vielmehr in den Vorstadtzügen. Ich möchte an dieser Stelle von einem scheinbar belanglosen Verhalten der Fahrgäste berichten, um zu zeigen, wie wenig neutral und wie ideologisch aufgeladen Farben sind, wie weit sie über vermutete physiologische Auswirkungen hinaus unsere Haltung und unsere Entscheidungen beeinflussen.

In Paris und den Vororten im Süden wurden Anfang der achtziger Jahre für die Züge der »Linie B« (einstmals »Zug nach

Sceaux«) neue Waggons mit abwechselnd roten und blauen Sitzbänken angeschafft. Dies war ein deutlicher Bruch mit dem tristen Grün und Braun der bisherigen Sitze und sollte, nach den Wünschen der Betreiber, zur Attraktivität des öffentlichen Nahverkehrs beitragen. Eine löbliche Absicht! Naiv, aber löblich.

Bald nach Einführung der neuen Wagen konnte ich beobachten, dass sich außerhalb der Stoßzeiten, wenn die Fahrgäste ihre Plätze frei wählen konnten, fast niemand auf die roten Bänke setzte. Als ob Rot – die Farbe für Gefahr und Verbot, aber auch für Festlichkeiten und für die Liebe – eine abschreckende Wirkung hätte oder zumindest nicht so neutral wie Blau wäre. Damals fehlte mir die Geistesgegenwart, die Passagiere zu befragen, die sich auf den roten Bänken niederließen: Waren es nur Jugendliche? Oder Rebellen? Reiche, die sich mit Zügen nicht auskannten? Farbenblinde? Bestimmt wäre eine solche Befragung soziologisch interessant gewesen. Umso bedauerlicher ist es, dass die Sitze heute so abgenutzt, beschädigt und verdreckt sind, dass Forschungswillige wie Reisende mitunter nicht mehr eindeutig zwischen Blau und Rot unterscheiden können. Warten wir auf die nächsten neuen Garnituren, um dann schneller als Schmutz und Vandalismus den öffentlichen Nahverkehr unter die farbethnologische Lupe zu nehmen. Aber werden die nächsten Sitzbänke überhaupt wieder rot und blau sein?

Dreifarbige Ampelanlagen

Wann kam die erste dreifarbige Ampel zur innerstädtischen Verkehrsführung zum Einsatz? Die Frage trieb mich vor etwa 30 Jahren um, als ich die Entstehung der Verkehrsregeln im Hinblick auf die Rolle von Farben untersuchte. Zu dem Thema gab es nur wenige ernstzunehmende Arbeiten und kaum verlässliche Dokumente. Da ich weder in der Nationalbibliothek noch in den Nationalarchiven brauchbare Informationen fand, begann ich direkt in der Bibliothek der Straßenbauverwaltung nach entsprechender Fachliteratur zu suchen, vor allem nach deutschsprachigen Artikeln in sonst schwer zugänglichen Zeitschriften aus der Zeit zwischen den beiden Weltkriegen.

Die Bibliothek, die sich damals im 6. Pariser Arrondissement in der Rue des Saints-Pères befand, wurde gerade renoviert, man verwies mich auf ein Außenlager in einem Vorort. Der Besuch war eine Enttäuschung: nichts im Präsenzbestand, nichts in den Katalogen. Ich wandte mich an den Bibliothekar im Lesesaal und erklärte ihm, wonach ich suchte. Der Mann sah mich betrübt an, ließ mich mein Anliegen wiederholen und fasste es als Frage zusammen: »Die Geschichte der Verkehrsampel?« Ich stellte klar, dass ich allgemeiner zur Geschichte der Verkehrszeichen im innerstädtischen Straßenverkehr in Europa und den USA forschte. Das bekümmerte ihn offenbar noch mehr. Da müsse er sich mit jemandem beraten, sagte er, und verschwand im hinteren Teil des Raumes. Ich sah ihm hinterher und beobachtete, wie er mit einem Kollegen sprach, vermutlich seinem Vorgesetzten, beide Männer blickten dabei misstrauisch in meine Richtung, bis der Befragte sich mit dem Zeigefinger gegen die Schläfe tippte, was wohl bedeuten sollte, dass ich einen Vogel hätte und nur ihre Zeit verschwendete. Ich hatte mir für meinen Besuch offenbar einen schlechten Tag ausgesucht.

So verließ ich die Bibliothek der Straßenbauverwaltung – oder zumindest das provisorische Außenlager – zwar mit leeren Händen, doch mit der Erkenntnis, dass es schwierig war, den Menschen um mich herum klarzumachen, dass die Geschichte der Farben als Forschungsgegenstand nicht vollkommen belanglos war. Nicht zum ersten Mal stieß ich bei einem Gegenüber – Verwandten, Freunden, Kollegen oder Studenten – auf

Unverständnis. Im besten Fall sah man in der Geschichte der Farben ein »nettes Sammelsurium« für Anekdoten und kuriose Details, im schlimmsten Fall ein albernes, obskures Anliegen. Dabei befanden wir uns nicht mehr in den 1880er-Jahren, im Zeitalter von Wissenschaftsgläubigkeit und Positivismus, sondern in den 1980ern, im Zeitalter der Semiologie, der Mentalitätsgeschichte und der glorreichen Multidisziplinarität!

Einige Jahre später konnte ich bei der Forschungsarbeit in deutschen und britischen Bibliotheken die großen Linien der Genese unserer dreifarbigen Ampeln rekonstruieren und fand heraus, dass Straßenverkehrszeichen vielfach Eisenbahnsignale zum Vorbild hatten, die ihrerseits auf Grundlage der im 18. Jahrhundert geltenden Seezeichen entwickelt wurden. Auf der Straße wie auch auf See waren die ersten Ampeln zweifarbig, mit einer roten und einer grünen Leuchte. Im Dezember 1868 wurde in London am Palace Yard, Ecke Bridge Street die erste Ampel der Welt für den innerstädtischen Straßenverkehr aufgestellt. Es handelte sich um eine Gaslaterne mit schwenkbaren Signalarmen, die von einem Verkehrspolizisten gehoben und gesenkt wurden. Die Konstruktion war jedoch so gefährlich, dass im darauffolgenden Jahr ein Beamter beim Lampenanzünden tödliche Verletzungen durch eine Explosion erlitt. Nichtsdestoweniger war London bei den Lichtzeichenanlagen der Vorreiter; Paris folgte erst 1923 und Berlin noch ein Jahr später. Die erste Ampel in Paris wurde am Boulevard Sébastopol, Ecke Saint-Denis aufgestellt und leuchtete zunächst nur rot. Das grüne Licht kam Anfang der 1930er-Jahre dazu. In den USA hatten sich die zweifarbigen Ampeln schon früher durchsetzen können: Salt Lake City, 1912; Cleveland, 1914; New York, 1918.

Warum wählte man für die Regelung des Verkehrs – zunächst auf dem Meer, dann auf der Schiene, schließlich auf der Straße – ausgerechnet die Farben Rot und Grün? Rot gilt bereits in der Bibel als Farbe für Gefahr und Verbot, doch Grün war jahrhundertelang überhaupt nicht mit dem Erlauben, Gewähren oder Freigeben von Durchfahrt assoziiert. Stattdessen stand Grün für Unordnung, Sünde, Regelverstoß und Systemuntergrabung. Und niemand empfand die Farbe damals als das Gegenteil von Rot, wie es traditionell – seit dem Mittelalter – Weiß im Verhältnis zu Blau war. Doch nachdem Newton das Farbspektrum erforscht hatte und sich seine Lehren in den darauffolgenden Jahrzehnten durchsetzten, entwickelte die Wissenschaft im 18. Jahrhundert zunehmend dss Modell der Komplementärfarben. Die Primärfarbe Rot hatte Grün fortan zur Komplementärfarbe, sie wurden zu einem Paar. Und da Rot als Verbotsfarbe galt, entwickelte sich Grün mit der Zeit zum gewährenden und erlaubenden Counterpart. Zwischen 1780 und 1840 gingen die Menschen auf See und anschließend auch an Land dazu über, für eine gewährte Durchfahrt »grünes Licht« zu geben. In der Geschichte der Farbbedeutung beginnt damit ein neues Kapitel: Bis heute steht Grün für Zustimmung und Freigabe, sogar für Freiheit.

Farbe und Design: ein schwieriges Paar?

Mein Interesse an Farben hat mich schon früh in Kontakt mit der Modewelt gebracht. Und es ergab sich verschiedentlich die Gelegenheit, mich mit Modemachern, Stilberatern und Zeitschriftenredakteuren über Moden und die Symbolik von Farben auszutauschen. Manchmal gingen unsere Meinungen auseinander – ich fand es etwa unzulässig, mit Wendungen wie »das ist der Trend« Farbzusammenstellungen zu erklären oder zu rechtfertigen –, doch unser Austausch war immer fruchtbar. Mit Vertretern und Vertreterinnen aus Design und Industriedesign kam ich erst sehr viel später und auch weniger intensiv ins Gespräch. Eigentlich erst seit 1993, als in Paris unter der prächtigen Glaskuppel des Grand Palais eine gigantische Ausstellung mit dem

Titel »Design, Spiegel des Jahrhunderts« stattfand. Die Veranstalter baten mich, für den Katalog, der damals unter demselben Titel bei Flammarion erschien, einen Überblick über das Verhältnis zwischen Design und Farbe von den 1880er-Jahren bis zum Ende des 20. Jahrhunderts zu schreiben.

Ich war kein Experte auf diesem Gebiet. Also las ich mich ein und befragte Menschen aus der Branche. Zu meiner Überraschung fand ich heraus, dass Farbe – sieht man vom Bauhaus einmal ab – im Bereich des Designs weder die Kreativen selbst, noch die Soziologen oder Historiker besonders interessierte. Das Schweigen darüber in der Geschichtsschreibung des Designs ähnelt dem in der Kunstgeschichte, in der Farben als Sujet jahrzehntelang ignoriert wurden. Darauf werde ich später noch eingehen.

Beim Industriedesign fällt auf, dass man hinsichtlich der Farben über lange Zeit wenig erfinderisch war: Man stößt auf einfachste Symbolik, eine uninspirierte Ästhetik (»Farbe und Funktion der Objekte harmonisch verbinden«) sowie den naiven Glauben an die wissenschaftliche Objektivität von Farben und daran, selbige ließen sich mit den Gesetzen der Optik und Chemie beherrschen.

Machen wir einen Exkurs in die Geschichte. Sämtliche Haushaltsgegenstände, die Ende des 19. und Anfang des 20. Jahrhunderts in Massenproduktion hergestellt wurden, verbindet die Einheitlichkeit ihrer Farben. Sie sind fast ausnahmslos schwarz, grau, weiß oder braun. Markante Farben kommen selten vor. Warum ist das so? Der erste mögliche Grund, der mir einfällt, ist die Farbstoffchemie: War sie seinerzeit noch nicht in der Lage, kräftige, klare und vielfältige Farben für große Stückmengen von Gegenständen herzustellen? Die Praxis widerlegt diese Annahme. In Europa konnte man im besagten Zeitraum nicht nur bestimmte Farbnuancen synthetisieren, sondern war seit den 1860er-Jahren auch dazu übergegangen, große Mengen beliebiger Gegenstände damit zu färben.

Tatsächlich ist das Problem weder ein chemisches noch ein technisches, sondern ein ethisches. Wenn die ersten Haushaltsgeräte, die ersten Kugelschreiber, die ersten Telefone, die ersten Autos schwarz, grau, weiß oder braun sind, statt orange, grellrot und zitronengelb, dann hat das vor allem moralische Gründe. Die Industriegesellschaft des ausgehenden 19. Jahrhunderts hält markante Farben, die den Blick und die Aufmerksamkeit auf sich ziehen, für unanständig, weshalb sie nur sparsam eingesetzt werden sollten. Im Gegensatz dazu gelten neutrale, nüchterne Farben aus den Spektren von Grau und Braun oder den Sphären von Schwarz und Weiß als würdig und tugendhaft – und damit als massentauglich. In seinen Anfängen kann das Design Fragen der gesellschaftlichen Farbmoral nicht einfach so abtun. Die Kräfte, die jeder Neuerung bei der Farbgestaltung entgegenstehen, sind so stark, dass die nach dem Ersten Weltkrieg angebotene Farbpalette (heller, knalliger, vielfältiger), die zum Teil auf künstlerische Innovationen vom Beginn des 20. Jahrhunderts zurückgeht, von der Öffentlichkeit als exzentrisch oder albern wahrgenommen wird. Die entsprechenden Farben bleiben Randerscheinungen (was zu selten klargestellt wird), die Massenkultur nimmt kaum Kenntnis von ihnen.

Im Weiteren liefern der Wissenschaftsglaube und die Suche nach objektiven Farbwahrheiten eine Erklärung für das eingeschränkte Interesse der Designerinnen und Designer an Farben. Um Form, Farbe und Funktion von Objekten in Einklang zu bringen, glaubte man in Designkreisen bis vor kurzem an natürliche, gewissermaßen physiologische Farbbeschaffenheiten. Als ob es wirklich reine und unreine, warme und kalte, nahe und ferne, dynamische und statische, anregende und beruhigende Farben gäbe. Den kulturellen Charakter der Farbsymbolik hat das Design einfach außer Acht gelassen und mehrfach den Anspruch auf »universelle Codes« erhoben. Solche Ansätze werden heute belächelt, aber damals haben sie potentielle Käufer abgeschreckt, womit das eigentliche Ziel von Design verfehlt war, nämlich Anwendbarkeit und Ästhetik von Objekten zu verbinden. Nicht alles, was mit Wasser zu tun hat, muss unbedingt blau sein, nicht alles, was mit Feuer zu tun hat, rot; genauso wenig, wie alles mit einem Bezug zur Natur grün zu sein hat und alles, was mit Sonne und Urlaub Verbindung steht, gelb oder orange. Nicht alle Krankenzimmer müssen weiß-blau gestrichen sein, nicht alle schnellen Autos sind rotlackiert, nicht alles Kinderspielzeug hat helle, reine Farben. Johannes Ittens berühmter Satz, der 1922 an seine Bauhaus-Studenten gerichtet war und den sich das Design jahrzehntelang auf die Fahnen schrieb, gehört zu den absurdesten, die ich je über Farben gelesen habe: »Die Farbgesetze [...] sind zeitlos, sie haben heute die gleiche Gültigkeit wie früher.«[3]

Der übermäßige Glaube an wissenschaftliche Theorien hat das Industriedesign in seiner Farbwahl eingeschränkt, ja sogar in die Irre geführt. Exemplarisch ist dies an der Farbe Grün zu beobachten. Die Wissenschaft und zeitgenössische Maler (etwa Mondrian und Dubuffet) haben dem Grün seinen Status als Primärfarbe abgesprochen und es zur Sekundärfarbe degradiert, zu einer Mischung aus Gelb und Blau. Der niedere Status von Grün, dem das Design schon frühzeitig Rechnung trug, widerspricht jedoch allen Traditionen und Gebräuchen. Auch damit wurde die Farbwahrnehmung der Menschen verzerrt, verwirrt und sogar verletzt.

Als dritter Faktor haben farbliche Moden die Erfolge des Industriedesigns zuweilen ausgebremst. Moden sind kurzlebig, sensibel, unkontrollierbar, weder eine völlig individuelle noch eine durch und durch kollektive Erscheinung, und lassen sich mit psychologischen oder soziologischen Ansätzen allein nicht erfassen. Für Designer, die Farben entwerfen und codieren, sind zwei Parameter, Abweichung und Abflauen, nur schwer

3 Johannes Itten, *Kunst der Farbe*, Ravensburg, Otto Maier Verlag, 1961, S. 152 (aus dem Nachwort)

steuerbar. In der Modewelt (und das betrifft nicht nur die Bekleidung) sind Farben und Farbkombinationen allein deshalb attraktiv und begehrt, weil sie sich von anderen Farben und Farbkombinationen sichtbar unterscheiden, weil sie mit Gewohntem brechen und vom Häufigen abweichen; und nicht, wie es das Design gern hätte, weil sie »mit der Form und Funktion des von ihr bekleideten Objekts harmonieren«. Farben und Farbkombinationen in großer Zahl zu produzieren – der eigentliche Zweck des Industriedesigns – bedeutet natürlich auch, nur zu kleinen und kurzen Erfolgen verdammt zu sein. Trendbewegungen in der Mode sind schnell und launisch, bei der Farbe vielleicht noch mehr als bei allem anderen: Als sämtliche Autos schwarz waren, war es mit einem Mal schick, ein rotes, blaues oder grünes zu fahren; als sie alle bunt wurden, war es der letzte Schrei, ein graues zu haben. Die Analysen der Designer und die Gesetze der Massenproduktion sitzen seit eh und je in dieser Falle, zumal jeder Ort, jede Zeit, jedes Milieu, jede Altersklasse, jede Branche und soziale Untergruppe ihre eigenen Werte hat, die Außenstehende nicht immer durchdringen, die sich unmöglich kanalisieren, geschweige denn festlegen lassen, und die sich jederzeit und plötzlich umkehren, verwandeln oder in Luft auflösen können.

Deshalb kann der Historiker mit gewisser Berechtigung behaupten, dass das Design fast immer, wenn es versucht hat, modische Entwicklungen zu steuern oder für sich zu nutzen, damit – zumindest teilweise – gescheitert ist. Echte Erfolge gab es nur durch eine Abweichung von den Zielen und der Ethik industrieller Produktion, beispielsweise durch den Verzicht auf Massenproduktion und niedrige Absatzpreise – zwei entscheidende Merkmale echten Industriedesigns –, wenn also Produkte auf den Markt kamen, die von Anfang an als Statussymbole und Luxusartikel gedacht waren. Gefangen im Auf und Ab der Modezyklen, in den Gesetzmäßigkeiten des Marktes und den Unwägbarkeiten des Snobismus, konnte das Design – wie andere kreative Bereiche zeitgenössischer Produktion – aus einer solchen Haltung nur selten über sich hinauswachsen. »Hässliches verkauft sich schlecht«, sagte Raymond Loewy. Das stimmt natürlich. Doch ist es nicht auch eine Art von Hässlichkeit, Schönes zu erschaffen, um Geld zu machen?

Farbe essen

Als meine Arbeiten zum Thema Farbe etwas bekannter wurden, kam ich bei Einladungen zum Abendessen mehrfach nicht umhin, eine lästige Sache über mich ergehen zu lassen: das monochrome Menü. Um mir eine Freude zu machen oder ihr Können und ihren Einfallsreichtum unter Beweis zu stellen, servierten meine Gastgeber mir ein Abendessen aus lauter gleichfarbigen Gängen. Manchmal wurde die Monochromie der Speisen bei der Tischdekoration aufgegriffen. Das aufwändige Arrangement machte mir aber keine Freude, sondern machte mich verlegen. Außerdem konnte der begrenzte Augenschmaus die ausbleibenden Gaumenfreuden nicht aufwiegen! Um eine Mahlzeit aus Lebensmitteln der gleichen Farbe zusammenzustellen, ist man nämlich zu Entscheidungen, Annäherungen und Verbindungen gezwungen, die zwar das Auge erfreuen, das Geschmackserlebnis aber oft beschränken. Farbe ist nicht gleich Geschmack, auch wenn die Theorie der Synästhesie Gegenteiliges behauptet.

Ehrlich gesagt war die Mode der monochromen Menüs, die in den achtziger Jahren wieder aufkam, nichts Neues. Bereits in den 1950er-Jahren erfreuten sie sich großer Beliebtheit, und ihre Blüte erlebte sie sogar schon in der ersten Hälfte des vergangenen Jahrhunderts, unter dem Einfluss der Futuristen. Das monochrome Essen ging damals mit einer Verherrlichung der Moderne einher. Wandert man in der Zeit weiter zurück, stößt man schon im späten Mittelalter bei Banketten auf die Vorläufer solcher Farbmenüs – es gab Speisen in den Farben des Wappens oder der Livree eines Prinzen – und noch früher auf gastronomische Arrangements aus der Römischen Kaiserzeit.

Seit 1980 erschienen zahlreiche Bücher mit Vorschlägen für Gastgeberinnen und Gastgeber, die solche Menüs planten. Die Bücher ähneln sich auffällig und weisen allesamt auf die Schwierigkeit hin, ein blaues Essen zusammenzustellen. In der Natur gibt es nur sehr wenig Essbares in dieser Farbe: Violettes, ja; auch Schwarzes; Rotes, sogar einiges. Aber Blaues? Zwangsläufig schummelt man und behilft sich mit Lebensmitteln und Rezepten, bei denen »blau« im Namen vorkommt: Forelle blau, Blauschimmelkäse … Einige weiße Lebensmittel (Reis, Nudeln, hartgekochte Eier, Sellerie, Endivien, Fisch) lassen sich mit Methylenblau einfärben, einem ungiftigen Produkt, früher zur Linderung von Aphten verwendet, heute zum Färben von Aquarienwasser. Übrigens lassen sich viele Speisen auch ohne künstliche Farbstoffe, einfach mit anderen Lebensmitteln einfärben. Zwiebelschalen ergeben ein schönes Beige und helle Brauntöne, Spinat, Lauchsaft, Pistazien und einige Kräuter färben sehr schön grün, Safran intensiv gelb, das Kochwasser von Artischocken wunderbar blaugrün, und Tintenfischtinte macht alles tiefschwarz. Für Rot, Rosa und Violett hat man sogar die Qual der Wahl: Rote Bete, Rotkohl, schwarze Johannisbeeren, Brombeeren, Heidelbeeren und so weiter.

Selbst ohne Färben lässt sich problemlos ein monochromes Menü zusammenstellen, wenn es nicht gerade blau sein soll. Hier ein paar Beispiele:

Rot: Rote Bete, Steak vom Roten Thun, Kidneybohnen, Erdbeeren.

Orange: geraspelte Möhren, Schellfisch, Kürbispüree, Orangensalat.

Weiß: Endiviensalat, Kabeljaufilet, Reis, Quarkspeise, Litschis.

Grün: Gurkensalat, Tortellini mit Pesto, Kopfsalat, Pistazienpudding.

Braun: Linsensalat, gegrilltes Rindfleisch, Kastanienpüree, Mousse au Chocolat.

Schwarz: Seehasenrogen, Tapenade, Risotto mit Tintenfischtinte, Mohnkuchen.

Vor Erscheinen der Kochbücher beschäftigte man sich bereits in Malerei und Dichtung mit farbgleichen Viktualien. In seinem 1978 erschienenen Buch *Das Leben. Gebrauchsanweisung* stellt Georges Perec etwa eine gewisse Madame Moreau in den Mittelpunkt, die jeden Monat in ihrem weißen Esszimmer ein einfarbiges Essen serviert:

> »Das erste war ein gelbes Essen: Gougère oder Käsegebäck auf Burgunderart, Hechtklöße holländisch, Wachtelragout mit Safran, Maissalat, Zitronen- und Guavensorbet, dazu Sherry, Château-Chalon, Châteaux-Carbonneux und Eispunch mit Sauternes.«[4]

Noch berühmter ist der von Joris-Karl Huysmans (1848–1907) in seinem Roman *Gegen den Strich* (1884) beschriebene Leichenschmaus. Es handelt sich dabei um einen Klassiker der symbolistischen Literatur. Während des Essens, das von »nackten Negerinnen« in einem »schwarzdrapierten Eßzimmer« serviert wurde, »während ein verborgenes Orchester Trauermärsche spielte«, wurden nur schwarze, braune und violette Speisen verzehrt sowie gleichfarbige Getränke getrunken:

> »Man hatte aus schwarzumränderten Tellern gegessen: Schildkrötensuppe, russisches Roggenbrot, reife Oliven aus der Türkei, Kaviar, Seebarbenragout, geräucherte Frankfurter

4 Georges Perec, *Das Leben. Gebrauchsanweisung*, dt. von Eugen Helmlé, Frankfurt a. M., Zweitausendeins, 1982

Würstchen, Wildbret mit lakritzfarbenen, wachsigen Saucen, Trüffelpasteten, ambraduftende Schokoladen-Crèmes, Puddings, Nektarinen, Weinbeermus, Maulbeeren und schwarze Kirschen; und getrunken hatte man aus dunklen Gläsern: Weine aus der Limagne und aus dem Roussillon, von Tenedos, aus Valdepeñas und Portweine; und nach dem Mokka und den Nüssen Kwass, Porter und Stout.«[5]

Die monochromen Menüs, die mir serviert wurden, brachten es nie zu solcher Raffinesse und Schmackhaftigkeit. Zugegeben, sie wurden mir nicht auf Buchseiten, sondern auf Tellern kredenzt. Sonderlich geschmeckt haben sie mir selten, doch habe ich auch weit Schlimmeres erlebt: ein Menü, das sich exklusiv einem einzigen Lebensmittel widmet. Und zwar keiner Pflanze, sondern einem Tier: so eine Qual! Meine Forschung zur Geschichte und Symbolik des Schweins inspirierte einen Lyoner Restaurantbesitzer dazu, mich zu einem Vortrag rund um das Borstentier in sein Lokal einzuladen und dabei für ungefähr 100 Gäste ein Mittagessen nur aus Zutaten vom Schwein zu servieren. Das Essen war schwer und fett, sehr schwer und sehr fett. Und ich wünsche keinem, das Dessert essen zu müssen, das man uns damals auftischte: eine kalte, süße Blutwurst, in einem See aus Schweineblut und Preiselbeersoße!

5 Joris-Karl Huysmans: *Gegen den Strich*, dt. von Hans Jacob, Leipzig, Gustav Kiepenheuer Verlag, 1978

Kunst und Literatur

Im Atelier eines Malers

Schon als Kind lernte ich Maler kennen und kam mit der Malerei in Berührung, was mein frühes und fortdauerndes Interesse an Farben vielleicht erklärt. Drei Onkel meiner Mutter waren Maler, und ich habe zwar nur einen von ihnen persönlich kennengelernt, nämlich Raymond, doch begegneten mir die anderen in den Wohnräumen meiner Verwandtschaft mütterlicherseits – Onkel, Tanten, Cousins und meiner 96-jährigen Urgroßmutter –, die bis unter die Decke mit teils großformatigen Bildern vollgehängt waren. Väterlicherseits waren die Maler nicht Teil der Familie, gehörten aber zum engen Freundeskreis. Sie zählten sich alle zu den Surrealisten und versuchten, mit unterschiedlichem Erfolg, von der Malerei zu leben.

So der Maler Marcel Jean (1900–1993), der älter als mein Vater und lange mit ihm befreundet war. Er hatte sein Atelier unten an der Butte Montmartre, in der Rue Hégésippe-Moreau, nahe dem Friedhof. Oft ging mein Vater früh am Sonntagmorgen mit mir zu ihm, bevor wir die Rue Lepic zum Markt hinaufstiegen. Ein herrlicher Ausflug! Das Atelier in der Straße mit dem abenteuerlichen »Hégésippe« im Namen war eine regelrechte Schatzhöhle. Vor allem, da Marcel Jean die verschiedensten Maltechniken anwandte: Öl, Gouache, Aquarell, Pastell, Kohle und andere. Eine Technik faszinierte mich besonders, da für sie große Wasserbecken zum Einsatz kamen: die Flottage. Dazu streute Marcel Jean Pigmente auf das Wasser, die er sogleich, bevor sie sich auflösten oder absanken, mit einem

Blatt Papier von der Oberfläche fischte, wobei einmalige Farbschlieren und -flecken entstanden, denen der Maler höchste Bedeutung beimaß und die er im Folgenden kaum nachbesserte. Auf solche Flottagebilder schrieb mein Vater manchmal seine kurzen Gedichte in Versform oder in Prosa. Meine Schwester Isabelle hat noch ein solches Flottagebild von Marcel Jean, ein sehr schönes, in geheimnisvollen Grün- und Blautönen mit einem Gedicht meines Vaters, zufällig meinem Lieblingsgedicht von ihm, es ist ein ganz schlichtes und leises, das mit dem schönen Achtsilber endet »Erinnerte sich, er hat geliebt«.

Überall in Marcel Jeans Atelier lagen (mehr oder weniger) leere Ölfarbetuben herum, mit denen ich spielen und malen durfte. An Sonntagen, an denen er in Geberlaune war, was nicht allzu häufig vorkam, erlaubte er mir sogar, ein paar alte Tuben, die eigentlich in den Müll gehörten, mit nach Hause zu nehmen. Die ausgetrockneten Tuben, die sich nur schwer oder gar nicht öffnen ließen, waren für mich ein wunderbares Geschenk, auch wenn ich sie zum Malen nicht mehr benutzen konnte. Selbst wenn ich die Verschlüsse abbekommen hätte, fehlte mir alles sonstige Material und vor allem das Wissen, wie man mit Öl malte. Dennoch freute ich mich sehr an meinen Schätzen und sortierte die Tuben nach Farben, streichelte das schwere, matte Blei der Hülle und zeigte sie meinen neidischen Mitschülern, namentlich Christian, der nur Buntstifte besaß, mit denen er zwar kolorieren, aber nicht richtig malen konnte.

Ich war noch keine zehn, doch das Sortieren von Farben bereitete mir schon damals Vergnügen. In der Apotheke meiner Mutter wie auch in Marcel Jeans Atelier stellte ich mir vor, es gäbe eine geheime Farbordnung, die von den Erwachsenen durcheinandergebracht worden war und die ich wiederentdecken und womöglich wiederherstellen musste. Medikamentenschachteln und Farbtuben – wertvolle Gegenstände und zugleich fabelhaftes Spielzeug – leisteten mir dabei die größte Hilfe. Über die Jahre habe ich in meinen beiden

»Farblaboren« – der Apotheke und dem Atelier – mehr als in der Schule meine persönliche Ordnung der Farben entwickelt. Die Grundsätze meiner Ordnung waren nicht besonders originell, aber sie begleiten mich seit der Kindheit, und ich kam nie in die Verlegenheit oder Versuchung, sie infrage zu stellen, nicht einmal, als ich nach meinem Geschichtsstudium wusste, dass es keine universelle Ordnung der Farben gab, sondern alles von der jeweiligen Epoche und Gesellschaft abhängt.

Folgende sind die wenigen Ordnungsgrundsätze, die ich in meiner Kindheit entwickelt habe und die mich seither auch im Erwachsenenalter bei meiner wissenschaftlichen Arbeit und meiner bescheidenen Betätigung als Sonntagsmaler immer noch begleiten:

1. Schwarz und Weiß sind vollwertige Farben.
2. Es gibt nur sechs Grundfarben: Schwarz, Weiß, Rot, Blau, Gelb und Grün.
3. Danach folgen fünf Nebenfarben, die fälschlicherweise »Halbfarben« genannt werden: Grau, Braun, Rosa, Violett und Orange.
4. Alle anderen Farbtöne sind nur Nuancen oder Nuancen von Nuancen.

Ein Maler in zwei Bänden

Ich bin mit Büchern aufgewachsen. Schon als kleines Kind dämmerte mir, dass sich die Wahrheit des Seins und der Dinge nicht so sehr in der Alltagsrealität fand als vielmehr in Bücherregalen. Die Bibliothek meines Vaters umfasste etwa fünfzehntausend Bände, von denen sehr viele Kunstbücher waren. Die surrealistische Malerei war natürlich ausgiebig vertreten, doch gab es auch allgemeinere Lektüre, die für mich als Kind zugänglicher war. Ehrlich gesagt hatten es mir aber besonders die Schwarz-Weiß-Fotos in den dicken Bänden auf den unteren Regalbrettern angetan. Ein Werk zur Malerei faszinierte mich besonders: *Histoire de la peinture française (Geschichte der französischen Malerei)*, herausgegeben von Louis Dimier (2. Aufl., 1934), bestehend aus zwei gleich starken Bänden, der erste trug den Untertitel »Von den Anfängen bis zu Vouets Rückkehr aus Rom« – ein Untertitel, der mich verwirrte und zugleich zum Träumen brachte.

»Vouets Rückkehr aus Rom«. Eine sonderbare Formulierung für einen Untertitel! Worauf er wohl anspielte? Sicher auf ein außergewöhnliches Abenteuer. Doch wer war dieser Simon Vouet, der zur Zeit der *Drei Musketiere* nach Rom gereist war und dessen Rückkehr nach Paris die gesamte französische Malerei auf den Kopf gestellt hatte? Was hatte er mit nach Hause gebracht? Unbekannte Farbpigmente, herrliche italienische Rottöne, ein unvergleichliches Grün, ein Blau der Ferne? Für mich ging – und geht – es in der Malerei vorrangig um Farben. Tatsächlich hatte ich von Simon Vouet noch nie etwas gehört und war daher überrascht, dass er hier als der größte französische Maler betrachtet wurde und seine Rückkehr aus Rom die Geschichte der französischen Malerei in zwei Bände unterteilte. Bestimmt ein Genie. Vielleicht der französische Raffael oder Vermeer, diese beiden Maler hielt ich für die größten. Seltsamerweise fand sich unter den zahlreichen Schwarz-Weiß-Abbildungen im ersten wie im zweiten Band kein einziges Bild von Vouet. Und das, was ich vom Text verstand, half mir auch nicht weiter. Was bedeuteten Formulierungen wie »ein für den gallischen Geist adaptiertes Barock« oder »der illusionistischste unter den französisch-römischen Malern«?

Das Rätsel blieb für mich bis ins Erwachsenenalter bestehen. Als Teenager hatte ich in der Malerei andere Vorlieben als die Franzosen des 17. Jahrhunderts. Vor allem faszinierten mich das Mittelalter und die Buchmalerei. Dank meiner Tante Lise, die

Konservatorin im Manuskriptkabinett der Nationalbibliothek war, hatte ich die illuminierten, sprich mit Malerei versehenen Manuskripte für mich entdeckt und interessierte mich seitdem weniger für die von meinem Vater so geschätzte moderne und zeitgenössische Malerei. Und auch das Rätsel um Simon Vouet (1590–1649) trieb mich nicht mehr um.

Später, im Studium, als ich neugierig auf alles war und auch ohne konkreten Anlass in den Handbüchern der großen Bibliotheken Dinge nachschlug, erfuhr ich ganz nebenbei, dass Vouet zehn Jahre in Rom gelebt hatte und zum »italienischsten aller französischen Maler« geworden war. Ludwig XIII., der ihn finanziell unterstützte, rief ihn 1627 nach Paris zurück. Vouet folgte dem Ruf. Er brachte weder neue Pigmente noch unbekannte Farben mit, sondern Maltheorien aus dem italienischen Barock. Er eröffnete ein bedeutsames Atelier, war der Lehrmeister von Eustache Le Sueur und Charles Le Brun, wurde einer der offiziellen Hofmaler und am Ende seines Lebens zum Rivalen von Nicolas Poussin. Jedoch bereitete Simon Vouet mitnichten den Weg für ein besonders römisches Rot, ein unvergleichliches Grün oder ein Blau der Ferne. Die Farbpalette seiner Arbeiten unterschied sich kaum von der seiner Zeitgenossen. Ich war enttäuscht.

In düsteren Sälen

Der erste Film, den ich im Kino gesehen habe, war *20.000 Meilen unter dem Meer* von Richard Fleischer mit Kirk Douglas, James Mason und Peter Lorre in den Hauptrollen. Wir schrieben das Jahr 1954, und ich war noch keine sieben. Es handelte sich um einen Farbfilm, was damals noch nicht häufig vorkam. Unter Filmliebhabern gilt er immer noch als eine der besten Leinwandadaptionen von Jules Vernes Roman. Ich habe ihn leider kein zweites Mal gesehen.

Trotz dieser ersten prägenden Erfahrung bleibt das Kino für mich eine Kunst in Schwarz-Weiß. Damit bin ich in meiner Generation nicht allein: Ein »richtiger« Film ist ein Schwarz-Weiß-Film, und die Filmgeschichte wurde vornehmlich in Schwarz-Weiß geschrieben. Der Farbfilm scheint mir die siebte Kunst manchmal verfälscht zu haben. Zu diesem Eindruck beigetragen hat sicher, dass meine Lieblingsfilme allesamt in Schwarz-Weiß gedreht sind. An erster Stelle sei hier zu nennen: Kenji Mizoguchis *Erzählungen unter dem Regenmond* (1953), den ich für den schönsten Film überhaupt halte. Die nächtliche Überquerung des Biwa-Sees, bei der sich das Glitzern des Wassers, die Spiegelungen des Mondes, das Plätschern der Ruder und das ferne Echo der Trommeln miteinander verbinden, ist für mich die genialste Szene der gesamten Filmgeschichte. Danach kommen für mich *Abend der Gaukler* (1953) und *Das siebente Siegel* (1957) von Ingmar Bergman, *Die Spielregel* (1939) von Jean Renoir, *Die Nacht des Jägers* (1955) von Charles Laughton, *8½* (1963) und *Amarcord* (1973) von Federico Fellini. Die Liste ist nicht originell, dieselben Filme stehen an der Spitze vieler Rang- und Hitlisten. Ich bin ein sehr gewöhnlicher Cineast.

Während meiner Studien zur Geschichte der Farben beschäftigte ich mich auch mit den Anfängen des Kinos und stellte fest, dass der Übergang vom Schwarz-Weiß- zum Farbfilm, genau wie bei der Fotografie, mit vielen Hürden versehen war, die nicht so sehr technischer als vielmehr sozialer und moralischer Natur waren. Die erste öffentliche (und kostenpflichtige) Vorführung des Kinematographen der Brüder Lumière fand am 28. Dezember 1895 in Paris im Grand Café auf dem Boulevard des Capucines statt. Ab 1896 wurde drei Jahrzehnte lang an Verfahren geforscht, wie man Farbe in die bewegten Bilder bekäme. Manche Experimente erwiesen sich als erfolgreich, hatten aber auf das kommerzielle Kino keine Auswirkungen; für die breite Öffentlichkeit blieb der Film noch lange Zeit schwarz-weiß.

Die technischen Herausforderungen bei der Herstellung von Farbfilmen waren allerdings auch gewaltig. Man trug die Farben anfangs mithilfe von Schablonen auf, die aus Filmkopien ausgeschnitten waren – eine Schablone pro Farbe, eine extrem aufwändige, akribische Arbeit, die für einen Spielfilm unmöglich geleistet werden konnte, zumal die Regie dafür unterschiedliche Grautöne für Kulissen, Kostüme und Schminke einplanen musste. Als Nächstes färbte man die Filme mit Farbbädern ein, schaffte auf diese Weise Atmosphäre und Marker, da für ähnliche Szenen die gleiche Farbe zur Anwendung kam (Blau für Nachtszenen, Grün für Außenaufnahmen, Rot für Gefahr, Gelb für Freude), aber Farbfilme waren das noch nicht. Später nutzte man Farbfilter, zunächst bei der Vorführung, dann auch bei den Aufnahmen. Schließlich wurden, wie beim Farbdruck und der Farbfotografie, drei Filme mit drei verschiedenen Farben übereinandergelegt, um so alle anderen Farben zu erhalten. Der erste farbige Zeichentrickfilm (eine von Walt Disneys berühmten *Silly Symphonies*) kam 1932 in die Kinos. Doch bis der erste echte Spielfilm in Farbe das Licht der Öffentlichkeit erblickte, vergingen noch weitere drei Jahre: 1935 erschien Rouben Mamoulians *Jahrmarkt der Eitelkeiten*.

Das Technicolor-Verfahren, das die erste Phase des Farbfilms dominierte, war bereits 1915 erfunden worden. Man entwickelte es bis Mitte der 1930er-Jahre kontinuierlich weiter und ermöglichte so vor dem Zweiten Weltkrieg den Dreh von Meisterwerken wie Michael Curtiz' *Robin Hood, König der Vagabunden* (1938) und Victor Flemings *Vom Winde verweht* (1939). Technisch gesehen hätte das Verfahren jedoch schon viel früher für die Herstellung und Vermarktung von Farbfilmen genutzt werden können. Doch wie angedeutet verzögerte sich seine Verbreitung für das allgemeine Publikum weniger aus technischen oder finanziellen Gründen, sondern vor allem wegen moralischer Bedenken. In den Augen der puritanischen Kapitalisten (allesamt Protestanten, sowohl in Europa als auch in den USA, die damals die Produktion von Bildern und Gütern des Massenkonsums kontrollierten) waren bewegte Bilder eine Frivolität, wenn nicht gar etwas Unanständiges. Vor diesem Hintergrund noch einen Schritt weiterzugehen und den breiten Massen bewegte Bilder in Farbe anzubieten wäre geradezu obszön gewesen. Und so mussten zwei Jahrzehnte vergehen, ehe das, was technisch längst möglich war, auch auf der Leinwand erschien.

Nach dem Zweiten Weltkrieg kamen zunehmend Farbfilme in die Kinos, doch erst in den frühen siebziger Jahren hatten sie den Schwarz-Weiß-Film quantitativ überholt. Mit Mühe versuchte man damals, die Filmbilder nicht wie kolorierte Postkarten aussehen zu lassen – meist vergeblich. Ästheten und Kreative bemängelten, dass die Farbe zu viel Platz einnähme und unrealistisch wirke. Im Kino, wie auch im Fernsehen und in Zeitschriften, dominierte die Farbe auf übertriebene und die Alltagswirklichkeit verzerrende Weise. Die breite Öffentlichkeit störte das jedoch nicht, sie lehnte eine Rückkehr zum Schwarz-Weiß-Film ab, wenngleich echte Filmliebhaber sie für bestimmte Filmgattungen weiterhin einforderten. Die jüngste Praxis, alte Filme, die in Schwarz-Weiß gedreht und konzipiert waren, nachträglich zu kolorieren, zeigt das Verlangen des Publikums nach Farben, insbesondere in den USA: Da sich die amerikanischen (und bald wohl auch die europäischen) Fernsehzuschauer weigern, alte Filme in Schwarz-Weiß anzusehen, werden sie »nachkoloriert« (schon das Wort ist abscheulich), um im Fernsehen laufen zu können. Diese Praxis verbreitete sich in den 1980er- und 1990er-Jahren und führte zu berechtigten juristischen wie ethischen, ästhetischen und künstlerischen Kontroversen.

Heute ist es teurer, einen Film in Schwarz-Weiß statt in Farbe zu drehen (das Gleiche gilt in der Fotografie). Auch deshalb erfreut sich der Schwarz-Weiß-Film unter Arthouse-Filmschaffenden wieder großer Beliebtheit, und im üblichen Wechselspiel von Moden und ihrer Umkehrung nimmt man ihn wieder als charmanter, atmosphärischer und »filmischer« wahr. Manch älterer Cineast mag mit einem gewissen Snobismus Farbfilme im Kino sogar gänzlich ablehnen. Man kann darüber streiten, doch lässt sich nicht leugnen, dass der Mythos Kino historisch ein schwarz-weißer ist. Daran ändert sich auch nichts, wenn man alte Filme einfärbt.

Ivanhoe – Der schwarze Ritter

Meine Lieblingsfilme sind zwar alle schwarz-weiß, aber der Film, der mich am meisten geprägt und eine entscheidende Rolle in meiner Jugend gespielt hat, ist ein Farbfilm: *Ivanhoe – Der schwarze Ritter* von Richard Thorpe aus dem Jahr 1952 mit Robert Taylor, Elizabeth Taylor (damals noch sehr jung und bemerkenswert schön), Joan Fontaine und George Sanders. Der Film kam im darauffolgenden Jahr in die europäischen Kinos, gesehen habe ich ihn aber erst zwei Jahre später. Ich war acht, es war Sommer. In einer kleinen Stadt in der Bretagne, unweit des Badeorts, an dem ich jedes Jahr die Sommerferien verbrachte, leitete die Großmutter eines Freundes das kleine Kino der Kirchengemeinde: bescheidene Mittel, ein spartanischer Saal, ein lauter, launischer Projektor, drittklassige Kopien. Mein Freund und ich spielten manchmal das »Kinopersonal«, doch nicht um die Zuschauer zu platzieren, sondern um Süßigkeiten und Eis zu verkaufen. Das bot die Gelegenheit, sich selbst den Bauch vollzuschlagen (zu dieser Zeit gab es kein Kino ohne Eiskonfekt) und auch Filme kostenlos zu sehen, manchmal mehrere Nachmittage oder Abende hintereinander. Tatsächlich konnte ich mir im Juli 1955 eine ganze Woche lang die französische Fassung von Richard Thorpes *Ivanhoe – Der schwarze Ritter* ansehen, vielleicht fünf oder sechs Mal. Ich kenne jede Szene, jede Einstellung, jeden Satz dieses Films. Die französischen Dialoge sind übrigens ungewöhnlich gut; es wäre schön, ihre Autoren zu finden und sie zu ehren.

Filmhistoriker haben für diese *Ivanhoe*-Verfilmung allerdings wenig übrig, und noch weniger für Richard Thorpe, den seine Kritiker einen »emsigen Filmemacher« nannten. Das Urteil ist ungerecht: *Ivanhoe – Der schwarze Ritter* ist eine großartige Abenteuergeschichte, ganz in der Machart des Hollywood-Kinos der fünfziger Jahre. Der Angriff auf Burg Torquilstone und das abschließende Gottesurteil in Form eines Duells sind zwei große Kinomomente. Der Film war international ein Riesenerfolg. Als Historiker des Mittelalters halte ich *Ivanhoe – Der schwarze Ritter* außerdem für eines der besten Dokumente zu dieser Epoche. Landschaften, Burgen, Kostüme, Wappen, Kulissen und die Atmosphäre insgesamt sind der historischen Realität oder zumindest dem Bild, das wir von dieser Realität haben, sehr genau nachempfunden. Die Handlung spielt im späten 12. Jahrhundert, und zum ersten und vielleicht einzigen Mal in einem Film tragen die Ritter Rüstungen und Wappen aus dem späten 12. Jahrhundert, nicht aus dem 15. oder 16. Jahrhundert. Dank solcher Detailtreue lässt der Film den Zuschauer in eine reale, aber doch märchenhafte Welt eintauchen. Es ist schade, dass Studien zur Geschichte des amerikanischen Kinos ihn so abfällig bewerten. Zumal er der Ursprung meiner Begeisterung für das Mittelalter war, für Banner, Schilde und nicht zuletzt Farben. Mit acht wusste ich noch nicht, was sich hinter dem Begriff der Heraldik verbarg, aber die Wappenschilde der beiden Antagonisten des Helden beeindruckten mich sehr: *Rot mit goldenem Balken* bei Hugh de Bracy sowie *von Blau und Silber gespalten und sechsmal schräglinks geteilt* bei Brian de Bois-Guilbert. Kann man es einfacher, direkter und grafischer machen? Seit jenem Sommer 1955 fand ich Ritter definitiv interessanter als Cowboys.

Im darauffolgenden Sommer sah ich im selben bretonischen Gemeindekino *Die Ritter der Tafelrunde* von demselben

Richard Thorpe, war aber nicht mehr so begeistert. Trotz des Mitwirkens von Ava Gardner – Ava Gardner! – ist er nicht so gelungen wie *Ivanhoe – Der schwarze Ritter*, nicht so inspirierend und, um es gleich zu sagen, reichlich kitschig. Die Verfilmung der Artussage ist ein unmögliches Unterfangen: Denken wir nur an Robert Bressons misslungenen *Lancelot, Ritter der Königin* (1974) oder an John Boormans monströsen *Excalibur* (1981), eine nicht nachvollziehbar aufgebauschte Groteske. Die Legende lässt sich auf der Leinwand einfach nicht gut erzählen.

Ivanhoe in Szene zu setzen war da leichter. Walter Scotts Roman lieferte alles: Drehbuch, Figuren, Charaktere, Schauplätze, Kulissen, Kostüme, Farben, Wappen. Walter Scott hatte sich alles genau vorgestellt, alles beschrieben, alles geplant, bis hin zur Aufteilung der Hauptszenen: die Rückkehr vom Kreuzzug, das Turnier, der Angriff auf die Burg, der Hexenprozess, das Gottesurteil.

Als das Buch im Dezember 1819 erschien, war Scott 48 Jahre alt. Seit einiger Zeit genoss er das Ansehen eines berühmten Schriftstellers, sowohl in Schottland als auch in England. Die Geschichte spielt im Mittelalter, im späten 12. Jahrhundert, und zwar durchgängig in England: König Richard Löwenherz befindet sich derweil auf einem Kreuzzug und wird auf dem Rückweg gefangen genommen. Während dessen Gefangenschaft in Österreich und später in Deutschland versucht Prinz John, sein Bruder, die Macht an sich zu reißen, indem er gemeinsam mit den normannischen Baronen gegen die letzten sächsischen Lords vorgeht, die Richard die Treue halten. Im derart geteilten England, das auf die Rückkehr seines Königs wartet, entwickelt der Autor verschiedene Handlungsstränge: den Konflikt zwischen einem autoritären Vater und einem freiheitsliebenden Sohn, die unmögliche Liebe zwischen einer jüdischen Frau und einem christlichen Mann, die geheime Identität des rätselhaften »schwarzen Ritters« und dazu noch die bereits erwähnten spektakulären Zwischenfälle.

Das Buch erfuhr sofort einen großen Erfolg. Und bescherte Walter Scott Ruhm und Geld. Die Universitäten Oxford und Cambridge verliehen ihm die Ehrendoktorwürde, auch die schottischen Intellektuellen gewährten ihm alle Ehren, boten ihm den Vorsitz der angesehenen Royal Society of Edinburgh an, und der neue König Georg IV. ernannte ihn zum Baronet. All diese Ehrungen wurden ihm innerhalb eines halben Jahres nach Erscheinen des Buches zuteil. Das Jahr 1820 war in Walter Scotts Leben dank seines Romans *Ivanhoe* zweifellos das glanzvollste. Zum Ruhm gesellte sich, wie gesagt, auch noch Geld: Berechnungen zufolge verkaufte sich das Buch zwischen 1820 und 1832, Scotts Sterbejahr, über 1,5 Millionen Mal (alle Ausgaben und Übersetzungen zusammengenommen). Eine Goldmine! Leider versiegte sie durch Fehlinvestitionen in unvorsichtige Verlagsabenteuer, gefolgt von einem riesigen Bankrott (1826) und enormen Schulden, die der Schriftsteller erst nach sechs Jahren langsam begleichen konnte, worüber er seine Muse wie auch seine Gesundheit verlor. Scott war ein talentierter Autor, aber ein katastrophaler Geschäftsmann.

In einer 1983/84 von der französischen Zeitschrift *Médiévales* durchgeführten Umfrage wurde die Forschergemeinde der Mediävistik und Geschichtswissenschaft gefragt: »Woher rührt Ihr Interesse am Mittelalter?« Ein Drittel der etwa 300 Aussagewilligen, die teils am Anfang ihrer Laufbahn standen, teils schon etabliert waren, gab an, sie hätten ihre frühe Berufung Sir Wilfred of Ivanhoe zu verdanken, der entweder durch den Roman von Walter Scott, meist in einer Adaptation für Jugendliche, oder durch die Verfilmung von Richard Thorpe in ihr Leben getreten war. Ich bin also keineswegs ein Einzelfall: Viele Mediävisten verdanken ihr erstes Interesse am Mittelalter und später ihre Berufswahl *Ivanhoe* – einem Werk, in dem Farben eine herausragende Rolle spielen.

In unserer Vorstellung ist das Mittelalter vor allem eines: bunt.

Sie müssen mir verzeihen: Ich kann Rimbaud nicht leiden. Weder den Menschen noch das Werk. Ich habe nie verstanden, was bewundernswert daran sein soll, ein junger rebellischer Dichter zu sein: Es ist relativ banal, und in den 1870er-Jahren vielleicht sogar noch banaler als heute. Was Rimbauds Dichtung angeht, so muss ich gestehen, dass sie mich nicht berührt: Seine Verse finde ich holprig und künstlich, sie haben weder die luftige Musik eines Verlaine noch die betörende Bizarrerie eines Nerval. Rimbauds Bewunderer – und davon gibt es viele, ich weiß – mögen mir daraus bitte keinen Strick drehen. Wahrscheinlich ist die Ablehnung des Dichters bei mir eine Revolte gegen meinen Vater: Der nämlich liebte Rimbaud über alle Maßen und hatte eine unvergleichliche Rimbaud-Sammlung zusammengetragen. Aus Bockigkeit habe ich leider erst im Erwachsenenalter ein wenig darin geblättert.

Zuvor begegnete ich in meinem Französisch-Schulbuch seinem berühmten Sonett »Vokale«, musste es auswendig lernen und analysieren – zu meiner Zeit war dieses Gedicht unumgänglich für Schüler des Literaturzweigs. Ich erinnere mich an die Begeisterung unseres Lehrers, die er gern mit uns geteilt hätte, daran, wie er sich ausließ über die Verbindung zwischen Farben und Silben, zwischen Farben und Musik, und wie er dabei auf das berühmte Augenklavier von Louis-Bertrand Castel zu sprechen kam, bei dem die Töne von Farben ersetzt wurden (um 1735–1740), auf Baudelaires »Einklänge«[6] (»Correspondances«) und die Proust'schen Synästhesien. Er hatte unser Interesse an dem Thema geweckt, und es entstand eine Debatte darüber, wer von uns den fünf Vokalen die gleichen Farben zuordnen würde wie Rimbaud:

6 in: Stefan George, *Baudelaire. Die Blumen des Bösen.* Gesamt-Ausgabe der Werke, Band 13/14, Berlin, Bondi Verlag 1930

»A schwarz, E weiß, I rot, U grün, O blau – mir ward
der tiefste Sinn von eurem Klang geoffenbart:«[7]

Wir waren etwa 35 Schüler, alle männlich: Keiner von uns teilte die Farbassoziationen, wie der erste Vers des Sonetts sie vorschlug. Doch für einige war es »offensichtlich«, dass A nicht schwarz und E nicht weiß sein konnten. Und was die Verbindung von I mit Rot anging, so stellte ein Mitschüler, von dem ich nur noch weiß, dass er Pierre hieß, die kühne These auf, der junge Rimbaud hätte absichtlich Assoziationen gewählt, die dem gesunden Menschenverstand und dem allgemeinen Farbempfinden widersprachen. Das war ein interessanter Gedanke, dem unser Lehrer jedoch nichts abgewinnen konnte, er sagte nur immer wieder: »Lesen Sie das Sonett bis zu Ende! Lesen Sie es bis zu Ende!«

Er hatte recht. Doch die markant formulierte Aussage im ersten der 13 Verse überlagert alles Folgende und gibt eine so deutliche Farbzuteilung vor, dass man das Gefühl hat, die übrigen Zeilen nicht mehr lesen zu müssen. Ich bin mir übrigens nicht sicher, ob das Zuendelesen des Gedichts tatsächlich etwas an der anfänglichen Farbzuteilung klärt. Das Wesen von Dichtung liegt ja gerade darin, dass sie ihre Geheimnisse nie ganz lüftet.

Rimbaud, der oft nach der Bedeutung des Sonetts und seiner Farbgebung der Vokale gefragt wurde, behauptete immer, seine Auswahl sei »zufällig und ohne Hintergedanken« gewesen. Einige Fachleute sahen das Gedicht daher als eine Art Scherz. Andere, mehr an der Zahl, verfassten Glossen und wiederum Glossen zu diesen Glossen, um hinter den Sinn des Gedichts zu kommen und das Farbalphabet zu erklären. Sie zogen die Primär- und Sekundärfarben heran, die warmen und die kalten,

7 Arthur Rimbaud, *Leben und Dichtung*. dt. von K. L. Ammer. Mit einem Geleitwort von Stefan Zweig. Leipzig, Insel-Verlag 1907

den Gegensatz zwischen Schwarz und Weiß zum einen und dem Farbspektrum zum anderen, sinnierten außerdem über die Form der Buchstaben, über die »Füße« des A, die drei horizontalen Striche des E, die Vertikalität des I – allesamt Elemente, die mit Dingen und Lebewesen der zugeordneten Farbe assoziiert sind. Die Sekundärliteratur zu diesem Sonett ist ein weites Meer, sodass Tristan Tzara ironisch ausrief: »Vokale, Vokale, was macht ihr für Geschichten!«

Vielleicht war es die mehr oder weniger bewusste Absicht des Dichters, Sperenzchen zu machen. Rimbaud war 17, als er sein Sonett im Spätsommer 1871 verfasste. Er hatte gerade seine Arbeit am »Trunkenen Schiff« beendet, das er bei einem Dîner im Kreise der Pariser »Vilains Bonshommes« vortragen wollte. Zu dem Zeitpunkt lebte er noch nicht in England (das tat er erst ein Jahr später), befand sich aber bereits in seiner »englischen Phase« und spielte gern mit dem Wortschatz, den er während seiner Schulzeit in Charleville gelernt hatte. Es ist nicht auszuschließen, dass sein Sonett über die Vokale auf ein simples Wortspiel unter Schülern zurückgeht: Rimbaud / rainbow, also auf die klangliche Nähe zwischen seinem Namen und dem englischen Wort für »Regenbogen«.

Ich weiß noch, welche Farben ich 1964 welchen Buchstaben zuordnete, als wir den Text im Unterricht durchnahmen. Wie Rimbaud war ich fast 17 und wie er hätte ich meine genauen Beweggründe nicht nennen können. Doch fiel mir die Zuteilung sehr leicht und bis heute stehe ich zu ihr: A rot, E blau, I gelb, O weiß, U blau oder grün. Schwarz tauchte in meinem Farbalphabet nicht auf. Wie meine Mitschüler sich entschieden, weiß ich nicht mehr, abgesehen davon, dass A für die meisten in der Klasse rot war. Später habe ich manchmal Freunde zu der Rimbaud'schen Zuordnungs-Übung ermuntert. Die Farbauswahl variierte natürlich bei jedem, doch eine klare Mehrheit brachte das A mit Rot in Verbindung und, etwas weniger ausgeprägt, das U mit Blau.

Lässt sich Ähnliches auch mit Konsonanten durchspielen? Die Tonalitäten sind andere und die Klangfarben weniger eindeutig. Mir scheint aber, dass F und T gut und gerne weiß sein könnten, H und M eher rot, J und N vorwiegend gelb, und dass nur das Z für mich ganz und gar schwarz wäre. Wegen der Werbung für Zan-Lakritze oder wegen Zorro?

Rot und Schwarz

Rimbaud kann ich nicht leiden, und auch Stendhal widerstrebt mir. Ich bin offenbar ein literarischer Banause. Doch um Stendhal ernsthaft zu schätzen, bin ich ein zu großer Fan von Flaubert. Wer würde nach der Lektüre von *Lehrjahre der Männlichkeit*[8] noch mehr als einmal *Rot und Schwarz* lesen wollen? Man vergleicht die beiden Romanautoren, die nur eine Generation trennt, doch automatisch. Ich habe *Rot und Schwarz* als junger Mann auf Anraten meines Französischlehrers gelesen, vielleicht mit 16, wahrscheinlich war ich zu jung. Später, mit über 40, griff ich noch einmal zu dem Buch, hatte zwischenzeitlich aber sämtliche Werke Flauberts verschlungen …

Stendhals Roman scheint mir von seinem Titel erdrückt zu werden, der zwar wunderschön ist, aber zu viel Aufmerksamkeit auf sich zieht und uns zu symbolischen Deutungen verleitet, die der Autor vielleicht gar nicht im Sinn hatte. Und da wir gerade beim Thema sind: Worauf wollte Stendhal bei der Wahl seines Titels überhaupt hinaus? Wir wissen es nicht. Er hat sich zu den Farben und ihrer Bedeutung nie geäußert. Wir wissen nur, dass der Roman ursprünglich *Julien* hieß, nach dem Namen der Hauptfigur, Julien Sorel, und dass der Autor ihn im Mai 1830, nur wenige Monate vor der Veröffentlichung, in *Rot und Schwarz* umbenannte.

8 neu übersetzt unter diesem Titel von Elisabeth Edel, München, Hanser, 2020

Stendhals Schweigen hat beachtliche Mengen an Sekundärliteratur generiert. Jeder Werkexeget legte seine eigene Analyse oder Hypothese vor. Viele sahen im Rot die Farbe der Armee und im Schwarz die Farbe der Kirche. Der Titel greife demnach das Zaudern des Protagonisten auf: Sollte er Soldat oder Priester werden? Eine Laufbahn beim Militär oder in der Kirche einschlagen? Gegen diese weithin angenommene Erklärung spricht aber die Konjunktion: Stendhal titelte nicht *Rot oder Schwarz*, sondern *Rot und Schwarz*. Ein etwas simplerer Erklärungsversuch sieht im Rot Juliens Verbrechen und im Schwarz seinen Tod auf dem Schafott. In anderen Einschätzungen ist die Farbbedeutung allerdings umgekehrt: Schwarz stehe für die Sünde und Rot für den Henker. Um 1830 bedeutete die französische Wendung »mit rotem Kragen sterben« tatsächlich, um einen Kopf kürzer gemacht zu werden.

Einer anderen (wackligen) Auslegung zufolge stehen die Farben für die beiden Frauen, von denen Julien geliebt wird, Rot für Madame de Rênal und Schwarz für Mathilde de La Mole. Doch im Grunde gibt es im Roman kaum Elemente, die in diese Richtung weisen. Dafür wollen einige Interpreten in den Farben des Titels die Farben von Karten- oder Kasinospielen erkennen. Sogar auf das Glücksspiel »Rouge et noir« wird verwiesen, einen Vorläufer des »Trente et quarante« von heute: Schon im Romantitel klinge an, dass Julien sein Schicksal dem Zufall und den Launen der Fortuna überlässt. Andere Analysen treiben die Farbsymbolik noch weiter und beziehen sie auf die Astrologie, der Titel des Romans sei die Zusammenfassung von Julien Sorels Geburtshoroskop: Rot, die Farbe der Leidenschaft und Eifersucht, stehe mit Mars in Verbindung; Schwarz, die Farbe der Durchtriebenheit und der bösen Seelen, mit Saturn. Warum nicht? In den zwanziger Jahren des 19. Jahrhunderts war Farbsymbolik groß in Mode und inspirierte zu Deutungen tief in die Sphären von Astrologie und Esoterik hinein. Aber geht das im vorliegenden Fall nicht zu weit?

Die Literaturgeschichte weiß, dass zur Zeit der Veröffentlichung von Stendhals Hauptwerk viele Romane Farbelemente im Titel trugen, vornehmlich in England. Marie-Henri Beyle erwies sich mit der Wahl von *Rot und Schwarz* also keineswegs als originell und ging ein Risiko ein, dessen er sich wahrscheinlich nicht bewusst war: Farben sind bedeutungsschwer, sie sagen oft mehr aus als beabsichtigt. Niemand verwendet sie ungestraft.

Chrétien de Troyes im Kino

Nur zwei Mal war ich historischer Berater für Filme, die im Mittelalter spielen. Zwei lehrreiche Erfahrungen, nicht so sehr, weil ich etwas über die mir unbekannte Arbeit hinter den Kameras gelernt hätte, sondern wegen der Fragen, die aufkamen – was die Regisseure genau wissen wollten, hatten sich Historiker nämlich noch nie gefragt: Wie begrüßte man sich im 12. oder im 15. Jahrhundert? Welche Gesten gehörten zum Alltag? Welche Sitzordnung gab es bei Tisch? Zu welcher Tageszeit setzten Mönche ihre Kapuzen auf, zu welcher nicht (sprich, waren Statisten mit Tonsur nötig oder nicht – alles eine Frage des Budgets ...)?

Meine erste Beratung war sehr überschaubar. Sie bezog sich auf Éric Rohmers *Perceval de Gallois*, der im Februar 1979 in die Kinos kam. Ein paar Jahre zuvor hatte ich bei Hachette *La Vie quotidienne en France et en Angleterre au temps des chevaliers de la Table Ronde (Das Alltagsleben zu Zeiten der Ritter der Tafelrunde)* herausgebracht, mein erstes Buch, das ich während meines Wehrdiensts in der menschenleeren Bibliothek des Armeemuseums geschrieben hatte. Rohmer wollte zu Kostümen, Wappen und Farben beraten werden. Er besuchte mich an zwei aufeinanderfolgenden Tagen in meinem Büro im Medaillenkabinett der Nationalbibliothek, wo ich junger Konservator war. Ich erinnere mich an die furchtbare Kälte, die an den beiden Tagen

Ende Januar 1978 herrschte und von einer Heizungspanne noch verschärft wurde. Rohmer schien sie allerdings nichts anhaben zu können. Er blieb lange, stellte viele Fragen, machte sich viele Notizen und lud mich zum Mittagessen in ein chinesisches Restaurant ein. Ich war eingeschüchtert, teilweise, weil er selbst eine solche Schüchternheit an den Tag legte, so was gibt es: eine Schüchternheit, die das Gegenüber einschüchtert. Wir sprachen viel über die Wappen der Ritter der Tafelrunde und noch mehr über die Farben von Ausstattung und Kulissen. Die Wahl fiel auf mehrere Wappen, die anschließend »blasoniert«, sprich in die von Rohmer so geliebte heraldische Fachsprache übertragen wurden. Auch die Farben der Kostüme für die Hauptfiguren wurden festgelegt: Grün für Perceval, Blau für Gauvain, Weiß für Arthur, Schwarz für Keu, Rot für den Ritter Vermeil und Gelb für Gornemant de Goort. Damit hatte ich meinen Beitrag geleistet.

Als ich ein Jahr später den Film in der Vorschau eines Kinos in Montparnasse sah, war ich überrascht: Rohmer hatte nichts von dem, was wir gesagt, ausgewählt, verworfen oder festgehalten hatten, berücksichtigt. Die Schilde waren nicht heraldisch, die Kostüme anders als die gemeinsam skizzierten, die Farbgebung der Kulisse war ziemlich kitschig – das alles hatte so gut wie nichts mit dem 12. Jahrhundert zu tun. Ich erinnerte mich, wie ich ein Jahr zuvor zu Rohmer gesagt hatte: »Und bloß kein Violett, das gab es in der Epoche von Chrétien de Troyes nicht. Violett gehört ins Hochmittelalter, nicht ins Mittelalter.« Im Film jedoch ist Violett allgegenwärtig. Ich habe es nie gewagt, den großen Filmemacher nach seinen Gründen für die Abweichungen zu fragen. Hatte er seine Aufzeichnungen verloren? Kannte sich sein Ausstattungsteam besser aus als der junge Historiker, der ich damals war? Oder distanzierte er sich bewusst von einer bestimmten Realität und zog bei den Farben, wie im gesamten Film, die poetische Verfremdung der historisch und literarisch korrekten Rekonstruktion vor? Ich werde es nie erfahren.

Meine zweite Zusammenarbeit mit einem Filmemacher ergab sich einige Jahre später, 1984/85. Ich gehörte zu dem Team von Historikern um Jacques Le Goff, das Jean-Jacques Annaud bei der Konzeption seiner Verfilmung von *Der Name der Rose* nach Umberto Ecos gleichnamigem Roman beriet. Ich war speziell für Fragen zu Farben, Emblemen und Klosterkleidung zuständig. Annauds Projekt war anders angelegt als das von Rohmer: Annaud wollte die Schauplätze des 15. Jahrhunderts, die Kleidung und die gebräuchlichen Gegenstände möglichst originalgetreu, gemäß den jüngsten historischen und archäologischen Erkenntnissen rekonstruieren; er glaubte, dass eine solche Rekonstruktion für die Zuschauer unterhaltsam, einprägsam und vielleicht auch lehrreich sein könnte. Von uns wurde also erwartet, im Vorfeld der Dreharbeiten so viele Dokumente wie möglich zusammenzutragen und dann mit den Teams von Bühnenbild, Kostüm und Regie für jede Szene und jede Figur eine passende Auswahl zu treffen. Das Ganze war eine riesige Maschine mit beachtlichem Budget und vielen motivierten Menschen. Doch es war nicht einfach, gute Arbeit zu leisten, da sie so zergliedert war und man für eine Abnahme viele Instanzen durchlaufen musste, die oft widersprüchliche Voten abgaben. Etliche Male ging es zwischen den verschiedenen Teams und der Regie hin und her, bis der Schnitt eines Kleides, seine Farbe, die Verteilung von Emblemen und Accessoires festgelegt waren. Mehrmals war ich kurz davor, alles hinzuwerfen. Außerdem stieß Umberto Eco, ein Freund von Jacques Le Goff, manchmal zu unserer kleinen Gruppe, und dann war an Arbeit nicht mehr zu denken: Sein polyglotter Humor, seine burleske und bitterböse Zungenfertigkeit und seine herrlichen Geschichten verboten jede ernsthafte Tätigkeit.

Wir erledigten unseren Teil der Arbeit dennoch in der vorgesehenen Frist. Als es bei den Dreharbeiten, die ohne uns begonnen hatten, um eine Szene mit einer Schweineherde ging, wurde mir schlagartig klar, dass ich vergessen hatte, Jean-Jacques Annauds Mitarbeitern zu sagen, dass Schweine im 15. Jahrhundert nicht hell und rosafarben, sondern fast immer grau, braun, schwarz oder gefleckt waren. Sie sahen eher wie Wildschweine aus, nicht wie die heutigen Hausschweine. War ich nicht der Spezialist für Farben und Tiere, den man genau für solche Fälle hinzugezogen hatte? Verschämt kratzte ich meinen Mut zusammen und gestand es Jacques Le Goff, der wiederum Jean-Jacques Annaud informierte. Leider drängte die Zeit. Schwarze Schweine zu finden und sie zum Drehort zu schaffen wäre sehr aufwändig gewesen und hätte uns zeitlich in Verzug gebracht. Was also tun? Einer der Aufnahmeleiter traf mit Zustimmung des Regisseurs eine schnelle Entscheidung: Man würde sich mit den wenigen schwarzen Schweinen begnügen, die sich eben finden ließen, und die rosafarbenen einfach schwarz ansprühen. Gesagt, getan. Im Nachhinein erfuhr ich, dass die Sprühfarbe von schlechter Qualität war, dass die Schweine sich aneinander rieben, sich im Schlamm wälzten und wieder helle Flecke bekamen – nach Aussagen der Techniker kam es zu einer richtig »fiesen Schlammschlacht«. Jean-Jacques Annaud, der ja die Rauheit des bäuerlichen Lebens im 15. Jahrhundert vor Augen führen wollte, soll hochzufrieden gewesen sein.

Die europäischen Schweine bekamen erst in der zweiten Hälfte des 18. Jahrhunderts anstelle ihres ursprünglich grauen, schwarzen, rostroten oder gefleckten Äußeren das helle oder rosafarbene Borstenkleid, das wir heute kennen. Die Gründe für die Aufhellung liegen zum einen in der strengeren Artenselektion, die darauf abzielte, mehr und qualitativ besseres Fleisch zu produzieren, zum anderen in der Kreuzung englischer Sauen mit Ebern aus Südostasien. Die asiatischen Schweine hatten hellere Borsten, etwa das seltsame »Siamschwein«, dessen verkürzter Rüssel den Naturforscher Buffon so fasziniert hatte.

Aus solchen und anderen Kreuzungen entstanden nach und nach neue Rassen, darunter das berühmte Berkshire-Schwein, das schon mit zwei Jahren über 400 Kilogramm wiegen kann, und später das berühmte *Large White* mit seiner weißen Haut, das auch heute noch die vorherrschende Spezies im europäischen Schweinebestand ist. Beide sieht man in Kino und Fernsehen allerdings selten.

Als Dalí Noten vergab

Ich selbst habe Salvador Dalí nie getroffen, aber mein Vater war in den Vorkriegsjahren mit ihm bekannt und wurde oft in sein Haus im 14. Arrondissement nahe des Parc Montsouris eingeladen. Vor allem seiner Frau Gala war er verbunden, eigentlich besuchte er sie. Nach seiner Aussage schlief »der kleine Dalí« fast den ganzen Tag, ließ die meisten Bilder von Assistenten anfertigen und übernahm nur noch die allerletzten Arbeitsgänge selbst. Wie viel davon stimmte? Mein Vater dachte sich nie etwas aus, übertrieb jedoch manchmal. Er sah sich als Freund von Éluard, bedauerte sehr dessen Trennung von Gala und empfand Dalí in gewisser Weise als Störenfried, wenn nicht gar als Betrüger. Von Gala aber war er fasziniert und begleitete sie hin und wieder auf den Flohmarkt von Saint-Ouen, wo sie, so erzählte er, vornehmlich nach Stoffen und Kleidern in leuchtenden Farben suchte, am liebsten in Rot oder Violett.

Ich für meinen Teil war nie ein großer Bewunderer von Dalís Malerei, doch einige seiner Bücher faszinierten mich. So das köstliche *50 magische Geheimnisse*, das 1948 zuerst in New York und drei Jahre später auch in Paris veröffentlicht wurde. Es handelt sich um eine Art autobiografischen Bericht, in dem Dalí Rezepte und Rezepturen beschreibt, die mir rätselhaft, bisweilen auch wahnhaft erscheinen, und der sich außerdem, etwas ernsthafter, mit Qualitäten auseinandersetzt, über die ein Maler in seinen Augen verfügen sollte. In diesem Zusammenhang benennt er neun Parameter, an denen er die Leistungen von elf großen Malern misst. Die neun Parameter lauten: Technik, Inspiration, Farbwahl, Themenwahl, Genius, Komposition, Originalität, Mysterium und Authentizität. Die Meister, denen er sich widmet, sind: Leonardo, Raffael, Velázquez, Vermeer, Ingres, Manet, Meissonier, Bouguereau, Mondrian, Picasso und er selbst, Dalí. In einer bemerkenswerten Vergleichstabelle erhält jeder Maler eine Note (X von 20 möglichen Punkten), die seine Leistungen und sein Talent hinsichtlich jedes der neun Parameter bewertet.

Das Ergebnis ist verblüffend, doch, wenn man Dalí kennt, nicht überraschend. Mondrian etwa wird als Negativbeispiel angeführt: Er bekommt überall die Note »0 von 20«, außer bei Originalität (0,5), Komposition (1) und Authentizität (3). Meissonier und Bouguereau ergeht es nicht viel besser, auch sie kassieren miserable Noten, außer für Authentizität (18 beziehungsweise 15) und – im Fall von Meissonier – für Mysterium (17). Mit Manet verfährt Dalí auch nicht gnädiger, was schon verwundert: Außer für Authentizität (14) erhält Manet nirgends mehr als 6 Punkte. Hingegen lässt sich Dalís Bewunderung für die großen Meister der Vergangenheit an deren astronomischen Punktzahlen ablesen: Leonardo und Velázquez bekommen nie weniger als 15 Punkte, Raffael immer 18 Punkte oder mehr; Vermeer erhält überall 20 Punkte, nur in Originalität sind es 19. Für Dalí ist, wenn wir diesem erstaunlichen Notenspiegel Glauben schenken dürfen, Vermeer der größte Maler aller Zeiten.

Es zeichnet sich ein deutliches Spitzentrio ab: Vermeer, Raffael, Velázquez. Leonardo folgt erst an vierter Stelle und erhält in beinah allen Kategorien schlechtere Bewertungen als die drei anderen, insbesondere als Raffael. In Dalís Augen ist das zu Lebzeiten der beiden Maler getroffene Urteil legitim – Raffael übertrifft Leonardo –, auch wenn die nachfolgende Generation zu einem anderen Votum kommt. Besonders bemerkenswert und spannend ist für mich jedoch der Notenvergleich zwischen Dalí und Picasso. Nicht nur, dass Dalí sich selbst Noten gibt, ebenso bewertet er die Leistung seines Landsmannes, Freundes und Rivalen Picasso. Vielleicht war das »Messen« mit Picasso für Dalí der eigentliche Beweggrund, eine solche Vergleichstabelle anzulegen, und die neun anderen Maler, einschließlich der alten Meister, dienten allein zur Ausstaffierung des Duells.

Siegreich aus dem Wettkampf zwischen Dalí und Picasso geht Dalí selbst hervor: Bei ihm liegt keine einzige Note unter dem Durchschnitt, und er erreicht drei herausragende »19 von 20«, und zwar in Authentizität, Genialität und nicht zuletzt in der Kategorie Mysterium, während Picasso hier jeweils mit 7, 20 und 2 abschneidet. Picasso ist kein Maler für das »Mysteriöse«! Dennoch übertrifft Picasso ihn in drei Disziplinen, wenn auch nur knapp: bei der Genialität (20 versus 19), bei der Inspiration (19 versus 17) und bei der Themenwahl (19 versus 18). In den restlichen sechs Bereichen ist Dalí ihm überlegen, manchmal sogar deutlich. Picassos schlechteste Note ist zwar eine klägliche »2 von 20« beim Mysterium (wo Dalí in seiner Selbsteinschätzung mit »19 von 20« erstrahlt), aber die größte Überraschung – subtil und süffisant zugleich – ist eine magere »7 von 20« bei Picassos Originalität. Hier zeigt Dalí all seine Raffinesse und Boshaftigkeit, all seinen Neid: Er vergibt keine »1 von 20«, keine 18 oder 19, nein, eine armselige, belanglose »7 von 20«. Damit weist Dalí, so glaubt er, den Rivalen Picasso in seine Schranken.

Abschließend sei angemerkt, dass hinsichtlich der Farbwahl die Maler Mondrian und Meissonier am schlechtesten (»0 von 20«) und Vermeer am besten (»20 von 20«) abschneiden. Dalí gibt sich selbst eine durchschnittliche »10 von 20« und gewährt Picasso »9 von 20«. Was bei genauerer Betrachtung seiner Farbgestaltung für den mittelmäßigen Koloristen Picasso recht großzügig benotet war – wie Pablo selbst gerne einräumte.

Für Dalí ist Vermeer der größte aller Maler. Für mich ist er das auch, obwohl ich weiß, dass solche Ranglisten Unsinn sind und der Vergleich von unvergleichlichen Künstlern sinnlos ist, um nicht zu sagen: hanebüchen. Aber schon recht früh, mit 15 oder 16, erkannte ich in Vermeer meinen Lieblingsmaler. Und meine damals gefasste Meinung habe ich danach nie mehr revidiert. Von Vermeers Bildern war mir *Straße in Delft* (Amsterdam, Rijksmuseum) sofort das liebste und nicht etwa das berühmte *Ansicht von Delft* oder *Das Mädchen mit dem Perlenohrgehänge* (Den Haag, Mauritshuis). Meine Vorliebe ist, nebenbei bemerkt, in keiner Weise originell. In der Malerei und Kunstkritik wird sie von vielen geteilt. Der Maler Max Liebermann etwa schrieb schon 1884 nach einer Reise in die Niederlande, die *Straße in Delft* sei »das schönste Staffeleibild der Welt«. Das finde ich auch.

Meinem Vater verdanke ich eine Angewohnheit, die mich schon mein ganzes Leben lang begleitet: den Besuch von Museen und Kunstausstellungen. Im Laufe der letzten 50 Jahre sind eine Menge zusammengekommen. Eine beträchtliche Anzahl davon waren für mich Entdeckungen oder Offenbarungen, andere der Beginn einer jahrelangen Schwärmerei; am meisten konnte ich mich für die Ausstellung *Johannes Vermeer* begeistern, die von März bis Juni 1996 im Mauritshuis in Den Haag gezeigt wurde. Sie war ein großer Erfolg beim Publikum, und ich hatte das Glück, sie unter besonderen Bedingungen besuchen zu können, an einem Abend im April, fast schon bei Nacht, mit meiner Freundin Claudia, die meine große Liebe für Gemälde teilt. Obwohl damals Menschen aus der ganzen Welt herbeigeströmt waren, um 27 der Vermeer zugeschriebenen Gemälde zu sehen – von seinem Werk ist nicht viel erhalten –, war der Andrang an diesem Abend wundersamerweise nicht allzu groß. Die Beengtheit der Räume, die beim Bilderbetrachten normalerweise stört, kreierte eine Intimität, die hervorragend zur Ausstellung passte. Unter den Exponaten befand sich auch *Straße in Delft*, das ich bereits mehrmals im Rijksmuseum in Amsterdam gesehen hatte, mir aber mit Vergnügen immer wieder ansah.

Neben der eigentlichen Ausstellung waren die Ergebnisse der jüngsten Laboranalysen einzusehen, mittels derer man Vermeers Technik und die verwendeten Materialien untersucht hatte. Die Analysen waren zwar hochgradig wissenschaftlich, doch die Präsentation der wichtigsten Erkenntnisse, die man den Werken des Delfter Malers dank chemischer und physikalischer Verfahren entlockt hatte, war leicht verständlich: Weder Vermeers Pigmente noch seine Bindemittel oder gar die Verfahren unterschieden sich von denen seiner Zeitgenossen. Eine erfreuliche Einsicht, die bestätigt, dass Vermeers Genie von woanders herrührt.

Ohne die Hilfe von Laborgerätschaften, also im Museum oder in einer Ausstellung, ist es kein Leichtes, die Farbpalette eines alten Meisters richtig zu bewerten. Nicht nur, weil wir die Farben auf der Leinwand oder Holzplatte so sehen, wie sie mit der Zeit wurden, und nicht im ursprünglichen Zustand, sondern auch, weil wir sie unter Lichtverhältnissen sehen, die kaum etwas mit den Bedingungen zu tun haben, unter denen der Maler seine Werke schuf – auf beide Punkte komme ich später noch zu sprechen. Dessen ungeachtet ist es einfacher, die Farbpalette eines Malers aus dem 17. Jahrhundert zu analysieren als die eines Malers aus dem 18. Jahrhundert. Im Zeitalter der Aufklärung gab es viele neue Pigmente, und die alten Rezepturen für die Auswahl, das Malen, Binden und Auftragen wurden durch neue Praktiken, je nach Atelier andere, abgelöst und hinterfragt. Zugleich wirkten sich Newtons Entdeckungen und die zunehmende Bekanntheit seines Farbspektrums allmählich auf die Ordnung der Farben aus: Rot lag nun nicht mehr auf halbem Weg zwischen Weiß und Schwarz; Grün wurde endgültig als Gemisch von Blau und Gelb betrachtet; die Einteilung in »Primär- und Sekundärfarben« setzte sich durch, ebenso wie die Vorstellung von warmen und kalten Farben (in unserem heutigen Sinne). Am Ende des 18. Jahrhunderts war die Welt der Farben nicht mehr dieselbe wie zu seinem Beginn.

In der Schaffenszeit Vermeers, also zwischen 1655 und 1675, hatte es kaum Innovationen im Bereich der Pigmente gegeben. Die einzige wirkliche Neuerung war die Verwendung von Neapelgelb, das bis dahin nur beim Brennen von Keramik genutzt wurde. Im Gegensatz zu Vermutungen, die man vor den Analysen Mitte der 1990er-Jahre immer wieder angestellt hatte, war Vermeers Pigmentauswahl keineswegs ungewöhnlich. Seine Originalität rührt also nicht von den Materialien her, die er verwendete, sondern von seiner Technik, mit der er dem Licht Ausdruckskraft verleiht. Für die oft kräftigen Blautöne nimmt er Lasurstein. Weil der jedoch sehr teuer ist, nutzt er ihn nur zum Verfeinern an der Oberfläche, ganz am Ende der Arbeit; für die darunterliegenden Schichten verwendet er Azurit oder Smalte (vor allem zur Darstellung von Himmel). Für Gelbtöne greift er neben den traditionellen, bereits im Altertum benutzten Ockererden auf Zinngelb und kleinere Mengen des neuen »Neapelgelb« zurück, ein Bleiantimonat aus Italien. Beim Grün stehen ihm nur wenige unbeständige, korrosive Kupfergrüntöne zur Verfügung, dafür aber viele grüne Erden. Damals war es eher selten, dass man gelbe und blaue Pigmente mischte, um Grün zu erhalten. Das wurde erst im folgenden Jahrhundert zur gängigen Praxis – sehr zum Leidwesen einiger Tugendwächter der Malerei. Für die Rottöne schließlich setzte er auf Zinnoberrot, Mennige, Cochenille aus Schildläusen, Krapp, Rotholz und verschiedene rote Ockererden.

So weit zu Vermeers Farbpigmenten, die im Labor nachgewiesen werden konnten. Nicht sehr originell, insgesamt handelt es um nicht einmal 20 Pigmente. Betrachtet man allerdings nicht die Anzahl der Pigmente, sondern die der erzielten Farben – und darauf kommt es ja an –, setzt sich Vermeer klar von seinen Zeitgenossen ab. Bei ihm ist die Farbgebung harmonischer, seidiger, feiner als bei vielen seiner Zeitgenossen. Was an der unvergleichlichen Akribie liegt, mit der er Lichteffekte setzt, an seiner sensiblen Pinselführung und der sorgfältigen Endbearbeitung, bei der er warme Grundierschichten mit durchscheinenden kalten Tönen überdeckt. Die Kunstgeschichte hat an vielen Stellen Vermeers außerordentliche Könnerschaft gerühmt, doch es wurde in diesem Zusammenhang nur wenig über die Farben an sich gesagt.

Hier ist nicht der Ort, um ins Detail zu gehen, doch möchte ich wenigstens auf die besondere Rolle seiner verschiedenen Grautöne hinweisen, insbesondere der helleren: Auf den Graunuancen beruht oft die Farbökonomie eines Gemäldes. Außerdem sei die Qualität seiner Blautöne erwähnt. Vermeer ist ein Blaumaler (man könnte auch sagen, ein Blau-Weiß-Maler, da er diese beiden Farben so hervorragend miteinander zu kombinieren weiß). Vielleicht unterscheidet ihn gerade seine Arbeit an den Blautönen von den anderen niederländischen Malern des 17. Jahrhunderts: Wie talentiert und gut sie auch waren, derart subtil mit Blautönen spielen, das konnten sie nicht. Und schließlich komme ich nicht umhin, wieder und wieder – im Gefolge von Marcel Proust – die Bedeutung des Gelbs bei Vermeer zu unterstreichen, das bisweilen ins Zartrosa übergeht (wie die berühmte »kleine gelbe Mauerecke« in der *Ansicht von Delft*), manchmal auch ins Grelle. Auf den Gelbtönen beruht Vermeers gesamte Farborchestrierung, sie machen den Zauber seiner Werke aus und ihn zu einem unvergleichlichen Maler.

Farblose Kunsthistorik

Mitte der siebziger Jahre begann ich als begeisterter junger Forscher damit, die Geschichte der Farben zu untersuchen – und zwar in jede Richtung. Im Grunde hatte mich alles – mein familiäres Umfeld, der Kontakt zu Malern, regelmäßige Museumsbesuche, krankhafte Pedanterie bei der Farbauswahl von Kleidungsstücken und eine soeben verteidigte Doktorarbeit über mittelalterliche Wappen – zu diesem Forschungsbereich hingeführt und darauf vorbereitet. Ich glaubte, mich damit auf ein relativ überschaubares Terrain zu begeben und dass die Geschichte der Farben in Historikerkreisen ein unstrittiges Gebiet sei, auf dem sich viele Kolleginnen und Kollegen umtaten. Ich hatte mich gewaltig getäuscht. Damals interessierte sich in der Geschichte, der Archäologie und der Kunstgeschichte niemand, absolut niemand für Farben. Selbst in Bereichen, wo man Untersuchungen zu diesem Thema erwartet hätte, glänzten die Farben durch Abwesenheit. Die Geschichte unserer Bekleidung wurde beispielsweise ohne Berücksichtigung der Farben erforscht. Zwar gab es historische Quellen, Dokumente in großer Zahl, auch für frühe Epochen, aber die Kleiderforschung interessierte sich nicht dafür. Nur die Archäologie der Formen und die Art der Zusammenstellung der verschiedenen Kleidungsstücke in ihrer zeitlichen Entwicklung war von Belang. Auf die Idee, dass es ein »Kleidungssystem« innerhalb der Gesellschaft gegeben haben könnte, in dem Farben eine Rolle spielten, kam niemand. Auch von einem gewissen Roland Barthes hatte offenbar noch niemand gehört …

Doch schlimmer war, dass selbst in der Geschichte der Malerei, einer Disziplin, in der Farben per Definition im Zentrum hätten stehen müssen, fast immer über sie hinweggegangen wurde. Man schrieb dicke, kluge Bücher über das Werk eines Malers oder über diese und jene Entwicklung in der Malerei, ohne die verwendeten Farben auch nur zu erwähnen. Dreihundert oder fünfhundert Seiten ohne ein einziges Wort über Farben zu verlieren – nicht einmal »blau«, »rot« oder »gelb« –, das musste man erst einmal schaffen! Mitte der 1970er-Jahre war diese Auslassung jedoch nicht ungewöhnlich. Farben waren in der Kunstgeschichte die großen Abwesenden.

Ich fiel aus allen Wolken. Aber ich sollte noch mehr Befremdliches entdecken. Nach einigen Monaten des Forschens und Fragens auf dem quasi unberührten Gebiet der Farbgeschichte stellte ich fest, dass meine Arbeit nicht gut ankam. Die Leute gaben mir zu verstehen, dass ein solches Forschungsfeld nicht nur unseriös sei (dabei war ich Historiograf), sondern außerdem sinnlos, weil unerforschbar. Man gestand der Geschichtsschreibung – den Geisteswissenschaften ganz allgemein – neben ihren Pflichten der Gesellschaft gegenüber kaum Rechte ein, vor allem nicht das Recht, sich zu vergnügen. Die Vorstellung, das individuelle Vergnügen eines Forschers könnte die Hauptantriebsfeder seiner Forschung sein, hielt man für nicht zeitgemäß oder unschicklich. Da mir meine Forschung zur Geschichte der Farben ganz offensichtlich große Freude bereitete, galt mein Treiben bei einigen Kolleginnen und Kollegen als individualistisch und nicht konform mit einer gewissen Forschungsethik.

Ein paar Jahre zuvor hatte ich eine ähnlich feindselige Haltung zu spüren bekommen, als ich meine Dissertation über die mittelalterlichen Wappentiere begann – ein in den Augen meiner Dozenten und Kommilitonen nicht ernstzunehmendes Sujet, bewegte ich mich damit doch in einer verachtenswerten Disziplin, der Heraldik, und befasste mich mit für die gelehrte Geschichte unwürdigen Studienobjekten, nämlich Tieren. Noch in den 1960er-Jahren rechnete man Untersuchungen über Tiere nicht der seriösen Geschichtsschreibung zu, sondern betrachtete sie vornehmlich als Teil der Anekdoten- und Kuriositätensammlungen, die der Belustigung über die Erfahrungen, Praktiken und Glaubenssätze unserer Vorfahren dienten. Eine Handvoll Philologen und Religionshistoriker mochte sich vielleicht aufgeschlossen für Forschungsvorhaben zu Tieren zeigen, doch darüber seine Magister- oder Doktorarbeit zu schreiben war undenkbar und grenzte an akademischen Selbstmord. Glücklicherweise hat sich die Situation gewandelt, und

Tiere sind berechtigterweise zu einem eigenständigen Teil der Geschichtswissenschaft geworden.

Bei den Farben ist das noch nicht ganz der Fall, aber die Haltung zu dem Thema hat sich geändert, und es wurden inzwischen bedeutende, meist gemeinschaftliche Forschungsprojekte in diesem Bereich durchgeführt. Auch heute noch interessiert sich die Historiografie der Malerei, wie viele Fachleute aus meinem Bekannten- und Kollegenkreis sie betreiben, nicht für die Farbgebung. Manche ziehen zur Analyse von Gemälden aus dem 16. oder 17. Jahrhundert lieber Schwarz-Weiß-Fotografien als Farbreproduktionen heran. Sie glauben, dass Farben den Blick verstellen, die dokumentarische Wirklichkeit untergraben und bei einer Untersuchung des Stils hinderlich seien. »Stil« ist in der Geschichte der Malerei ein heiliger Begriff! Ich kann den Bekannten und Kollegen noch so oft erklären, dass jedem Gemälde auch eine Stilistik der Farben zugrunde liegt, dass Farben genauso Gegenstand einer Analyse sein sollten wie Konturen, Duktus, Bildeinteilung ... es hilft nichts.

Dabei handelt es sich zweifellos um die letzten Ausläufer einer Kontroverse, die lange Zeit zwischen zwei Lagern bestand: Was hat in der bildenden Kunst den Vorrang – Form oder Farbe? Darüber stritten die Künstler schon im Italien der Renaissance, auch wenn die Debatte an sich noch älter ist: Was ist entscheidender für die Wahrhaftigkeit in der Darstellung von Wesen und Dingen – Kontur oder Kolorit? In Florenz, wo Maler oft auch Architekten sind und sich Künstler aller Disziplinen mit dem Neuplatonismus auseinandersetzen, hält man Zeichnungen für akkurater, genauer und »wahrer«, während man in Venedig vom Gegenteil überzeugt ist. Damit ist die Debatte eröffnet. Sie wird über zwei Jahrhunderte andauern und Künstler wie Philosophen sich ereifern lassen, zunächst in Italien, dann in Frankreich und im restlichen Europa.

Den Farbgegnern fehlt es nicht an Argumenten. Sie halten Farben, da sie keine Schöpfung des Geistes sind, sondern nur pigmentierte Materie, für weniger erhaben als Formen. Die Zeichnung hingegen betrachten sie als die Fortführung der Idee, sie spreche auch den Intellekt an. Farben richteten sich lediglich an die Sinne, sie informierten nicht, sondern verführten nur. Dabei störten sie manchmal den Blick, ließen uns Konturen und Formen nicht richtig erkennen. Ihre Verführung ist verwerflich, weil sie uns vom Wahren und Guten ablenke. Mit anderen Worten, Farben sind Fassade, Falschheit, Lüge und Verrat – eine Anschauung, die bereits der heilige Bernhard im 12. Jahrhundert vertrat und die die großen protestantischen Reformer aufgriffen, um zwischen 1550 und 1700 die Vorherrschaft des *disegno* über das *colorito* zu festigen. Zu den alten Vorhaltungen gesellt sich manchmal der Vorwurf, Farben seien gefährlich, da niemand sie kontrollieren könne: Sie entzögen sich der Sprache – Farben und ihre Abstufungen genau zu benennen sei eine schwierige Übung –, und sie verweigerten sich der Verallgemeinerung, wenn nicht gar der wissenschaftlichen Analyse. Farben seien Rebellen, vor ihnen müsse man sich in Acht nehmen.

Im Gegensatz dazu führen die Verfechter der Farbe all das ins Feld, was eine Zeichnung ohne Farben nicht zu vermitteln in der Lage ist: die emotionale Dimension der Malerei, aber auch die grundlegende Unterscheidung in Bereiche und Ebenen, die Hierarchisierung der Figuren, das Spiel mit Entsprechung und Erwiderung. Farben sind nicht nur sinnlich und musikalisch, sondern helfen auch zu klassifizieren, was für die Vermittlung und das Erlernen bestimmter Wissenschaften (Zoologie, Botanik, Kartografie, Medizin) unerlässlich ist. Vor allem sehen sie die Überlegenheit der Farben aber darin, dass sie allein es vermögen, einem fleischlichen Wesen Leben einzuhauchen – und da Malerei ihrem Anspruch nur gerecht werde, wenn sie lebendige Wesen abbilde, seien Farben unverzichtbar – ein starker Gedanke, der das ganze Jahrhundert der Aufklärung durchzieht. Weder Leonardo noch Michelangelo, sondern die venezianischen Meister, allen voran Tizian, waren ihre Vorbilder, sie hätten bei der Darstellung lebendiger Figuren und natürlicher Hauttöne Maßstäbe gesetzt.

Diese Auffassung konnte sich im späten 17. und frühen 18. Jahrhundert offenbar durchsetzen. In dieser Zeit verlor die Farbe ihre Unberechenbarkeit und Gefährlichkeit, da die Wissenschaft sie nun messen konnte, man lernte sie zu beherrschen und nach Belieben zu reproduzieren. Newtons Arbeiten hatten den Weg für neue Entdeckungen, Klassifizierungen und Fragestellungen geebnet. Doch die Diskussion war damit nicht beendet. Zwischen 1830 und 1860 wurde sie vor allem in Frankreich weitergeführt: Ingres gegen Delacroix, Form gegen Farbe. Neue Strophen eines alten Liedes …

Bis ins 20. Jahrhundert setzte sich der Widerstreit in vielerlei Ausprägungen fort, nicht nur in der Kunstgeschichte, auch unter den Kunstschaffenden selbst. So verteidigte Yves Klein (1928–1962) bei zahlreichen Gelegenheiten energisch den Vorrang der Farben vor der Form. Von ihm stammt ein Satz, dem ich voll und ganz zustimme:

> »Für mich sind die Farben Lebewesen […], die wahren Bewohner des Raums, die *Linie* dagegen tut nichts, als durch den Raum zu reisen, ihn zu durchlaufen.«

Das Wirken der Zeit

Bei meinen ersten Recherchen zur Farbgeschichte bekam ich also schnell zu spüren, wie schwierig die Auseinandersetzung mit dem Thema war. Nach wenigen Monaten wurde mir klar, warum ich keine Vorgänger hatte: Eine Farbgeschichte zu entwerfen war und ist eine fast unmögliche Aufgabe. Bekleidungshistorik und Kunstgeschichte können ihr jahrzehntelanges Schweigen zum Thema Farben mit zahlreichen zulässigen

Entschuldigungen begründen. Die Arbeit bringt zu viele Hürden mit sich. Nicht nur bei Ansatz und Methode, sondern schon bei der Dokumentation.

Auf Kulturdenkmälern und Kunstwerken, Gegenständen und Abbildungen, die uns aus vergangenen Jahrhunderten überliefert sind, sehen wir Farben nämlich nicht in ihrem ursprünglichen Zustand, sondern nachdem die Zeit auf sie eingewirkt hat. Der Unterschied ist mitunter enorm. Das Wirken der Zeit, egal ob durch chemische Prozesse im Farbmaterial herbeigeführt oder durch Einflussnahme des Menschen – indem er Farbschichten erneuert, übermalt, verändert, reinigt, lackiert oder entfernt, die vorhergehende Generationen aufgetragen haben –, ist an sich schon ein Geschichtszeugnis. Wie geht man damit um? Soll man die ursprünglichen Farben mit hochentwickelten technischen Mitteln restaurieren und gleichsam in ihren originalen Zustand zurückversetzen? Diese Art des Positivismus erscheint mir nicht nur gefährlich, sondern stünde auch der Geschichtsschreibung entgegen: Das Wirken der Zeit ist integraler Bestandteil der Forschung; warum sollte man es verleugnen, verstecken oder vernichten? Außerdem wissen die großen Maler sehr wohl, dass sich Pigmente weiterentwickeln und die Farben verändern werden. Sie planen dies vorausschauend ein: Die Nachwelt wird ihre Bilder in einer Farbigkeit sehen, die sie selbst nicht mehr sehen werden. Wenn wir also versuchen, ein Gemälde oder, ganz allgemein, ein Kunstwerk in seinen ursprünglichen Zustand zu versetzen, tun wir dies manchmal gegen den Willen der Künstler. Die historische Realität ist nicht nur das, was das Werk einmal war, sie ist auch das, was die Zeit aus ihm gemacht hat. Die Frage ist, wie weit dürfen wir die Zeit wirken lassen?

Eine weitere dokumentarische Schwierigkeit liegt darin, dass wir die Bilder und Farben der Vergangenheit heute unter ganz anderen Lichtverhältnissen wahrnehmen als vor dem 20. Jahrhundert. Das Licht von Fackeln, Öllampen, Talg- und

Wachskerzen ist mit dem elektrischen nicht vergleichbar. Doch wer in der Forschung, in den Museen und unter den Fans alter Kunst berücksichtigt das? Niemand. Dieses Vergessen führt manchmal zu Absurditäten. Die jüngste Restaurierung der Gewölbe der Sixtinischen Kapelle ist ein Beispiel dafür, wie mit enormem technischen und medialen Aufwand versucht wurde, »die ursprüngliche Frische und Reinheit von Michelangelos Farben wiederherzustellen«. Eine solches Unterfangen sorgt sicherlich für Aufmerksamkeit, wenn auch auf nervige Art, doch wird es vollkommen sinnlos und anachronistisch, wenn die freigelegten Farbschichten mit elektrischem Licht ausgeleuchtet werden. Was lässt sich mit unserer modernen Beleuchtung wirklich von den Farben erkennen, die Michelangelo und seine Schüler einst aufgetragen haben? Ist die Untreue gegenüber dem Original in dem Fall nicht viel größer als Auswirkungen der seit dem 16. Jahrhundert langsam fortschreitenden Veränderung? Ein beunruhigendes Beispiel in diesem Zusammenhang ist die Höhle von Lascaux, wo, wie bei anderen prähistorischen Stätten, historischer Schauplatz und heutige Schaulust in zerstörerischer Weise aufeinandertrafen. Natürlich wäre es ebenso absurd, in der Sixtinischen Kapelle wieder Kerzen oder Öllampen aufzustellen. Was also tun?

In der Vergangenheit sorgten Fackeln und Kerzen für Beleuchtung, Flammen belebten Formen und Farben. Die Bilder und Gemälde waren also in Bewegung, kinetisch aktiv (denken wir etwa an den Wandteppich von Bayeux, an seine Wirkung in solchem Licht). Unsere elektrische Beleuchtung ist dagegen weitgehend statisch und bringt weder die Formen noch die Farben in Bewegung. Daraus ergibt sich ein beträchtlicher Unterschied in der Sinnlichkeit dessen, was unsere Vorfahren sahen und was wir sehen. Ungeachtet unserer Intentionen nehmen wir Gegenstände, Dokumente und Kunstwerke niemals so wahr wie sie. Für den antiken, den mittelalterlichen und auch den frühen neuzeitlichen Blick waren Farben immer in

Bewegung – schon Aristoteles betont, dass jede Farbe in Bewegung sei. Im Auge des heutigen Betrachters bewegen sich Farben nicht mehr oder kaum noch; sie wirken unbewegt. Der Unterschied in der Wahrnehmung ist immens.

Es ist inzwischen ein Leichtes, Flächen ebenmäßig auszuleuchten. In einem heutigen Museum gibt es auf einem drei mal fünf Meter großen Gemälde keinen schlecht ausgeleuchteten Bereich. Mithilfe von Spots und raffiniertem Kunstlicht können wir das gesamte Gemälde perfekt erhellen, ohne dass die Farbschichten darunter leiden. Das war in der Vergangenheit unmöglich. Unabhängig von ihrer Art und Größe können Feuerlichtquellen umfangreichere Flächen nicht gleichmäßig beleuchten, es ergeben sich immer hellere und etwas dunklere Stellen. Maler wie Publikum waren für dieses Spiel mit Hell und Dunkel früher sehr empfänglich. Mit dem Einzug des elektrischen Lichts hat sich die Beziehung zum Objekt, zum Kunstwerk, zum Bild und vielleicht noch mehr zu den Farben sehr stark verändert.

Ein weiterer Grund für die Farbenblindheit der Geschichtsschreibung liegt wohl darin, dass seit dem 16. Jahrhundert üblicherweise Dokumentationen in Schwarz-Weiß herangezogen wurden: zunächst Stiche, später Fotografien. Fast vier Jahrhunderte lang war ausschließlich Material in Schwarz-Weiß verfügbar. Andere Quellen gab es nicht, um bildliche Zeugnisse der Vergangenheit zu reproduzieren, zu untersuchen und beim Publikum bekannter zu machen. Vielleicht ist deswegen auch das Denken und Empfinden der Forschenden auf Schwarz-Weiß eingestellt. Bis vor kurzem hat die Geschichte – und die Kunstgeschichte womöglich mehr als andere Disziplinen – ihre Forschungsobjekte entweder nur in Grau, Schwarz und Weiß wahrgenommen oder sie als vollkommen achromatisch betrachtet.

Der Einsatz der Farbfotografie hat in jüngerer Zeit, allen technischen und dokumentarischen Fortschritten der letzten drei, vier Jahrzehnte zum Trotz, wenig daran geändert. Zum einen ist das gewohnte Denken und Empfinden zu stark verankert, als dass in nur ein, zwei Generationen ein Wandel möglich wäre, zum anderen ist der Zugang zu einer Dokumentation in Farbe zu lange ein unerreichbarer Luxus gewesen. Für Studenten, junge Forscher und selbst erfahrene Wissenschaftler war es geraume Zeit schwierig, ja sogar verboten, in einem Museum, einer Bibliothek oder einer Ausstellung zu fotografieren, Zeitschriften und wissenschaftliche Publikationen mussten aus verständlichen finanziellen Gründen ohne farbige Illustrationen auskommen, die Kluft zwischen den technischen Möglichkeiten (zum Beispiel in der Astrophysik oder bei medizinischen Bildgebungsverfahren) und der praktischen Forschung an den Universitäten war groß. Erschwerten seinerzeit eine Vielzahl technischer, finanzieller und institutioneller Hürden den Zugang zu historischen Bilddokumenten, verkomplizieren ihn heute zusätzliche rechtliche Auflagen. In der Geschichtswissenschaft arbeitet man besser mit Worten als mit Bildern!

Das gilt umso mehr, als die Farbfotografie selbst noch einige Unzulänglichkeiten aufweist. Gold zu fotografieren ist beispielsweise ein Ding der Unmöglichkeit. Als Mittelalterspezialist erlebe ich das jeden Tag aufs Neue. Gold ist Materie, Licht und Farbe zugleich und erfordert deshalb meist drei Aufnahmen aus verschiedenen Perspektiven. Bei Gegenständen aus Gold oder Kunstwerken, die mit Gold arbeiten, besteht eine der vielen Funktionen des Edelmetalls darin, das Licht zu reflektieren, es in Bewegung zu versetzen und »sprechen« zu lassen. Da ein Foto aber nur einen Moment einfangen kann, wird das glänzende Gold in seiner Wirkung zwangsläufig statisch. Es ist illusorisch, seine Farbe einfangen zu wollen: Auf Fotos wirkt Gold immer zu gelb oder zu rot, manchmal sogar gräulich bis grünlich. Vergleichbares lässt sich in der Glasmalerei beobachten: Das Foto hält einen einzigen Moment fest, während die bunten Fenster erst mit dem Lauf der Sonne und dem Wechsel der Jahreszeiten lebendig werden; ihre Farben sind in ständiger

Veränderung. Es ist daher wenig sinnvoll, Kirchenfenster anhand von Bilddokumenten zu untersuchen.

Trotz des technologischen Fortschritts der letzten 30 Jahre, trotz der immer leistungsfähigeren Datenbanken, trotz der Millionen, ja Milliarden digitalisierter und jederzeit abrufbarer Bilder erscheint mir die Zukunft weniger verheißungsvoll in puncto Farbe als behauptet. Was wir in der einen Hinsicht gewinnen, verlieren wir oft in einer anderen. Kuratoren öffentlicher Sammlungen, Inhaber von Bildrechten und fanatische Apostel der neuen Technologien denken bisweilen recht schlicht, die Bildschirmansicht eines Kunstwerks oder historischen Dokuments könne den Anblick des Originals überflüssig machen. Mit dem Hinweis darauf, dass das Foto eines Kunstwerks oder Dokuments als Datei online zugänglich sei, werden die Möglichkeiten der direkten Betrachtung eingeschränkt oder verwehrt. Für die Analyse der Farben (und auch für andere Forschungsfelder) ist das katastrophal. Viele Aspekte lassen sich am Bildschirm einfach nicht untersuchen. Ein einfaches Beispiel dafür ist der Unterschied zwischen matt und glänzend, jahrhundertelang wurde in der europäischen Malerei mit dem Gegensatz gespielt: Er unterschied Bereiche und Ebenen, verlieh Bedeutung und erzeugte ästhetische Effekte. Beim Betrachten – und insbesondere für die kunstgeschichtliche Analyse – ist es unerlässlich, zwischen matten und glänzenden Farben zu differenzieren. Doch wie sollte man auf einem Bildschirm die Mattheit einer Farbe erkennen?

In der Sportwelt

Torwart und Schiedsrichter

»Du da, der Dicke, ins Tor!« Mit diesem Befehl eines Sportlehrers begann im Herbst 1957 meine Fußballkarriere. Ich war zehn und ging in die sechste Klasse des Lycée Michelet, einer im *Second Empire* erbauten Oberschule im südlichen Pariser Vorort Vanves. Wie alle meine Schulkameraden durfte ich an zwei Nachmittagen pro Woche im ebenen Teil eines riesigen Parks die herrlichen Sportanlagen der Schule nutzen. Ich hatte nie viel Fußball gespielt, aber die Rolle des Torwarts gefiel mir sofort. Nach ein paar Monaten wurde ich Stammtorwart der ersten Mannschaft des Lycée und blieb es fünf Jahre lang, zunächst bei den »Minis«, später bei den Junioren. Ehrlicherweise waren unsere Spielergebnisse nie besonders gut. Die Sportarten, auf die am Lycée Michelet besonders geschaut wurde, waren eher Rugby, Handball und Schwimmen. In den fünf Jahren kassierte ich eine beträchtliche Anzahl an Toren, ich tippe auf über 1000. Bei Schulturnieren kam es häufig zu regelrechten Torlawinen: 6:4, 7:2, 10:0. Noch »lawinenhafter« ging es derweil bei unseren improvisierten Spielen in der Mittagspause auf dem Schulhof zu. Binnen 20 Minuten schnellten die Ergebnisse in astronomische Höhen: 23:15, 32:26 oder noch höher. Allerdings war der Boden auch aus Beton, und wir kickten mit einem gepellten grauen Tennisball, der praktisch unhaltbar war. Als Pfosten dienten zwei hingeworfene, malträtierte Schulranzen – auch wenn wir unseren Eltern versprochen hatten, sie pfleglich zu behandeln und »nicht damit herumzukaspern«.

Auf dem richtigen Spielfeld gefiel mir der Platz im Tor trotz denkwürdiger Demütigungen – vor allem von Seiten unseres Angstgegners, der Mannschaft des Lycée Lakanal in Sceaux. Wie mein Trikot ganz klar verkündete, hatte ich einen besonderen Status: Als Hüter der Torlinie trug ich eine andere Farbe als die übrige Mannschaft. Das Trikot meiner Teamkollegen war schwarz mit weißen Besätzen, während ich die Wahl zwischen einem roten, fast orangefarbenen, weiß umrandeten und einem grünen, leicht schraffierten hatte – beide mit einer großen »1« auf dem Rücken. Ich sah großartig aus. Die anderen nicht, sie waren zum Tragen von Schwarz verdammt, einer auf den Pariser Sportplätzen ungewöhnlichen Farbe. Doch es handelte sich nun einmal um die offizielle Schulfarbe, die das Lycée vielleicht von Anbeginn, auf jeden Fall aber seit den 1920er-Jahren für sich gewählt hatte. Niemand dachte je daran, sie auszutauschen oder die Leitung auch nur darauf hinzuweisen, dass eine solche Farbe für Kinder und Jugendliche ungeeignet sein könnte. Bis zu meinem Verlassen der Schule im Jahr 1965 waren sämtliche Sportmannschaften des Lycée Michelet gekleidet gewesen wie die All Blacks. Ob das auch heute noch so ist?

Damals bestand übrigens nur wenig Verwechslungsgefahr zwischen Spielern unserer Mannschaft und dem Schiedsrichter. Bei Schulwettkämpfen übernahm die Schiedsrichterrolle meist ein Sportlehrer, der in seiner üblichen Kluft auf den Platz trat: einem Trainingsanzug in der hässlichen hellblauen Einfärbung, die Mitte der Fünfziger in Mode kam und auch 20 Jahre später noch verbreitet war. Selten ist mir ein so abscheuliches Kleidungsstück untergekommen, zumal die Hosenbeine irgendwann ausgebeult waren wie bei einer Skihose und die an sich schon unansehnliche Farbe speckig glänzte.

Das obligatorische Schwarz der Schiedsrichter war bei uns damals nur für Wettkämpfe auf Landes- oder Bezirksebene vorgeschrieben, nicht bei Schulturnieren. Ab wann die Fußballschiedsrichter offiziell in Schwarz gekleidet sein mussten, lässt sich nicht genau datieren. Wohl um 1920/25, obwohl es auch ältere Zeugnisse gibt, die darauf hinweisen. Vor dem Ersten Weltkrieg trug der Schiedsrichter häufig ein vertikal schwarz-weiß gestreiftes Trikot, wobei die Streifen ein stärkeres visuelles Zeichen darstellten als das einheitliche Schwarz. In anderen Sportarten (beim Boxen, Baseball, Basketball, Eishockey und so weiter), hauptsächlich in den USA und in Kanada, trugen die Schiedsrichter über lange Zeit ähnlich gestreifte Kleidung. Beim Rugby ersetzten ab den 1970er-Jahren zunehmend bunte Farben die Streifen oder das einheitliche Schwarz. Der Fußball folgte dieser Entwicklung erst in der jüngeren Vergangenheit.

Historisch betrachtet war Schwarz in Europa über Jahrhunderte hinweg die Farbe der Autorität, nicht zuletzt der Polizei und Justiz. Wenn die Schiedsrichter sich wie Richter und Gendarmen kleideten, was die Spieler und die Zuschauer zweifellos beeindruckte, dann, um Respekt einzuflößen. Später übernahmen sie auch noch die Trillerpfeife – ein weiteres wichtiges Attribut der Polizei – und eine gewisse militärische Gestik, die auf dem Sportplatz zuvor unüblich war.

Anders als Polizisten, Zollbeamte und sonstige Uniformträger tauschten Fußballschiedsrichter ihre schwarze Kluft nicht irgendwann gegen eine in Marineblau. Wie die Richter blieben die »Männer in Schwarz« über lange Zeit ihrer Farbe treu. Als in den 1980er- und 1990er-Jahren die Fernsehübertragungen von Fußballspielen zunahmen, sahen sich die Schiedsrichter allerdings genötigt, ihr schwarzes gegen ein helleres Trikot einzutauschen, das sich von den Farben der Mannschaften deutlicher abhob. Sie trugen daraufhin Gelb, Grün, Rosa und sogar Weiß – Farben, die zwar gut aussahen, aber keinen Respekt mehr ausstrahlten. Mit dem Ablegen der schwarzen Kleidung büßte der Schiedsrichter einen Gutteil seiner Autorität ein. Die Entwicklung des heutigen Fußballs, die Zunahme von Anfechtungen und Polemiken sowie die Entmündigung durch »Videoentscheidungen« sind ein klarer Beweis dafür.

Der erwähnte marineblaue Blazer war nicht meine erste »Farbkapriole« – ein recht zutreffender Begriff, den übrigens meine Tante Lise geprägt haben dürfte, die für mich wie eine zweite Mutter war. Einige Wochen zuvor hatte es die »Sache mit dem gelben Fahrrad« gegeben. Als durchaus verwöhntes Kind hatte ich bereits mehrere Fahrräder in meinem Besitz gehabt, die alle grün waren und aus demselben Geschäft stammten, dem Laden *Les Cycles Hamelin* in Alençon. Dort herrschte ein besonderer, mich verzaubernder Geruch: eine Mischung aus Klebstoff, Gummi, Öl und Geheimnis. Zu meinem 13. Geburtstag versprach mir mein Vater ein Erwachsenenfahrrad, wohl in der Hoffnung, dass ich so gut wie ausgewachsen sei und es lange halten möge. Doch statt, wie üblich, das Geschäft in Alençon aufzusuchen, ging er mit mir in den Fahrradladen eines Freundes aus der Kindheit, mit dem er kurz zuvor wieder Kontakt aufgenommen hatte. Der Laden hieß *Les Cycles Ripault* und befand sich in Saint-Pierre-des-Nids, einem Dorf nördlich von Mayenne. Die Räumlichkeiten waren überschaubar, der Geruch war ein anderer und die Auswahl deutlich kleiner als bei *Les Cycles Hamelin.*

Der Freund meines Vaters hieß uns an jenem Tag im Juli 1960 herzlich in seinem Laden willkommen. Er hatte unseren Besuch sogar vorbereitet und ein besonders schönes Erwachsenenrad mit Rennlenker in die Auslage gestellt. Er glaubte wohl, mich mit dem sportlichen Lenker ködern zu können, und ahnte nicht, dass mich dieses Accessoire in keiner Weise interessierte, ich es sogar lachhaft fand. Und noch weniger ahnte er, dass für mich das Wichtigste am Fahrrad weder die Form noch der Lenker war, sondern die Farbe. Nur auf die kam es an. Und dieses Fahrrad war nun einmal gelb. Nicht grün, wie ich es mir gewünscht hatte, sondern gelb, knallgelb! Undenkbar, dass ich mich auf ein solches Rad setzte, da konnte man es mir noch so sehr als »kleine Rennmaschine« anpreisen.

Diskussion, Weigerung, Streit, Drohung: Es kam zu einer meiner berüchtigten Kapriolen. Am Ende bekam ich kein Fahrrad und ging zu Fuß davon. Der Freund meines Vaters war sprachlos. Nicht nur, dass ihm meinetwegen ein gutes Geschäft durch die Lappen gegangen war, er verstand auch nicht, warum mich die Argumente, mit denen er die gelbe Farbe des (unverkäuflichen?) Fahrrads anpries, nicht überzeugten. Laut seiner Auffassung entsprach das Gelb genau dem des Gelben Trikots bei der *Tour de France*: Alle würden mich bewundern, mich für einen Champion halten und auf meinem Rad fahren wollen. In dem Zuge erinnerte er an die Geschichte des Gelben Trikots, erwähnte einige Tour-Sieger (Robic, Bartali, Coppi, Kübler, Koblet, Bobet) und rühmte das Talent Jacques Anquetils, den ich noch nie bewundert habe.

Doch derartige Argumente und Spitzfindigkeiten verfingen bei mir nicht. Ich hatte nicht die Absicht, mein Fahrrad zu verleihen, und die einzige Person, die auf meinem Gepäckträger mitfahren durfte, war eine von mir sehr geschätzte Freundin meiner Cousine. Und die Geschichte des Gelben Trikots sowie die Liste der Tour-Sieger kannte ich selbst schon auswendig, da ich seit über einem Jahr regelmäßig *L'Équipe* las (genau wie heute, etwa 60 Jahre später). Obwohl ich die Leichtathletik für interessanter hielt als den Radsport, konnte ich aus dem Effeff die Gewinner der *Tour de France* und sogar die ersten fünf der Gesamtwertung seit 1903 aufsagen. Außerdem wusste ich, wie wohl viele Jugendliche meines Alters, dass das Gelbe Trikot 1919 eingeführt wurde, um auf der Tour-Strecke den Fahrer kenntlich zu machen, der die Gesamtwertung anführte. Der erste Träger war der legendäre Eugène Christophe ... der die *Tour de France* allerdings nie gewann.

Im Übrigen übte das Gelbe Trikot wenig Anziehung auf mich aus. Nicht etwa, weil es gelb war – womit es weder meiner Lieblingsfarbe (Grün) noch meiner Hassfarbe (Violett) entsprach –, sondern einfach, weil es dem Sieger zugedacht war. Im Sport hatte ich für die »Sieger« noch nie viel übriggehabt – und auf den Schlachtfeldern oder im alltäglichen Konkurrenzkampf war dies noch weniger der Fall. Gewinnen an sich ist weder unanständig oder egoistisch, aber stolz auf einen Sieg zu sein ist unsinnig.

Warum wurde bei der *Tour de France* für den Ersten der Gesamtwertung die Farbe Gelb gewählt? Bereits zu Beginn des 20. Jahrhunderts ergaben sämtliche Meinungsumfragen wieder und wieder, dass Gelb von allen sechs Grundfarben die unbeliebteste war. Seit 1880 ist die Reihenfolge in Frankreich und in Europa ungeachtet des technischen und sozialen Wandels stets die gleiche geblieben: Blau, Grün, Rot, Weiß, Schwarz, Gelb, und zwar sowohl bei Männern als auch bei Frauen, unabhängig von Alter und Berufsgruppe.

Die Geschichte der Farbe Gelb in Europa ist die eines langen, stetigen Abstiegs. In der griechischen und römischen Antike war Gelb beliebt und spielte im gesellschaftlichen Leben sowie bei religiösen Ritualen eine wichtige Rolle. Im Mittelalter aber beginnt die Abwertung. Gelb wird zur Farbe für Lüge und Feigheit, dann zur Farbe für Felonie und Niedertracht. Es ist die Farbe der Verräter, die in den *Chansons de geste* (Ganelon) und in den Romanen von der Tafelrunde (treubrüchige Ritter) auftauchen. Gelb kennzeichnet außerdem die Ausgeschlossenen und Verachteten (Juden, Ketzer, Aussätzige, Verurteilte et cetera) – in Form eines Schandmals oder eines Kleidungsabzeichens. Und schließlich gilt Gelb in Verbindung oder Nähe zu Grün als Farbe von Chaos und Wahnsinn. Im mittelalterlichen Empfinden gibt es nur einen einzigen positiv besetzten Gelbton: Gold. In der Neuzeit nehmen die Negativzuschreibungen nicht ab, im Gegenteil, Gelb wird zur Farbe für Krankheit (manchmal auch für den Tod) und zur Farbe eifersüchtiger beziehungsweise betrogener Ehemänner. In den politischen Sphären des 19. Jahrhunderts entwickelt sich Gelb zur Symbolfarbe für Denunziantentum und Verrat. Vor allem in der Arbeiterschaft werden jene mit Gelb markiert, die ihre soziale Klasse verraten: Streikbrecher, Arbeiter, die nicht an Arbeitskämpfen teilnehmen, Gewerkschafter, die sich den Arbeitgebern andienen – in Abgrenzung zu den roten Gewerkschaftern, die revolutionäre Maßnahmen unterstützen. Nach dem Ersten Weltkrieg hatte die Farbe Gelb vor allem in der Arbeiterschaft wahrlich keinen guten Ruf.

Warum also etablierte man 1919 ausgerechnet ein »Gelbes Trikot«, um den Zuschauern anzuzeigen, wer bei der *Tour de France* die besten Aussichten auf einen Sieg hatte? Die Antwort ist ganz einfach: Das Druckpapier der Tageszeitung *L'Auto*, die das Großereignis organisierte, war gelb. Es handelte sich um ein glanzloses Blassgelb, mit dem damals billiges Papier für den schnelllebigen Bedarf und den Massenkonsum eingefärbt wurde; kurzum, ein weder gewürdigtes noch würdigendes Gelb. Doch die Werbekampagne trug Früchte, und der Zauber der *Tour de France* tat seine Wirkung. Ab den 1930er-Jahren wurde das Trikot zum Fetischobjekt, ja zum Mythos. »Das Gelbe Trikot tragen« (»porter le maillot jaune«) wird im Französischen bald zur stehenden Wendung, weit über die Grenzen des Sports hinaus: In der Finanzwelt, der Wirtschaft oder der Politik bedeutet es, die Nase vorn zu haben. In den Nachbarländern, speziell in Italien, ist beim hart umkämpften *Giro d'Italia* übrigens ein ähnliches Phänomen zu beobachten: Jedes Jahr im Frühjahr, seit 1923, trägt derjenige, der die Gesamtwertung anführt, ein rosafarbenes Trikot (*maglia rosa*). Das Gelbe Trikot hat also dazu beigetragen, die ungeliebte Farbe aufzuwerten und zu einer Farbe von Siegern, bisweilen von Spitzenleistungen zu machen. Weit entfernt von dem blassen Gelb des Druckpapiers von *L'Auto* leuchtet und strahlt es nun wie eine Art neues Gold.

Im Sommer 1960 reichte das allerdings nicht aus, um einen bockigen Teenager, der sich sehnlichst ein grünes Fahrrad wünschte, zum Kauf eines gelben zu verleiten.

Was ist die größte sportliche Leistung aller Zeiten? Die sechs Leichtathletik-Weltrekorde von Jesse Owens, die er am 25. Mai 1935 in Ann Arbor in unter einer Stunde erreichte und brach? Der unglaubliche Weitsprung (8,90 Meter) von Bob Beamon bei den Olympischen Spielen in Mexiko-Stadt am 18. Oktober 1968? Der Doppelsieg von Andreas und Hanni Wenzel aus Liechtenstein, Bruder und Schwester, im Alpinen Skiweltcup der Männer und Frauen im Jahr 1980? Ich für meinen Teil bewundere den australischen Tennis-Champion Ken Rosewall dafür, in Wimbledon zwei Mal ins Endspiel gekommen zu sein, 1954 und 1974: mit einem Abstand von 20 Jahren! Leider unterlag er beide Male.

Seltsamerweise sind sich die Sporthistoriker – die echten, die den Sport nicht von der politischen, sozialen oder kulturellen Geschichte trennen und nicht nur die jüngste Zeit in den Fokus nehmen – bei der Frage nach der größten sportlichen Leistung aller Zeiten recht einig. Unter Verweis auf die Schwierigkeit des Vergleichs unterschiedlicher Ranglisten, Epochen und Generationen sind sie mehrheitlich der Ansicht, dass die größte sportliche Leistung aller Zeiten von Gino Bartali erbracht wurde: sein Triumph bei der *Tour de France* 1938 und noch einmal 1948. Bedenkt man, was zwischen diesen Jahreszahlen in Europa und der Welt passiert ist, so haben seine beiden Siege tatsächlich etwas Herausragendes.

Mich hat Gino Bartali (1914–2000) immer fasziniert. Als Kind empfand ich für ihn deutlich mehr Sympathien als für seinen fünf Jahre jüngeren Konkurrenten Fausto Coppi. Als Erwachsener verstand ich, dass die Rivalität symbolisch aufgeladen war: Beide verkörperten nach dem Krieg zwei Gesichter des im Wiederaufbau befindlichen Italien, das traditionell katholische (Bartali) auf der einen, das eher modern ausgerichtete (Coppi) auf der anderen Seite. Kurz nach Bartalis Tod wurden

Dokumente veröffentlicht, die offenbarten, wie vorbildlich er sich während des Krieges verhalten hatte. Er half mit, Juden und Widerstandskämpfer vor den Nazis zu retten, und wurde posthum als »Gerechter unter den Völkern« geehrt.

Auch als Sportler war er ein Vorbild, ein »sauberer« Champion, vielleicht der letzte unter den großen Radrennfahrern. Die Länge seiner Profikarriere ist bemerkenswert, sie begann 1935 und dauerte bis 1954 an. Seine großen Erfolge wären womöglich noch zahlreicher gewesen, wenn nicht der Krieg die sportlichen Wettkämpfe für über fünf Jahre unterbrochen hätte.

Gino Bartali war bei Journalisten beliebt – etwa bei Jacques Goddet, dem langjährigen Leiter der Sportzeitung *L'Équipe* – und wurde gern mit seinen ab und an grantigen, oft ironischen und immer treffenden Äußerungen zitiert. Einer seiner Sätze ist für die Geschichte der Farben von unerwarteter Bedeutung. Als Bartali 1952 mit 38 Jahren zum letzten Mal italienischer Straßenmeister wurde, stieg er aufs Podium, sah zu, wie die italienische Flagge gehisst wurde, und bekam ein neues Trikot in den Farben Grün, Weiß und Rot überreicht. Dann bemerkte er gegenüber den anwesenden Journalisten, das Grün der Flagge und des neuen Trikots sei »heller als früher«. Als er 1935 zum ersten Mal italienischer Meister wurde, sei es deutlich dunkler gewesen, mit einem leichten Stich ins Graue, als in den Jahren 1937 und 1940, bei seinem zweiten und dritten Sieg. Nun aber, im Jahr 1952, sei es richtig hell, fast leuchtend.

Die Beobachtung des italienischen Rad-Champions ist keineswegs ohne Substanz. Sie lässt sich auch bei der Farbentwicklung anderer europäischer Flaggen beobachten und dokumentiert eine allgemeine Veränderung des Farbempfindens. Auch beim Blau der französischen Flagge lässt sich eine Aufhellung beobachten. Zwischen den beiden Weltkriegen war sie zumeist dunkel- und in meiner Kindheit, also den fünfziger Jahren, noch marineblau, zwei Jahrzehnte später wurde sie erkennbar heller, und heute zeigt sie sich frei heraus in Königsblau.

Zu Beginn seiner siebenjährigen Amtszeit äußerte Präsident Valéry Giscard d'Estaing 1974 öffentlich den Wunsch, das Blau der französischen Flagge möge heller werden. Dabei handelte es sich um keine Metapher, über die man trefflich herziehen könnte, sondern um eine persönliche, wortwörtlich zu verstehende, ästhetische Anregung.

Ich weiß noch, dass mich die Verlautbarung des Präsidenten, er wünsche sich ein helleres Blau, schockiert hatte. Nicht unbedingt, weil ich dunkle Blautöne schon damals ansprechender fand als helle, sondern weil ich durch die Emblemforschung wusste, dass die Farben von Flaggen abstrakt, konzeptuell und heraldisiert sind: Die Farbnuance ist ohne Bedeutung. Das Blau der französischen Flagge kann genau wie das heraldische Blau der alten Königswappen marineblau, mittelblau oder himmelblau sein, es kann auch leicht ins Grüne oder ins Violette gehen, es spielt keine Rolle. Was zählt, ist die Idee von Blau, Weiß und Rot. Abgesehen davon werden an keiner Stelle in der Verfassung die Farbnuancen der Trikolore definiert, und wenn sie im Freien einer wechselnden Witterung ausgesetzt ist, verändern sich die Farben sowieso ständig. Ungeachtet dessen bleibt sie die französische Flagge, nationales Emblem und Symbol der republikanischen Freiheiten.

Das gilt für die meisten Nationalflaggen in Europa und auf der ganzen Welt. Nur wenige Länder (unter anderem Uruguay, Israel, Katar, Bahrain) legen die Farben ihrer jeweiligen Flagge anhand von Farbmustern fest. Derartige Präzision bei den Farben entspricht eigentlich nicht der emblematischen Tradition, nach der die Idee einer Farbe zählt und nicht die genaue Materialität oder Tönung. Genau wie das französische Blau erstrahlt auch das italienische Grün je nach Epoche, Farbstoff, Textilgrund und Wetterverhältnissen in unterschiedlichen Nuancen. Dass der große Radrennfahrer Gino Bartali es über die Jahrzehnte bei seinen Siegen immer heller werden sah, ist ein Historikum.

Die Tour de l'Ouest

Eine Durchfahrt der *Tour de France* habe ich erst recht spät miterlebt, mit etwa 20, gegen Ende der Sechziger. Das war im Norden des Departements Mayenne, im tiefsten Frankreich also, in einer der schönsten Landschaften überhaupt. Allerdings ist mir keine besonders emotionale oder klare Erinnerung daran geblieben, nur der Eindruck einer wirren Farbpalette und einer schmerzlichen Kakophonie: Die Fahrer rasten in irrsinnigem Tempo vorbei, sodass es unmöglich war, ein Trikot oder einen Fahrer zu erkennen – und der lautstarke Trubel der Werbekarawane war kaum zu ertragen. Langes Warten, und dann keine Freude. Einige Radsportträume meiner Kindheit zerplatzten dort am Fahrbahnrand der Departementale 121.

Angenehmer in Erinnerung ist mir die einstige *Tour de l'Ouest*, ein Radrennen der Nachsaison, das durch die Bretagne, die Vendée, Maine und die westliche Normandie führte und 1960 eingestellt wurde. Sie war nicht nur ausgewählten Profis vorbehalten, sondern ließ auch Amateure und semiprofessionelle Fahrer zu, Fahrer also, die oftmals unternehmungslustiger und wagemutiger waren als die Teilnehmer der *Tour de France*. Es gab zahlreiche Ausreißversuche, und jede Etappe erlebte mehrere Wendungen. Die Zeitung *Ouest-France* berichtete am Tag danach immer ausführlich über das Geschehen und veröffentlichte die Platzierungen. Sie bestanden aus endlosen Ranglisten auf dem mittelmäßigen Papier der regionalen Tageszeitung, und ich vermute, dass daher meine Vorliebe für Listen und Listenstrukturen rührt.

Die ältesten Ergebnisse, an die ich mich erinnern kann, datieren aus dem Jahr 1957. In jenem Jahr standen zwei bretonische Fahrer namens Bihouée und Bihannic einige Tage lang an der Spitze in der Gesamtwertung. Ich sah die beiden Radprofis mit den sehr bretonischen und unvergesslichen Namen übrigens im folgenden Jahr in Lamballe nach der *Tour de l'Ouest* bei einem Rundenrennen wieder: Édouard Bihouée trug ein grün-weißes und Arthur Bihannic ein rot-weißes Trikot.

Meine Erinnerungen an die Radrennen der späten fünfziger Jahre sind geprägt von Siegerlisten und Trikots. Die Trikots waren in klaren Farben gehalten und nahezu frei von Werbung, lediglich die Teamnamen, für die meist die Hauptsponsoren Pate standen, waren – einigermaßen dezent – aufgedruckt. Somit ließen sich die Trikots einfach erkennen und halfen, besonders Kindern, bei der Klassifizierung, was die heutigen mit Werbung wild verunstalteten nicht mehr leisten. Wie können Profisportler es nur akzeptieren, sich auf diese Weise zu erniedrigen, sich als buntscheckige Hampelmänner zu verkleiden und sich für die Verherrlichung von Marken und Produkten herzugeben? Was für ein Selbstbild haben sie? Warum verhökern sie für Geld all ihre Würde? Tatsächlich bekommen die Topverdiener in Frankreich in einem Jahr so viel wie ein Geringverdiener in einem Jahrtausend! Wo ist die schlichte Kluft von früher geblieben, als der Sport noch Sport war und die Trikotfarben gleich drei Rollen erfüllten: Sie waren deiktisch (wer ist wer?), ästhetisch und magisch.

Die meisten Trikots hatten damals zwei Farben: Weiß in Kombination mit einer Grundfarbe (Rot, Blau, Grün, Gelb). Orange und Violett waren selten, noch seltener Rosa, Grau und Braun. Einige Trikots kamen auch mit nur einer Farbe aus, doch die schwarze Radlerhose oder die weißen Shorts verliehen der Gesamterscheinung dennoch die typische Zweifarbigkeit eines Emblems. Es war eine glückliche Zeit, als es die vier- oder fünffarbigen Trikots noch nicht gab, ebenso wenig wie die Synthetikstoffe, die heute alle Farben zum Leuchten bringen. Alles war matt, ehrlich, einheitlich, fast schon heraldisch.

Farbgebung durch Negativauswahl

Wer erinnert sich noch an die Farben der ersten aromatisierten Joghurts, die Ende der 1950er-Jahre in den französischen Molkereien und Geschäften auftauchten? Ich habe noch ein ziemlich genaues Bild von ihnen: Danone-Produkte in Glasbechern, die es zunächst nur in drei Geschmacksrichtungen gab: Erdbeere, Banane und Vanille (Himbeere, Zitrone und Aprikose kamen erst später hinzu). Der Erdbeerjoghurt war stark rosa gefärbt und hatte einen roten Aluminiumdeckel. Der Bananenjoghurt war mehr oder weniger gelblich, der Deckel allerdings leuchtete in einem schönen Goldgelb. Die Sorte Vanille war weiß wie gewöhnlicher Joghurt, der Deckel hingegen blau. Warum blau? Anders als bei Erdbeere und Banane mit ihrer offenkundigen Beziehung zu Rot und Gelb spricht bei Vanille eigentlich nichts für einen Deckel in Blau. Braun oder Schwarz würden eher passen. Wie ist diese erstaunliche Farbwahl zu erklären?

Sie stammt aus der Kultur und nicht aus der Natur, als Ergebnis einer »Negativauswahl«. Ein Joghurt mit braunem Deckel, der an die natürliche Farbe der Vanille erinnert, wäre nicht sehr attraktiv und wahrscheinlich schwer verkäuflich. Besser, man hielt sich an die Primärfarben, die in den 1950er-Jahren – leider! – immer noch einen privilegierten Platz einnahmen, sowohl in der Kunst, bis in die Avantgarde hinein, als auch im Design mit seinen Verkaufsstrategien für den Massenkonsum. Da Rot und Gelb bereits vergeben waren, blieb für den Vanillejoghurt nur das Blau übrig. Man kam einfach überein, dass Vanille fortan blau sei, was sie bei einigen Lebensmittelprodukten heute noch ist.

Die Farbgebung bei Joghurtdeckeln ist alles andere als nebensächlich, sondern führt das Konzept der »Negativauswahl« vor Augen, einer Denkart, die bei allen farbbezogenen Codes und Sozialpraktiken ins Spiel kommt. Wir begegnen ihr als individuelles wie auch kollektives Phänomen nicht nur im Alltag, sondern seit langem auch im vielfältigen Universum der Embleme und Symbole. Somit prägt sie in einem gewissen Grad unsere Wahrnehmungen und Vorlieben.

Nehmen wir ein Beispiel aus älterer Zeit: die olympischen Ringe. Die Ringe wurden zwischen 1912 und 1914 konzipiert, doch aufgrund der historischen Ereignisse kamen sie erst 1920 bei den Olympischen Spielen in Antwerpen auf der grafisch wie farblich wunderschönen olympischen Flagge zum Einsatz. Jeder Ring steht für einen Kontinent und hat seine eigene Farbe: Rot steht für Amerika, Gelb für Asien, Schwarz für Afrika, Blau für Europa, Grün für Australien-Ozeanien. Die ersten drei Farben scheinen (von wem auch immer) nach mehr oder weniger ethnischen (und vielleicht auch rassistischen) Überlegungen zugeteilt worden zu sein, entsprechend der stereotypisierten Hautfarbe der Bewohner des jeweiligen Kontinents. Die Zuordnung der beiden verbleibenden Farben ist schwieriger herzuleiten. Dass Europa mit Blau assoziiert wurde, geht wohl auf ein altes kulturelles Erbe zurück. Seit dem 18. Jahrhundert gilt Blau als die Lieblingsfarbe der Europäer und wird auch von anderen Kulturen auf der Welt mit Europa in Verbindung gebracht; außerdem kam 1912/13 die Farbe Weiß für den europäischen Ring nicht in Frage, da sie bereits als Grund der künftigen olympischen Flagge ausgewählt worden war. Man setzte Blau also für Europa. Doch worauf beruht die Verbindung von Grün mit Australien-Ozeanien? Australien-Ozeanien hat zu Grün weder eine kulturelle noch eine naturbedingte Beziehung. Es gibt keine Wälder, und im traditionellen Leben der Erstbewohner sowie der Kolonialisten spielte Grün nie eine besondere Rolle. Später wurde natürlich verschiedentlich versucht, die Verbindung zwischen Grün und Australien-Ozeanien rational zu begründen, aber wie alle nachträglichen Erklärungen wirkten sie eher dürftig, bisweilen auch irreführend.

Denn auch hier handelt es sich tatsächlich um eine »Negativauswahl«. Da fünf der sechs Grundfarben bereits vergeben waren – vier für die ersten Ringe und Weiß für den Flaggengrund –, blieb für den fünften Ring nur noch Grün übrig. Australien-Ozeanien wurde also grün und scheint sich nach und nach damit angefreundet zu haben, auch wenn die hochgestellten Herren Europäer, von denen die Auswahl getroffen wurde, nie einen Fuß auf ozeanischen Boden gesetzt hatten. Die von außen aufgezwungene Farbe wurde in Australien-Ozeanien zunächst akzeptiert, dann für sich in Anspruch genommen und schließlich stolz auf den Sportplätzen zur Schau gestellt. Die Australier, die wahrscheinlich sportlichsten Menschen der Welt, treten häufig in ganz oder teilweise grünen Trikots an, obwohl die Landesflagge kein Grün beinhaltet.

So entstanden im 19. Jahrhundert zahlreiche Farbcodes, die manchmal auf (scheinbar) offensichtlichen kulturellen beziehungsweise naturbedingten Verknüpfungen beruhen, während andere Farbentscheidungen vollkommen beliebig erscheinen. Letztere sind oft auf eine »Negativauswahl« zurückzuführen. Fallen solche Entscheidungen nicht unter das, was die Linguistik die »Willkür der Zeichen« nennt? Anscheinend ja. Und dennoch … Ist eine Negativauswahl, also eine Auswahl durch Elimination, nicht auch eine durchaus motivierte?

Einfache Farben, schwierige Farben

Für den Farbhistoriker sind neben der Straße, der U-Bahn, dem Strand, Schulhöfen und Supermärkten auch Sportplätze beliebte Beobachtungsfelder. Auf Sportplätzen sind Farben allgegenwärtig, nicht nur auf dem Rasen und auf den Trikots, sondern auch auf den Tribünen, auf den Abzeichen, Wimpeln, Schals und Bannern der Fans. Manchmal haben diese Farben eine sehr lange Geschichte, ohne dass die Aktiven oder die

Leute auf den Rängen davon wissen. Wer weiß schon, dass die Farben der beiden berühmten Mailänder Fußballvereine – Inter (blau und schwarz) und der AC (rot und schwarz) – bereits Ende des 15. Jahrhunderts die Bannerfarben von zwei Mailänder Stadtteilen waren? Vermutlich niemand. Und doch haben die Stadtteilfarben, die zu Sportfarben wurden, die Jahrhunderte überdauert und schließlich auf Fußballfeldern in ganz Europa so manchen Sieg davongetragen.

Die Farben in Stadien und Sporthallen sind aber nicht nur emblematisch oder heraldisch. Manchmal fungieren sie auch als Codes, die mit dem sportlichen Geschehen oder Wettkampf selbst in Verbindung stehen. Judo und der Skisport liefern dafür gute Beispiele.

Ich habe nie Judo gemacht. Habe dafür aber sehr früh Skifahren gelernt, und zwar in Notre-Dame-de-Bellecombe, einem kleinen, damals noch unbekannten, heute sehr beliebten Ort in den französischen Alpen, in Savoyen, unweit von Megève. Das Skigebiet war in den fünfziger Jahren nicht so groß wie heute, doch der Schwierigkeitsgrad der wenigen angelegten Pisten war bereits farblich gekennzeichnet: Grün für die leichtesten, Blau für mittelschwere, Rot für schwere und Schwarz für sehr schwere Pisten, die ich natürlich nie befahren habe.

Ich weiß nicht, wo und wann der Farbcode für Pisten entstanden ist und nach welchen Kriterien er gewählt wurde. Ich konnte trotz intensiver Recherchen kein Zeitdokument finden, das erklärt, wann, von wem und warum diese Farben ausgesucht und derart zugeordnet wurden. Die Quellen zu diesem Thema sind widersprüchlich. Fest steht nur, dass der farbige Pistencode in österreichischen Skigebieten bereits in den späten 1930er-Jahren, in der Schweiz Anfang der 1940er-Jahre und etwas später in Frankreich und Italien verwendet wurde. Heute gilt er in Skigebieten auf der ganzen Welt. Welche symbolische Logik könnte dahinterstecken? Mir ist keine vergleichbare Farbzuteilung bekannt.

Da Schwarz als Farbe für die allergrößte Schwierigkeit gewählt wurde, sollte Weiß, als das Gegenteil von Schwarz, die Farbe für die leichtesten Pisten sein. Zugegebenermaßen liefe man bei weißen Schildern Gefahr, sie im Schnee zu übersehen. Aber warum Grün für die Pisten mit der geringsten Schwierigkeit? Hier hätte ich eher Blau erwartet. Nicht nur weil Blau eine »einfache« Farbe ist, also verfügbar, konsensfähig, harmlos und nicht störend, sondern auch und vor allem weil Grün nach europäischem Empfinden schon länger als stark, mutig, manchmal rebellisch und auch gefährlich gilt. Warum wurde das nicht berücksichtigt? Wollte man eine zu große Nähe zwischen Grün und Rot vermeiden, die gegen die sehr fragwürdige Theorie von den Primär- und Sekundärfarben verstoßen hätte (laut der Grün lediglich Komplementärfarbe ist – und damit von Rot am weitesten entfernt)? Gab man wissenschaftlichen Hirngespinsten den Vorrang vor der symbolischen Tradition?

In einigen Skigebieten kommen neben den genannten vier Farben auch Weiß und Gelb zum Einsatz: Weiß – wie gesagt, kaum sichtbar – für die Kleinkindpisten und Gelb für Pisten mit einem Schwierigkeitsgrad zwischen Rot und Blau. Eine höchst merkwürdige Position für Gelb. Was hat es zwischen Blau und Rot verloren?

Noch seltsamer wirkt die Reihung der Gürtelfarben beim Judo. Doch befinden wir uns hier nicht in der europäischen, sondern in der japanischen Farbtradition – einer anderen Welt! Judo betreibt man barfuß und in einer speziellen Kleidung: Die Judokas tragen eine Hose aus festem weißen Stoff und eine entsprechende Jacke, die von einem zweimal um die Taille geschlungenen und mit einem Knoten fixierten Gürtel zusammengehalten wird. Die Gürtelfarbe zeigt den Ausbildungsstand nach Graden an: Weiß (für Anfänger), es folgen Gelb, Orange, Grün, Blau, Braun und Schwarz. Der schwarze Gürtel, das Symbol für die höchste Graduierung, ist dann weiterhin in mit Nummern versehene Stufen unterteilt (von 1 bis 10), in sogenannte Dan. In Japan ersetzt man im 6., 7. und 8. Dan den schwarzen Gürtel durch einen weiß-roten; im 9. und 10. Dan trägt man schließlich einen einfarbig roten. Diese Farbhierarchie entstammt der japanischen Kultur, es wäre interessant zu wissen, welcher Epoche. Sie wurde im Lauf der Jahre jedenfalls von sämtlichen nationalen Judoverbänden und schließlich auch vom 1952 gegründeten Internationalen Judoverband übernommen, gestaltet sich also für Judokas auf der ganzen Welt gleich. Faktisch unterscheidet sie sich in einigen Punkten vom Spektrum der in Europa nach wissenschaftlichen Gesichtspunkten entwickelten Farbklassifizierung und noch mehr von der westlichen Symbolik (die das Farbspektrum im Übrigen nicht berücksichtigt). Die Abweichungen sind aber nicht so groß, wie man meinen könnte. Die beiden Gegenpole sind Weiß und Schwarz; Gelb gilt als ein halbes Weiß und Braun als ein halbes Schwarz – nichts, was Europäer wirklich überraschen würde. Die Stellung von Orange zwischen Gelb und Grün und die von Blau zwischen Grün und Braun wirken im Westen dagegen exotischer. Am auffälligsten ist allerdings die Stellung von Rot, das noch jenseits von Schwarz angesiedelt ist, gewissermaßen als »Superschwarz«. In der westlichen Vorstellung kann es jenseits von Schwarz nichts mehr geben. In Japan aber, wo die Menschen sehr subtil und erfinderisch sind, existiert in ebendiesem Jenseits noch Rot als die absolute Farbe.

Die Farbhierarchien im Sport, das zeigt sich auf den Skipisten und auf den Judomatten, sind also unterschiedlich. Hoffen wir, dass das Fernsehen und die Globalisierung, die beiden grausigen Mühlen, die sämtliche Traditionen und Kulturen zermahlen, sie niemals zwangsvereinen und durch einen degenerierten Code, der einer informatisierten Alchemie entspringt, ersetzen werden.

Rosa und Orange

Ich habe bereits auf Unterschiede hingewiesen, die zwischen Farbbezeichnungen und den tatsächlichen Farben bestehen können. Solche Unterschiede gibt es auch im Sport, zum Beispiel im Rugby. Zu Beginn der Spielzeit 2005/06 wechselte die prestigeträchtige Pariser Mannschaft Stade Français ihre traditionellen Trikotfarben: Über 100 Jahre hatten sie entweder in einfarbig blauen oder in rot-blauen Trikots gespielt (Rot-Blau sind die heutigen Pariser Stadtfarben), nun sah man sie in einem recht knalligen Rosa auf dem Platz, in Kombination mit blauen und schwarzen Besätzen sowie überladen mit albernen bis vulgären Logos und Bildern. Zweifellos sollte damit der Übergang in den Profisport angezeigt werden – ein Übergang, bei dem der Rugbysport in meinen Augen pervertiert und verfälscht wurde –, um einen satten Werbeeffekt zu erzeugen. Auf Sportplätzen war Rosa selten, auf Rugby-Plätzen noch seltener: Eine Mannschaft in Rosa musste auffallen, vor allem, wenn diese Mannschaft landesweit zu den besten gehörte. Die Farbe sollte aber auch provozieren und Furore machen, ganz im Sinne der neuen Leitung von Stade Français, die sich solcher Mittel bediente, um die Gepflogenheiten eines ihrer Meinung nach zu traditionellen Milieus aufzumischen. Ich weiß nicht, ob sie damit tatsächlich Sympathien wecken und ihre Strategie umsetzen konnte. Im Sport untergräbt das Neue den Mythos, und ohne Mythos kommt der Sport nun mal nicht aus. Eine jahrhundertealte Trikotfarbe zu ändern ist für einen Verein immer Zeichen eines Scheiterns, manchmal sogar selbstmörderisch – zumindest steht es den Vereinsinteressen gewaltig entgegen.

Neutrale Beobachter mag das noch nicht verwundern, zumindest nicht so sehr wie die Werbung des Hauptsponsors von Stade Français: Orange, der Telefonanbieter. Auf den rosafarbenen oder vorwiegend rosafarbenen Spielertrikots prangt vorne und hinten in riesigen Lettern die Aufschrift »ORANGE«. Ein solches Trikot dürfte, wie das bereits erwähnte U-Bahn-Ticket, in einigen Jahrhunderten ein Faszinosum darstellen, zumal für die Archäologie beim Versuch, die Praktiken und Relikte unserer Zeit zu verstehen. Ein rosafarbenes Objekt, das sich als »orange« ausgibt, wird einige Rätsel aufgeben. Ebenso rätselhaft ist mir, dass etwas so Lachhaftes in den Stadien und anderswo die Leute nicht lautstark zum Feixen bringt. Sind die Menschen auf den Sportplätzen mittlerweile zu verstockt und geldversessen, um über eine völlig abwegige, unfreiwillige Farbdichotomie zu lachen? Oder war sie vielleicht doch beabsichtigt – als ultimativer Trick des Sportmarketings –, um möglichst viel Aufmerksamkeit zu generieren und die sportlichen Werte noch weiter mit Füßen zu treten? In dem Fall wäre der Sieg vollkommen.

Mythen und Symbole

Rotkäppchen

Mein Interesse an Tieren besteht schon lange, erst sehr viel später habe ich eine Doktorarbeit über sie verfasst und an der *École nationale des chartes* vorgelegt (*Das mittelalterliche Bestiarium*[9]). Es datiert aus meiner frühen Kindheit, ich verdanke es den vielen Büchern, die ich geschenkt bekam und in denen Tiere die Helden waren. Zumindest vermute ich, dass diese Bücher den Anstoß zu meinen späteren Forschungen zur Tiersymbolik gaben, vielleicht legten sie auch den Grundstein meiner Faszination für Farben. In einer Zeit, in denen man selten farbigen Illustrationen begegnete, waren Kinderbücher eine schier unerschöpfliche Farbquelle. Und das nicht nur wegen der Bilder, auch die Titel enthielten oft Farbbezeichnungen, als ob man herausgefunden hätte, dass die Kombination »Tiername + Farbe« eine besondere Anziehungskraft auf Kinder (oder ihre Eltern) ausübt und daher zum Buchkauf verführt: *Der blaue Hase, Die orangefarbene Kuh, Die gelbe Ente, Kleiner brauner Bär, Der liebe grüne Drache.* Bei solchen Titeln war die Heraldik nicht weit entfernt.

Auch in den Titeln von Märchen und Fabeln sind Farbbezeichnungen zu finden, genaue Farbzuschreibungen sind hier aber rar. Man muss viel lesen, für wenig Ausbeute. Deswegen sind Farbzuschreibungen, wenn sie denn auftauchen, starke

9 Michel Pastoureau, *Das mittelalterliche Bestiarium*, dt. von Birgit Lamerz-Beckschäfer, Darmstadt, Primus-Verlag, 2013

Zeichen und zeugen, wie die Märchen selbst, von einem Erbe aus der entfernten Vergangenheit. Farblich kreist dieses Erbe hauptsächlich um die schlichte Triade Schwarz-Weiß-Rot, drei Farben, die über Jahrhunderte, wenn nicht Jahrtausende hinweg einen stärkeren Symbolwert besaßen als alle anderen. Das Musterbeispiel schlechthin ist das Märchen vom Rotkäppchen.

Zunächst drängt sich die Frage auf: Was hat es mit dem Rot auf sich, warum ein *Rot*käppchen? Bisher wurde nur wenig zu diesem Aspekt geforscht. Dabei wurde das Märchen so genau analysiert wie kaum ein zweites, und wir wissen, dass es in der Erzählkultur des abendländischen Mittelalters tiefe Wurzeln hat: In der Region Lüttich wurde es, wie Quellen belegen, bereits um das Jahr 1000 unter dem Titel *La Petite Robe rouge* (*Rotkleidchen*) erzählt. Doch wie so oft bleibt die Frage nach der Farbe ungeklärt, warum ist das Kleidchen ausgerechnet rot? Banal symbolische Erklärungsversuche könnten sein: Das Rot weist auf die Grausamkeit des Wolfs hin, auf den Mord an der Großmutter und auf das Blut, das fließen wird. Doch das greift zu kurz, selbst wenn man in dem Wolf den Teufel sehen will. Umgekehrt ist die Vorstellung, das rote Kleidchen besitze eine Zauberkraft, die das Mädchen vor der Gewalt des Wolfs schützen wird, zwar nicht falsch, aber unzureichend. Man könnte auch eine leicht anachronistische psychoanalytische Interpretation wagen und behaupten, das Rot stehe für die Sexualität: Demzufolge hätte das Mädchen, das kurz vor der Pubertät steht, große Lust, mit dem Wolf ins Bett zu steigen. Doch das scheint mir eine sehr heutige Deutung, wie sie neben anderen insbesondere Bruno Bettelheim in seinem berühmten Buch *Kinder brauchen Märchen* vorstellt. Ausgehend von drei mündlich überlieferten Märchenversionen aus dem Mittelalter und nicht von den späteren Versionen Charles Perraults und der Gebrüder Grimm, unterstreicht Bettelheim die wilde und sexuelle Dimension der Handlung: Der Wolf bietet dem Mädchen an, gemeinsam mit ihm vom Fleisch der soeben getöteten Großmutter zu essen und sogar ihr Blut zu trinken; dann nimmt er sie mit ins Bett und geht mit ihr eine weitere fleischliche Beziehung ein – oder es ist anstelle des Wolfs der Jäger, der, sobald der Wolf erlegt ist, das Mädchen vergewaltigt. Laut Bettelheim symbolisiert die Farbe Rot die doppelte Dimension, die kannibalistische und die sexuelle. Doch besaß Rot in der mittelalterlichen Farbsymbolik wirklich eine sexuelle Konnotation? Da bin ich mir nicht sicher. Außerdem weiß ich als Historiker, dass die Psychoanalyse ein neuzeitliches Verfahren ist, das für unsere Epoche entwickelt wurde und sich in dieser Form nicht auf die Vergangenheit, und schon gar nicht auf eine ferne Vergangenheit übertragen lässt.

Historische Erklärungen scheinen mir solider begründet, doch auch sie können das Geheimnis nicht zufriedenstellend erklären. Dass kleine Kinder in Rot gekleidet wurden, ist bis in sehr frühe Zeiten belegt, insbesondere im bäuerlichen Leben: Vielleicht rührt die rote Kleidung des Mädchens einfach daher. Ebenso könnte es sein, dass das Mädchen für den Besuch bei der Großmutter ihr schönstes Gewand angezogen hat, das im Mittelalter für weibliche Personen üblicherweise rot war. Oder das Rot weist auf das spezielle Datum hin, an dem sich die tragische Geschichte ereignet, nämlich auf Pfingsten. Zur Feier der Ausgießung des Heiligen Geistes schmückte man sowohl die Innenräume als auch die Vorplätze von Kirchen in der liturgischen und symbolischen Farbe des Geistes: in Rot. Die älteste, ungefähr auf das Jahr 1000 datierte Version des Märchens besagt allerdings nicht, dass die Ereignisse sich an Pfingsten ereignen, sondern lediglich, dass das Mädchen an Pfingsten zur Welt gekommen sei – das Rot könnte also deswegen zu seiner Farbe geworden sein.

Für mein Ohr klingt die letzte Erklärung am plausibelsten, selbst wenn sie, zugegebenermaßen, etwas enttäuschend ist. Im Weiteren bleiben noch semiologische Überlegungen zur Struktur des Märchens und zur ternären Farbverteilung. Ihnen zufolge ist das Rot nicht allein zu betrachten, sondern in seiner Beziehung zu anderen, entweder genannten oder angedeuteten Farben: Das rotgekleidete Mädchen bringt der schwarzgekleideten Großmutter einen Topf weiße Butter (dass die Großmutter im Bett von dem Wolf ersetzt wird, ändert nichts an der Farbzusammenstellung). Hier treffen die drei »Farbpole« der alten Kulturen zusammen, viele Märchen und Fabeln spielen mit dieser Farbgebung. So lässt in der Fabel »Der Rabe und der Fuchs« ein schwarzer Rabe einen weißen Käse fallen, den sich ein roter Fuchs schnappt. Und in »Schneewittchen« schenkt eine schwarze Zauberin einem weißen Mädchen einen vergifteten roten Apfel. Die Verteilung der Farben variiert, aber ihr Zusammenspiel impliziert immer die drei gleichen symbolischen Farbpole: Weiß, Rot, Schwarz. Kann man in der Analyse noch weiter gehen?

Es lebe das Latein in der Schule!

Der 1. Oktober 1957 ist das Datum meines Eintritts in die sechste Klasse am Lycée Michelet in Vanves, der besagten Oberschule im Pariser Süden mit dem wunderschönen Park, die im *Second Empire* gegründet wurde. Die Oberschule war damals noch nicht in Collège (Sekundarschule) und Lycée (Gymnasium) unterteilt: Von der sechsten bis zur zwölften Klasse sprach man von »Lycée«. Damals war der Schulbeginn auch noch für alle am selben Tag, sogar für die Kindergärten und Grundschulen, nämlich am 1. Oktober, einem für die Republik bedeutsamen Tag mit fast liturgischen Ritualen.

Ich komme also in die sechste Klasse, stehe da, auf dem Schulhof, verloren in meinen Sonntagskleidern, und bin emotional aufgewühlt. Glücklicherweise steht meine Mutter mir bei dem unvermeidlichen Übergangsritual zur Seite und bleibt, bis mein Name aufgerufen wird, in meiner Nähe. Dann gehe ich hinüber zur zukünftigen sechsten Klasse »A/3«. Der mysteriöse alphanumerische Code verrät die Fremdsprachenwahl, die ich oder vielmehr meine Eltern für mich getroffen haben: In der »A/3« lernt man Latein und Deutsch und gehört zum »klassischen« Zweig.

Als ich aufgerufen werde, bekomme ich ein rätselhaftes Stück blaue Pappe überreicht, das ich den ganzen Tag aufbewahren muss: Das Blau zeigt an, dass ich Teil der »klassischen« Riege bin. Die anderen Sechstklässler, die »modern« gewählt haben, also auf Lateinunterricht verzichten, bekommen ein rotes Stück Pappe, das bereits etwas Anrüchiges hat, auch wenn die Rote Karte im Fußball noch nicht etabliert ist. Nicht nur, dass Ende der 1950er-Jahre jeder gute Schüler Latein lernen musste, im »klassischen« Zweig war Latein von der sechsten bis zur Abschlussklasse für alle das Hauptfach. Viele Menschen mögen nicht glauben, dass Latein noch vor einem halben Jahrhundert – quasi gestern – in der Oberschule das Hauptfach war. Ebenso dürfte es erstaunen, dass bis Ende der 1960er-Jahre die Schüler mit Bestnoten in allen Fächern ein Studium der Geisteswissenschaften belegten und nicht der Naturwissenschaften. Das war damals die Regel. Absolventen der geisteswissenschaftlichen Elite-Unis genossen seinerzeit ein sehr viel größeres Prestige als Ingenieure.

Mich betraf das jedoch nicht. Ich musste mich nie zwischen Geistes- und Naturwissenschaften entscheiden und beschwerte mich auch nie, dass Latein auf der Oberschule einen so wichtigen Platz einnahm: Es war mein stärkstes und auch mein liebstes Fach. Ich habe mit Latein nie aufgehört, und seit jenem 1. Oktober 1957 lese und übersetze ich jeden Tag etwas aus dem Lateinischen, mal zum Vergnügen, mal aus Notwendigkeit. Manchmal denke ich an das blaue Stück Pappe zurück, das für mehrere Jahrzehnte über mein Schicksal entschieden hatte. Die Wahl damals war wichtig, nicht nur für mich, sondern für alle Sechstklässler: Die Blauen gingen in den einen Teil des Gymnasiums, die Roten in einen anderen, und zwar für die nächsten sechs Jahre. »Klassische« und »moderne« Schüler lernten nicht in denselben Klassenzimmern, Fluren und Schulhöfen. Ehrlich gesagt hatten sie vor der 12. Klasse gar nichts miteinander zu tun, was wohl auch besser war, da sie sich nicht besonders mochten, wie das jährliche Rugbyspiel von »Klassisch« gegen »Modern« zeigte, das unweigerlich in einem großen Handgemenge im strömenden Regen und im Schlamm endete.

Heute stellt sich mir vor allem die Frage, wie die Farbzuteilung zustande kam: klassisches Blau und modernes Rot. Wer hat das bestimmt und nach welchen Kriterien? Eine kleine Umfrage ergab, dass diese Zuteilung nicht nur am Lycée Michelet üblich war, sondern auch an anderen Schulen im Großraum Paris, etwa am Lycée Buffon oder am Lycée Montaigne. Ging sie auf eine ministerielle Anordnung oder Empfehlung zurück? Doch wer im Bildungsministerium sah damals den modernen Zweig als rot und den klassischen als blau? Ein Visionär? Ein Farbenblinder? Ein Sonntagsmaler? Ein Farbgenie?

Entdeckung der Wappenkunde

Auf der Oberschule trugen mehrere Lehrer entscheidend dazu bei, mein breites Interesse und meine Neugier für vieles zu wecken, und letztlich beeinflussten sie auch den Weg, den ich nach Abschluss der Schule ging. Allen voran meine Lateinlehrer, die es jeder auf seine Weise verstanden, mir Freude an einer toten Sprache zu vermitteln, die derzeit Gefahr läuft, aus den Lehrplänen verbannt zu werden. Was stört die Politik am Lateinunterricht? Eifersucht? Groll? Dummheit? Oder ist es der Wille, die Lernenden von klein auf nicht zu gebildeten Menschen, sondern zu Akteuren der Wirtschaft und zu Adepten von Leistung und Profit heranzuziehen? Dabei ist Latein in der

Tat nicht sehr hilfreich. Jedoch hat es mir viel Freude bereitet und mich zum Beruf des Mediävisten hingeführt. Das ist keine Kleinigkeit.

Allerdings unterrichtete der Lehrer, der für mich während meiner Schulzeit eine besonders wichtige Rolle spielte, nicht Latein, sondern Kunst. Ich war zwölf, besuchte die siebte Klasse, und unser Kunstlehrer in jenem Jahr war zwar streng, aber ausnahmsweise weder langweilig noch cholerisch. Er verstand es, uns für sein Fach zu interessieren. Bei ihm mussten wir nicht das halbe Schuljahr lang mit schwarzem Buntstift auf weißem Karton eine Gipsbüste von Gambetta abmalen – unumgänglich im Kunstunterricht dieser Republik. Ein paar Jahre zuvor hatten ein paar Spaßvögel aus einer höheren Klasse die Büste rot angemalt, und sie war nur notdürftig gereinigt worden. So unglaublich es klingen mag, drei Mal wurde ich in meiner Schulzeit mit der undankbaren Aufgabe betraut, Gambetta zu zeichnen: in der Fünften, in der Zehnten und bei der fakultativen Kunst-Abschlussprüfung. Schwere Zeiten für mittelmäßig begabte junge Zeichner!

In der siebten Klasse aber war es anders. Herr M. (zu meiner Schande habe ich den Namen vergessen), Kunstlehrer am Lycée Michelet in Vanves, liebte Farben und versuchte, seine Schüler für die verschiedenen Mal- und Zeichenkünste zu begeistern. Am Ende des Schuljahres schlug er vor, ein prächtiges Wappenfenster, von dem er eine große Fotografie mitgebracht hatte, mit Gouache nachzumalen. Es handelte sich um ein Glasfenster aus dem späten 15. oder dem frühen 16. Jahrhundert, wahrscheinlich aus der Schweiz: ein Wappen mit einem großen blauen Delfin auf gelbem Grund. Das Tier in der Zeichnung war stark stilisiert und wirkte ein wenig aggressiv. Die kräftigen Farben und die schematisierten Formen gefielen mir sehr gut, und im Gegensatz zu meinem Sitznachbarn François – der zwar deutlich begabter als ich, aber die meiste Zeit damit beschäftigt war, Fallschirmspringer auf kariertes Papier zu zeichnen – gab ich mir die allergrößte Mühe, das Motiv möglichst identisch zu reproduzieren. Damals hatte ich von der Sprache der Heraldik keine Ahnung, da ich das bescheidene Ergebnis meines damaligen Schaffens aufbewahrt hatte, konnte ich das Wappen später blasonieren: *Unter schwarzem Schildhaupt mit drei silbernen Fünfblättern in Gold ein blauer, rotgeflosster Delfin.* Ein wahres kleines Prosagedicht. Andererseits habe ich trotz meiner Bemühungen nie herausgefunden, in welcher Kirche, welchem Museum oder welch sonstigem Gebäude sich das Fenster befindet.

Doch das ist nicht der springende Punkt. Mir geht es vielmehr darum, welches Interesse das Wappen mit dem Delfin in mir geweckt hat. Noch bevor das Bild zu Ende gemalt war, wollte ich mehr über Wappen, Wappenfiguren und die Farben auf Wappen erfahren, darüber, welche Regeln beim Wappenzeichnen gelten. Kurz, ich wollte mehr über die Heraldik erfahren. Die ersten Kenntnisse vermittelte mir besagter Kunstlehrer, der sich mit Wappen ziemlich gut auskannte. Er brachte mir ein paar Grundlagen bei, gab mir Lesetipps und lieh mir zwei Bücher zu dem Thema. Die nicht farbig illustrierten Bücher fand ich sehr trocken. Außerdem war die darin vorgestellte Liste der unverzichtbaren Heraldikbegriffe unendlich lang, also unlernbar: über tausend Einträge! Ich blätterte die wenig zugänglichen Werke nur kurz durch, stieß in der väterlichen Bibliothek jedoch auf Wörterbücher und Enzyklopädien, die meinen Wissensdurst stillten und auch meinem Auge schmeichelten: Farbtafeln mit kurzen, verständlichen Beschreibungen. Und schließlich nahm sich ein Kollege meines Onkels, der am Lycée Henri-IV Geschichte lehrte, meiner weiteren Ausbildung in Wappenkunde an.

Bald darauf kaufte ich mir von meinem Taschengeld mein erstes Heraldik-Handbuch, antiquarisch: Donald Lindsay Galbreaths *Manuel du blason (Handbuch der Heraldik)*, 1942 in Lausanne erschienen, ist die beste Einführung in das Thema, die ich kenne. Ich weiß noch genau, wie ich das Buch schließlich in der Pariser Buchhandlung Saffroy in der Rue Clément aufstöberte und 35 Francs dafür hinlegte. Ein günstiger Preis für das auch damals schon selten zu findende Werk – der Buchhändler war ein Freund meiner Tante. Mithilfe dieses grandiosen, klar formulierten und reichlich bebilderten Buchs gelang es mir drei Jahre später, im Unterricht des immer noch selben Kunstlehrers ein Referat zu halten, dem zumindest ein paar meiner Mitschüler begeistert folgten; ich hielt damals gewissermaßen meine erste Vorlesung über Heraldik. Unter anderem erklärte ich meinen Kameraden, dass sich die Heraldik mit nur sechs Farben begnügt, beinah abstrakten Farben, die in zwei Gruppen eingeteilt sind und nach verbindlichen Regeln zum Einsatz kommen. Darauf werde ich später noch eingehen.

So erwachte im Frühling 1960 eine Leidenschaft in mir, die mich nicht mehr loslassen sollte, die meine Studienwahl lenkte, über meine Zukunft entschied und meine Beziehung zu Farben stark prägte.

Schwarze Katzen

Meine Eltern liebten Katzen. Sie hatten gleich mehrere, darunter einen großen schwarzen Kater namens Dimitri, der 17 Jahre alt wurde. Ich kenne keine Katze, die so freundlich und sanft ist, wie er es war. In den Ferien nahmen wir ihn mit in die Normandie, in unser Ferienhaus bei Alençon, unweit von Saint-Céneri-le-Gérei, einem der schönsten Dörfer Frankreichs, in dem mein Vater während des Ersten Weltkriegs als kleines Kind gelebt hatte. Das Ferienhaus stand zwischen zwei Bauernhöfen, auf denen meine Schwester und ich, Stadtkinder, mit Freude den Umgang mit Tieren erlernten. Der Bauer des Hofs »unten« war uns sympathisch, wenngleich er einer völlig anderen Zeit entstammte. Er kam 1925 zur Welt und starb circa 60 Jahre später, ohne jemals das Meer gesehen zu haben, obwohl die Küste keine 100 Kilometer von seinem Haus entfernt war. In meiner Kindheit lebten die Menschen in der Region zwischen Orne und Mayenne noch wie zu Beginn des 20. Jahrhunderts. Einige Bauernhöfe waren gerade erst ans Stromnetz angeschlossen worden, andere hatten noch kein fließendes Wasser, und manche Häuser verfügten nur über einen einzigen Raum, in dem die Bauernfamilie mit den Hunden, dem Geflügel und manchmal auch den Schweinen zusammenlebte. Und wir sprechen nicht von 1910 oder 1920, sondern von den frühen 1960er-Jahren!

Unser Nachbar wohnte vergleichsweise modern, zeigte aber in seinem Verhalten einige Archaismen. So, wenn er unserer Katze begegnete, was häufig passierte. Die Gebäude waren derart gelegen, dass er mehrmals am Tag über unseren Hof zu seiner Scheune gehen musste. Auf dem Hof saß der gutmütige Dimitri, wärmte sich in der Sonne oder hielt nach Mäusen Ausschau, die er niemals fangen würde. Er schätzte den Müßiggang. Doch war er schwarz, und in der Normandie galten schwarze Katzen damals noch als Geschöpfe des Teufels. Deshalb bekreuzigte sich unser Nachbar jedes Mal, wenn er dem Tier begegnete. Das tat er auch, wenn er bei uns in die Küche kam und den Kater auf einem Stuhl oder irgendwo am Feuer schlafen sah. Das Bekreuzigen sollte dem Tier die Dämonen austreiben, die es mit der Farbe seines Fells zwangsläufig anzog. Weiße, graue, braune und sogar rote Katzen waren von den Vorurteilen ausgenommen. Vor einer Tigerkatze hingegen bekreuzigte man sich ebenfalls eifrig, denn im Höllenreich stand das Gestreifte dem Schwarzen in nichts nach. Noch um 1960 fuhr in der Bretagne kein Seemann aufs Meer hinaus, wenn er auf dem Weg zu seinem Schiff einer schwarzen oder gestreiften Katze begegnet war.

Solcher Aberglaube herrschte übrigens nicht nur in der Bretagne oder der Normandie, er war in vielen Ecken Frankreichs zu Hause, und völlig verschwunden ist er bis heute nicht. Er stammt aus sehr alten Zeiten (wenn auch nicht aus dem alten Ägypten, wo man Katzen verehrte), wie zahlreiche mittelalterliche Quellen bezeugen. Zu Zeiten des Feudalismus stellte man Teufel und Dämonen meist mit einem ganzen Gefolge schwarzfelliger oder -gefiederter Tiere dar, gemeinsam sieht man sie dem Höllenschlund entsteigen. Teils handelt es sich um Monster und Mischwesen, teils aber auch um echte Tiere: Bären, Wölfe, Eulen, Raben, Ziegenböcke und Katzen sind dabei. Letztere treten noch nicht als die Hausgenossen in Erscheinung, wie wir sie heute kennen. In Bestiarien werden sie als listig und geheimnisvoll, als unberechenbar beschrieben: Sie umschleichen Häuser und Klöster, sind nachtaktiv und versetzen ehrliche Leute in Angst und Schrecken, besonders die schwarzfelligen Katzen. Sie sind Kreaturen des Bösen, und wie das Böse weichen sie beim Anblick eines Kreuzes zurück. Als Ratten- und Mäusejäger sind den Menschen damals Wiesel lieber, die seit der Römerzeit mehr oder weniger domestiziert sind.

In der Folge gewannen Katzen zunehmend an Ansehen: Sie durften in die Häuser einziehen, sich am Kamin wärmen und wurden zu treuen Begleitern. Doch die Angst vor schwarzen Katzen hielt sich hartnäckig. Von der großen Hexenjagd in der frühen Neuzeit gibt es viele Geschichten, die schwarze Katzen mit dem Hexensabbat in Verbindung bringen: Entweder nehmen die Katzen selbst als wichtige Akteure daran teil, oder sie schenken den Hexen ihr Aussehen, wenn sie sich dorthin begeben. Daher rühren die gut dokumentierten Katzenopfer oder Katzenverbrennungen im Paris des 18. Jahrhunderts. Aus jener Zeit stammt auch der grausame Brauch, einer schwarzen Katze den Schwanz abzuschneiden, damit sie nicht zum Hexensabbat gehen kann. In einigen sehr ländlichen Gebieten hält sich diese Tradition bis heute.

Selbst in unserer Zeit symbolisieren schwarze Katzen Finsternis und Tod. Der Schwanz, ihre Krallen und das dunkle Fell lösen immer noch irrationale Ängste und Abneigung aus, manchmal sogar echte Allergien. Die Augen schwarzer Katzen können angeblich die Dunkelheit durchdringen und Geheimnisse erkennen, die sich weder den Menschen noch anderen Tieren jemals offenbaren.

Die große Angst vor Grün

Schwarz ist indes nicht die Farbe, die am meisten Aberglaube hervorruft. Grün tut dies deutlich mehr. Manche Menschen würden um nichts in der Welt ein grünes Kleidungsstück tragen. Andere würden sich weigern, einen geschenkten Smaragd anzunehmen, da der grüne Stein als Unglücksbringer gilt. Wiederum andere würden keinesfalls ein Schiff mit grünem Rumpf oder überhaupt grünen Elementen betreten. So manche Grünphobie hat es in die Geschichtsbücher geschafft. Etwa die Michel Le Telliers (1603–1685), Vater von Louvois, dem Kriegsminister und späteren Kanzler unter Ludwig XIV., der nach dem König der zweitmächtigste Mann Frankreichs war und weit über Colbert stand: Er fürchtete das Grün so sehr, dass er die Farbe vollständig aus seinen Häusern verbannte, sein Wappen änderte (es hatte eine Eidechse *in Sinopel* als Wappentier) und das Tragen von Grün in den Regimentern Ludwigs XIV. untersagte, sogar in den ausländischen. Doch die berühmteste Angst vor Grün dürfte die Franz Schuberts sein. Der große Musiker behauptete, er würde »bis ans Ende der Welt gehen, um der verfluchten Farbe zu entfliehen«. Schuberts kurzes Dasein, das 1828, in seinem 31. Lebensjahr, endete, war eine solche Anhäufung von Kummer, Misserfolgen und Leiden, dass die Frage sich aufdrängt, ob seine Angst vor der unvermeidbaren Farbe Grün nicht sogar gerechtfertigt war.

Ich selbst habe den Glauben, dem zufolge die Farbe Grün mit einem Fluch belegt sein soll, auf ungewöhnliche Weise entdeckt, nämlich bei einer Hochzeit Anfang der 1970er-Jahre auf dem Land in der Bretagne. Die Braut trug ein klassisches weißes Kleid, der Bräutigam war schlicht in Schwarz und Grau gekleidet. Seine Mutter, eine Riesin, trug einen extravaganten pflaumenblauen, mit bunten Blumen geschmückten Hut. Die Gefahr lauerte indes nicht in der auffälligen Kopfbedeckung, sondern in der Kleidung zweier Gäste der Braut, Vater und Sohn, möglicherweise Jäger, die in grünen Jacken und grauen Hosen erschienen waren. »Schick, aber unheilvoll«, meinte ein Freund von mir, der sich mit dem Adel im Herzogtum Penthièvre und dessen traditionellen Werten besser auskannte als ich. Seine Bemerkung faszinierte mich, daher hakte ich nach, inwiefern grüne Kleidung denn unheilvoll sein könne. Der Brauch verbiete es, die Farbe bei Hochzeiten zu tragen, erklärte er, da sie unweigerlich Unglück über das junge Paar oder dessen Nachkommen bringen würde. Nicht einmal grünes Gemüse dürfe an einem solchen Tag serviert werden – mit Ausnahme von Artischocken, die als Glücksbringer und Aphrodisiakum gelten –, nichts und niemand dürfe in irgendeiner Weise auf die Farbe anspielen. Ich war fassungslos. Nicht nur weil ich erfahren musste, dass meine Lieblingsfarbe in so schlechtem Ruf stand, sondern mehr noch weil ich feststellte, dass ein Mensch meines Alters, ein gestandener Seemann, ein exzellenter Tennisspieler und unverbesserlicher Frauenheld, derart abergläubisch war.

Ich weiß nicht, ob die beiden grünen Jacken dem Hochzeitspaar im Weiteren geschadet haben. Doch habe ich bei einigen anderen Gelegenheiten miterlebt, wie weit verbreitet die Angst vor Grün in der Zeit noch war. Meine Suche nach einem dunkelgrünen Pullover beispielsweise endete mehrfach erfolglos, da Herrenausstatter solche Artikel selten im Angebot hatten. Ein Verkäufer erklärte mir, es gebe in Frankreich einfach nicht genug blonde Männer, um eine solche Farbe zu führen. Tatsächlich wird Grün eher in den nordeuropäischen Ländern getragen, wo man häufiger blonden Männermähnen begegnet: Denken wir an das berühmte »englische Grün« der

Shetland-Pullover, die in den sechziger Jahren in Mode waren, oder an die Grüntöne, die man überall in deutschen und österreichischen Kaufhäusern findet. Ein Unterschied zwischen Frankreich und Deutschland, der nicht neu ist. Schon der große protestantische Gelehrte Henri Estienne vermerkte auf seiner Rückreise von der Frankfurter Messe im Jahr 1566:

> »Sähe man in Frankreich einen ehrbaren Mann in Grün gekleidet, so hielte man sein Hirn für ein wenig frivol; derweil dasselbe Gewand an mehreren Orten in Deutschland gar wohlgelitten scheint.«[10]

Dass französische Boutiquen auch heute noch so wenige grüne Artikel im Angebot haben, liegt jedoch nicht nur an der Haarfarbe. Es liegt vor allem daran, dass sich der Aberglaube, der sich um die Farbe rankt, hartnäckig zu halten scheint: Bei Männern, und noch mehr bei Frauen, gilt Grün als Unglücksbringer. Mehrere Verkäufer von Damenmode bestätigten mir, dass grüne Kleidung »schlecht ankomme«. In einem großen Pariser Geschäft wusste einer sogar zu berichten, in den Augen mancher Kundinnen sei »ein grünes Kleid ein Hexenkleid«. Ähnlich äußern sich Juweliere, zu ihrem Leidwesen sind Smaragde trotz ihrer unbestreitbaren Schönheit meist Ladenhüter.

Ich habe zu dem Thema vor etwa 20 Jahren einen bescheidenen Forschungsbeitrag geleistet, in dem es um den Fluch des Grüns im Theater ging. Schauspieler kleiden sich nur ungern in Grün, weil sie glauben, es könnte einen negativen Einfluss auf die Aufführung oder gar auf sie selbst haben. Eine ähnliche Tradition gibt es in der Verlagswelt, wo manche glauben, ein Buch mit grünem Einband verkaufe sich schlecht. Die wenigen

10 Henri Estienne, *Apologie für Herodot*, nach der Erstausgabe [Genf 1566] herausgegeben und übersetzt von Johannes Kramer, Meisenheim am Glan, Hain 1980. S. 53

Historiker, die sich mit der Frage nach dem Ursprung solcher Annahmen befassten, fanden die Erklärung meist in der Zeit der Romantik: Die Beleuchtung damals, die zwar noch nicht elektrisch war, aber auch nicht mehr auf dem Stand des vorhergehenden Jahrhunderts, ließ sämtliche Grüntöne fahl und unheimlich erscheinen – also verschwanden sie von der Bühne. Ich allerdings bin der Meinung, man muss weiter in der Zeit zurückgehen. Mitte des 18. Jahrhunderts war die Angst vor dem Grün im Theater ja bereits weit verbreitet. Eine unbestätigte Legende behauptet sogar, Molière sei in grünen Kleidern zu Tode gekommen.

In Wirklichkeit ist die Angst vor dem Grün unter Theaterleuten wahrscheinlich auf ein Problem beim Färben zurückzuführen. Auf den Bühnen des Barock war es üblich, die Hauptfiguren der Stücke durch einfarbige Kostüme voneinander zu unterscheiden, jede Figur trat in einer anderen Farbe auf. Im 17. Jahrhundert gestaltete es sich jedoch schwierig, Textilien grün zu färben, vor allem, weil man noch nicht Blau und Gelb mischte. Die Arbeit der Färber war damals streng voneinander abgegrenzt und reglementiert: Wer Blau färbte, hatte keine Lizenz zum Gelbfärben, und umgekehrt. Die Bottiche mit Blau befanden sich an anderen Orten als die mit Gelb, was es unmöglich machte, einen Stoff zuerst in den Bottich für Blau und dann in den für Gelb zu tauchen. Zwar lassen sich Grüntöne auch anders herstellen, mit Pflanzenfarbstoffen, doch bleiben sie schwach, blass und gräulich. Da Grün keine Modefarbe war, kümmerte das niemanden weiter, außer im Theater, wo bestimmte Rollen über die Farbe charakterisiert werden sollten.

Um ein klares, lebendiges, leuchtendes Grün zu erhalten, kamen englische und spanische Theaterleute auf die Idee, eine Farbe zu verwenden, die auch Maler nutzten: Grünspan, ein besonders giftiges Pigment, das abfällt, wenn man Kupferblech mit Essig oder Säure behandelt. Man überzog damit einige Kostüme und Bühnenbilder. Zwischen 1600 und 1630 starben mehrere Schauspieler an Vergiftungen, die, was niemand verstand, auf das Pigment zurückzuführen waren. Es verbreitete sich die Vorstellung, Grün sei eine verfluchte Farbe, und man begann, sie aus den Theatern zu verbannen.

Auch im 19. Jahrhundert galt Grün weiterhin als verfluchte Farbe. Nicht mehr der Grünspan war dafür die Ursache, sondern ein arsenbasiertes Pigment, dessen man sich zur Herstellung grüner Farbstoffe bediente. Die grün gefärbten Produkte – Möbel, Kleidung, Dekoration und andere Gegenstände des täglichen Lebens – rochen weder noch schmeckten sie auffällig, und doch waren sie äußerst gefährlich, da Arsen bei erhöhter Luftfeuchtigkeit schnell verdampft. Es kam zu zahlreichen Todesfällen, die dem Misstrauen gegenüber der Farbe Grün Vorschub leisteten. Möglicherweise fiel auch Napoleon auf Saint Helena einer Arsenvergiftung zum Opfer. Kein seriöser Historiker glaubt mehr, der Kaiser sei vorsätzlich vergiftet worden, die Untersuchungen weisen vielmehr darauf hin, dass die Innenräume des von ihm bewohnten Hauses in seiner Lieblingsfarbe Grün gestrichen waren – und zwar mit dem gefährlichen »Schweinfurter Grün«, das 1814 durch das Auflösen von Kupferspänen in Arsen entwickelt wurde, was die Arsenspuren in Napoleons Haar sowie unter seinen Fingernägeln erklärt.

In der zweiten Hälfte des 19. Jahrhunderts steigerte sich das Misstrauen gegenüber Grün bis zur Phobie. Auch Königin Victoria verabscheute Grün und sorgte dafür, dass die Farbe aus allen königlichen Palästen verschwand, insbesondere aus dem Buckingham Palace, wo sie, wie mir gesagt wurde, bis heute nicht anzutreffen ist.

Die Farbe des Schicksals

In der Geschichtswissenschaft weiß man, wie alt der schlechte Ruf der Farbe Grün bereits ist. Schon im antiken Rom taucht er auf und scheint sich im Mittelalter noch zu verschärfen: In der Zeit des Feudalismus galt Grün als die Lieblingsfarbe des Teufels und seiner Kreaturen, mehr noch als Schwarz oder Rot.

Sieht man jedoch genauer hin und versucht, die Symbolgeschichte von Grün in den westlichen Gesellschaften zusammenzufassen, stellt man fest, dass Grün weniger für das Böse und für Unglück stand als vielmehr für das Schicksal. Wie alle anderen Farben ist Grün ambivalent: als Farbe des Glücks und Unglücks, der Hoffnung und der Verzweiflung. Vielleicht erklärt das, warum Grün mit Handlungen und Ritualen in Verbindung steht, bei denen der Zufall am Werk ist und schicksalhafte Entscheidungen getroffen werden. Spieltische sind seit dem 16. Jahrhundert grün: Sämtliche Aktivitäten mit Karten, Würfeln, Spielsteinen, Murmeln und Billardkugeln werden seitdem auf einem grünen Untergrund ausgetragen. Mit der Zeit entwickelte sich Grün zur Symbolfarbe für (Glücks-)Spieler, für die Orte, an denen sie spielten, für die Gegenstände, die bei ihrem Spiel zum Einsatz kamen, und sogar für ihre Sprache. So bezeichnete in der ersten Hälfte des 17. Jahrhunderts »langue verte« (grüne Sprache) im Französischen den Jargon der Karten- und Würfelspieler in den Tavernen und Spelunken. Später, unter der Herrschaft Ludwigs XIV., wurde der grüne Spielteppich auch außerhalb der Armenviertel beliebt und schaffte es in die aristokratischen Spielhäuser sogar bis auf die fürstlichen und königlichen Spieltische. Überall platzierte man seine Figuren, Würfel, Karten, Jetons oder sein Geld auf einer grünen Fläche. Bis heute ist das so geblieben, in den Casinos der Paläste wie auch auf den Spieltischen der schäbigsten Cafés.

Ebenso sind heute die meisten Sportplätze grün, genau wie im Mittelalter die Anger grün waren, auf denen nicht nur Turniere, sondern auch Duelle stattfanden und Ordalien durchgeführt wurden, die über Tod und Leben von Angeklagten entschieden. Dass die Stätten grün sind, ist nicht nebensächlich und nicht nur auf den Grasbewuchs zurückzuführen.

Einige Sportarten betreibt man nicht im Freien auf natürlichem Grund, sondern in geschlossenen Räumen auf Böden aus Parkett, Teppich oder Linoleum, und dennoch sind Letztere oft grün. Tischtennis, das fast immer auf einer grünen Platte gespielt wird, ist das schönste Beispiel für die symbolische Verwandtschaft zwischen Sportplatz und (Glücks-)Spielteppich. Ob es sich nun um die Gräser einer Turnierwiese, den Filz der Roulette- und Bridgetische, den Rasen der Fußball- und Rugbyplätze oder das Holz von Tischtennisplatten handelt – die Fläche, auf der sich die sportlichen Schicksale entscheiden, ist in irgendeiner Weise immer grün. Ebenso entscheidet sich im Französischen auf dem »grünen Teppich« der Vorstandsetagen das Schicksal von Unternehmen und Belegschaft. In Verbindung mit der Farbe Grün fallen Entscheidungen, und dabei geht es manchmal um sehr viel Geld.

Die Gründe und Ursprünge der Farbsymbolik sind allerdings unklar. Warum ist Grün seit so langer Zeit und so eng mit Fragen von Spiel, Schicksal, Zufall und Fatalität verbunden? Warum ist Grün vorrangig die Farbe des Unbeständigen, des Veränderlichen, der Dinge, die wir lieben und uns sehnlich wünschen, obwohl sie dem Zufall unterliegen, flüchtig und unerreichbar sind, angefangen bei Liebe und Geld (denken wir an die berühmte grüne Farbe des Dollarscheins)? Um die Frage zu beantworten, muss man die subtile Verbindung zwischen Chemie und Symbolik in einer gegebenen Gesellschaft untersuchen. Grün war in Europa über lange Zeit die chemisch unbeständigste Farbe. In der Färberei wie in der Malerei war es jahrhundertelang eine große Herausforderung, sie zu fixieren; nicht, sie herzustellen, sondern sie zu fixieren. Die chemisch instabile Farbe wurde daher üblicherweise mit allem assoziiert, was auf symbolischer Ebene veränderlich oder vergänglich war: Jugend, Liebe, Glück, Reichtum, Hoffnung. Ging die Farbsymbolik also ganz banal aus der Chemie von Pigmenten und Farbstoffen hervor?

Flaggen falten

Weiter oben habe ich berichtet, wie allein die Tatsache, rote Hosen zu tragen, im Winter 1961 zum vorübergehenden Ausschluss zweier Mitschülerinnen vom Unterricht geführt hatte. Ein paar Jahre später erlebte ich in ganz anderem Zusammenhang, wie man der Farbe Rot zwar nicht mit Sanktionen, aber doch mit großem Misstrauen begegnete. Das war während meines Militärdienstes, als ich in Draguignan beim 19. Artillerieregiment meine Ausbildung absolvierte. Ich verlebte fünf besonders harte Wochen, nicht wegen des Kasernenlebens, das war letztlich recht entspannt, sondern wegen der Hitzewelle, die im August 1974 die Provence heimsuchte. Zu den verschiedenen Aufgaben der Rekruten gehörte es, beim Hissen und Einholen der Flagge zu helfen. Der Vorgang erforderte drei Personen. Und bereits in der ersten Woche wurde ich zum Fahnendienst abkommandiert, vielleicht weil ich in der Gruppe der soeben eingezogenen »Wissenschaftler« der Älteste war. Niemand konnte wissen, dass ich mich für Embleme und Farben interessierte und kürzlich eine Doktorarbeit über Wappen geschrieben hatte. Von Flaggen wusste ich wenig und war froh, dass ich von einem alten Hasen Ratschläge bekam. Er zeigte mir, wie man die Flagge hisste und wieder einholte. Leider zeigte er mir nicht, wie man sie den Regeln entsprechend zusammenfaltete. Am ersten Abend versuchte ich mein Bestes, aber mein Bestes war improvisiert, ungeschickt und grenzte an eine Beleidigung für die französische Flagge. Ein mürrischer Unteroffizier wies mich zurecht: »Man faltet die Trikolore nicht wie einen Seidenschal oder wie ein Halstuch bei den Pfadfindern.«

Einige Tage später zeigte mir ein junger Leutnant, der mich beobachtet hatte, wie man es richtig machte. Ich merkte mir die Lektion. Nicht nur, dass man die Flagge zusammenfaltet, indem man den Stoff unterzieht – eine schwierige Übung, die keine glatten Ränder ergibt und dazu führt, dass sich der Stoff zu einer Kugel bauscht –, sondern man muss vor allem dafür sorgen, dass nach dem Zusammenfalten nur noch der blaue Flaggenteil zu sehen ist. Weiß und Rot müssen vom Blau umhüllt sein. Wenn die Flagge nicht sehr groß ist, darf höchstens etwas Weiß über die Ränder des Rechtecks ragen, aber Rot auf gar keinen Fall. Beim Zusammenfalten der Fahne muss das Rot verschwinden!

Ich weiß nicht, woher dieser Brauch stammt, aber er sagt viel über die politische und militärische Bedeutung der Farbe Rot aus. Die französische Trikolore, die während der Französischen Revolution entstand, ging aus der dreifarbigen Kokarde hervor, die in den Tagen nach dem Sturm auf die Bastille entworfen wurde. Laut einer Legende, die La Fayette in seinen Memoiren wiedergibt, vereint die dreifarbige Kokarde die Farbe des Königs – Weiß – mit den Farben der Stadt Paris – Blau und Rot. Eine vereinfachende und gewiss falsche Erklärung. Ende des 18. Jahrhunderts war Weiß nur beim Militär die Farbe des Königs, und die Farben der Stadt Paris waren nicht Blau und Rot, sondern Rot und Braun. Sämtliche Quellen belegen dies. Der Ursprung der blau-weiß-roten Trikolore, die als Sympathiebekundung für die neuartigen Ideen und die begonnene Revolution galt, findet sich wahrscheinlich jenseits des Atlantiks in den noch jungen Vereinigten Staaten von Amerika. Vielleicht aber muss man auch nicht ganz genau wissen, wie die französische Flagge entstanden ist: Eine Flagge, die nicht das Geheimnis ihres Ursprungs umflattert, verliert an Symbolkraft.

Jedenfalls wurde bereits 1794 eine dreifarbige Flagge für die französische Marine entworfen, aber erst 1812 wurde die Flagge, wie wir sie kennen, auch vom französischen Heer übernommen. Und erst unter der Julimonarchie (1830–1848) wurde sie endgültig zu Frankreichs Emblem. Von da an befand sich das Blau in der Nähe des Flaggenmasts (vorher hätte es genauso gut das Rot sein können), aber noch mehrere Jahrzehnte lang nahm das Weiß auf dem Tuch eine größere Fläche ein als die beiden anderen Farben. Bedeutet dies, dass beim Zusammenfalten der Flagge der weiße Farbanteil als Hülle diente? Wenn ja, ab wann wurde das Weiß in dieser Funktion vom Blau abgelöst? Und warum? Heute besteht die Trikolore meist aus genau gleich großen Rechtecken; manchmal ist das blaue Rechteck jedoch größer als die beiden anderen. Frankreich verwendet eine dreifarbige Flagge, aber seine eigentliche Nationalfarbe ist Blau. Dies zeigt sich bei zahlreichen Anlässen, insbesondere auf Sportplätzen, wo die Franzosen als »Les Bleus« (Die Blauen) antreten.

Auf der Trikolore ist Rot die unauffälligste Farbe. Sie wird nur dann richtig sichtbar, wenn die Flagge im Wind flattert und in ihrer ganzen Breite entfaltet wird. Ansonsten, wenn die Flagge ruht oder zusammengefaltet ist, bleibt das Rot unsichtbar. Dann sieht man nur Blau. Manchmal auch Blau und etwas Weiß. Schämt sich Frankreich für das Rot seiner Flagge?

Verängstigende Gegenstände

Bleiben wir bei den Flaggen. Beim Recherchieren bin ich ihnen oft begegnet, habe ihnen aber, obwohl sie für den Emblemforscher und Farbhistoriker von großem Interesse sind, nie eine eigene Arbeit gewidmet. In Wirklichkeit sind sie Gegenstände, die mich verängstigen, sodass ich ihnen immer feige ausgewichen bin. Und damit bin ich nicht allein. Sehr klein ist die Anzahl ernsthafter Studien über Flaggen. Warum eigentlich? Weil viele von ihnen mit Blut befleckt wurden? Oder weil die militärischen oder nationalistischen Rituale, zu denen sie gehören, beunruhigen und alarmieren? Anders als andere Nationalsymbole und Staatsembleme wartet die Flagge noch auf geschichtswissenschaftliche Betrachtung. Ihre Funktion ist in der heutigen Welt offenbar noch so stark und tief verankert, dass sich nur schwierig der nötige Abstand finden lässt, um ihre historische Wirkungsweise zu analysieren. Vor allem aber schüchtert sie ein, denn viele Menschen empfinden, wie in früheren Zeiten, eine Verbundenheit zu ihrer Fahne, die zu allerlei Vereinnahmungen, Verdrehungen, Gefühlseruptionen und Entgleisungen führen kann. Eine beträchtliche Zahl an politischen, ideologischen und sozialen Ereignissen veranschaulichen uns das tagtäglich. Von daher spricht man über Flaggen besser so wenig wie möglich.

Tatsächlich sind Flaggen in Westeuropa in den Geisteswissenschaften nur selten ein Thema. Ich bin mir allerdings nicht sicher, ob man das bedauern sollte. In der Geschichte besteht nämlich eine klare Verbindung zwischen totalitären Regimen und Forschungsarbeiten zur Staatssymbolik und zur nationalen Identität. Das von den europäischen Demokratien über lange Zeit bekundete Desinteresse an solchen Themen halte ich eher für beruhigend. Umgekehrt und aus denselben Gründen bin ich mir nicht sicher, ob das in jüngster Zeit in einigen Parteien wiedererwachte Interesse an diesen Fragen uns freuen sollte. Es ist nämlich weder neutral noch unschuldig noch zufällig.

Die Geschichte der Flaggen bleibt jedenfalls noch zu schreiben. Nicht die Geschichte bestimmter Flaggen, sondern die der Flaggen in ihrer Gesamtheit, dieses ganz besonderen Zeichensystems. So viel zur Erklärung, warum die Flaggenkunde – oder auch Vexillologie – noch nirgends wissenschaftlich etabliert ist. Sie scheint den Liebhabern von Militaria und den Sammlern von Abzeichen überlassen zu sein. Die Sammler widmen den Flaggen zwar zahlreiche Monografien, lassen sich dazu in Zeitschriften oder Nachschlagewerken aus, für wissenschaftliches Arbeiten sind diese Publikationen jedoch kaum nutzbar: lückenhafte und widersprüchliche Informationen, mangelnde Genauigkeit, unkritische Übernahme oft naiver Annahmen und vor allem das Fehlen einer echten Fragestellung, die Flaggen als eigenständiges gesellschaftliches Phänomen betrachtet. Die Vexillologie ist bislang keine Wissenschaft.

Dennoch ist die Flagge ein lohnendes Studienobjekt. Als emblematisches Bild und symbolisches Objekt unterliegt sie verbindlichen Codierungsregeln und festen Ritualen, die zu den Grundlagen der Liturgie einer Nation oder eines Staates gehören. Andererseits gibt es Flaggen nicht zu allen Zeiten und nicht in allen Kulturen. Allein mit Blick auf die westliche Kultur gibt es etliche Fragen, die noch nie richtig untersucht wurden.

Seit wann erschafft der Mensch sich Embleme, die sich durch Farben und durch Formen unterscheiden? Seit wann hängt er zu diesem Zweck Stoffstücke an Masten? Wo, wann und wie haben sich diese Praktiken, die anfangs mehr oder weniger spontan und umstandsbedingt waren, zu eigenständigen Codes entwickelt? Welche Formen, Figuren, Farben und Kombinationen wurden bei der Gestaltung und Kontrolle der Codes verwendet? Und vor allem: Wann und wie ging man von echten, im Wind flatternden Stoffen, die schon von fern zu sehen sein sollten, zu nicht-textilen Bildern über, die aber die gleiche emblematische oder ideologische Botschaft übertrugen, wenn auch das Medium sich änderte? Welche materiellen, ideologischen und sozialen Veränderungen brachte der Übergang von der Flagge als physischem Objekt zum konzeptionellen Flaggenbild mit sich?

Und zu guter Letzt: Welche Farben oder Farbkombinationen wurden für jede einzelne Flagge gewählt, was sollte damit zum Ausdruck kommen? Wer wählt aus, in welchem Kontext, warum, wie? Und sobald die Wahl getroffen wurde, wie lange bleibt sie bestehen, wo findet sie Verbreitung, wie entwickelt sie sich? Jede Flagge hat eine Geschichte, und die Geschichte ist selten statisch. Wer schaut sich eine Flagge an? Wer kennt und erkennt die Flagge seines Landes, die der Nachbarländer, die weit entfernter Länder? Wer kann sie beschreiben, darstellen, kann die Übergänge vom Objekt zum Bild, vom Bild zum Symbol nachvollziehen? So viele Fragen, die meines Wissens noch nie gestellt wurden.

Schachspiel

Bei meiner ersten Reise in die DDR, deren farblich deprimierende Atmosphäre ich bereits erwähnt habe, sah ich in Berlin in einem Park, dessen Name mir entfallen ist, ältere, sehr bescheiden gekleidete Männer, die auf rudimentären, mehr oder weniger quadratischen Holzbrettern, auf denen die vorgeschriebenen 64 Felder nur durch einfache Linien gekennzeichnet waren, Schach spielten; die Figuren waren zwar abgenutzt, doch, wie üblich und im Gegensatz zu den Brettern, weiß und schwarz. Ich war fasziniert, beobachtete die Spieler lange und stellte fest, dass sie nicht nur seltsam orthogonal spielten (sie bewegten die Türme häufiger als die Läufer, und zwar schon zu Beginn des Spiels, was durchaus ungewöhnlich ist), sondern sich außerdem zwischen den Zügen viel Zeit zum Nachdenken nahmen. Bei einem Turnier wären sie schnell in gewaltige Zeitnot geraten.

Ich selbst bin ein ehemaliger Schachspieler, der mit dem Alter zum Spielhistoriker wurde, aber ich gebe zu, auf so einem Schachbrett noch nie gespielt zu haben, weder ein Freundschaftsspiel noch ein Universitätsturnier. Ich weiß also nicht, wie sich eine Partie auf einem einfarbigen Brett anfühlt. Hingegen weiß ich, dass die zweifarbige Struktur mit abwechselnden Feldern nicht schon immer existiert hat. Mehrere indische oder persische Miniaturen und viele mittelalterliche Bilder aus Europa zeigen Schachbretter, auf denen die Felder durch ein einfaches Gitter horizontaler und vertikaler Linien gebildet werden. Die Linien sind in einer Farbe gehalten – meist in Rot – und die Felder in einer anderen – in Weiß oder Gelb.

Zum Schachspielen ist die abwechselnde Zweifarbigkeit der 64 Felder weder zwingend noch notwendig. Sie hilft allerdings, die Züge zu visualisieren, und erleichtert die Planung diagonaler Züge mit den beiden Läufern. Bei fehlender Zweifarbigkeit braucht es höchste Konzentration und eine geometrische Fassungsgabe, wie wir sie heute meist nicht mehr haben, anders als die Ostberliner Spieler im Park. Die ließen sich wahrscheinlich deshalb so viel Zeit zwischen den Zügen, weil sie auf ihre einfarbigen Schachbretter imaginäre Farbwechsel projizieren mussten.

Die Zweifarbigkeit bestand übrigens nicht immer aus Schwarz und Weiß, einer Farbkombination, die für das moderne Auge zumindest im Westen den deutlichsten Farbkontrast besitzt. So wie bei den Schachfiguren nicht immer Weiß gegen Schwarz antrat, zeigten auch die Schachbretter über lange Zeit andere Farbkombinationen. Als Schach im 6. Jahrhundert unserer Zeitrechnung im nördlichen Indien entstand, spielte eine rote gegen eine schwarze Seite, und die muslimische Kultur behielt, als sie es sich im 8. Jahrhundert aneignete, das Farbpaar bei. Doch als es um das Jahr 1000 nach Europa kam, überdachte man Figuren und Spielzüge, man »verwestlichte« das Spiel gewissermaßen. Anders als in Asien trug der Gegensatz Rot-Schwarz in der christlich-feudalen Mentalität nämlich keine Bedeutung. Im christlichen Mittelalter waren Farbsysteme, wie bereits im Kapitel zu den Märchen gesehen, über lange Zeit um die Farbe Weiß und ihre beiden Gegenpole, Schwarz und Rot, angeordnet. Also tauschte man auf dem Schachbrett Schwarz gegen Weiß, sprich ließ Rot gegen Weiß antreten, das damals in der Emblematik und der Farbcodierung geläufigste farbliche Gegensatzpaar.

Drei Jahrhunderte später reflektierte man die Wahl jedoch erneut, und ab Ende des 13. Jahrhunderts setzte sich allmählich die Auffassung durch, wirkungsvoller als das Farbpaar Weiß-Rot sei das Farbpaar Weiß-Schwarz. Indessen war die Farbe

Schwarz in bemerkenswerter Weise aufgestiegen: Von der Farbe des Teufels, des Todes und der Sünde hatte sie sich zur Farbe der Demut und der Mäßigung gewandelt, beides Tugenden, die damals hoch im Kurs standen. Außerdem hatte sich Aristoteles' Farbenlehre weit verbreitet, der zufolge Weiß und Schwarz die beiden Extrempole eines jeden Systems darstellen. In vielen Lebensbereichen wurde daher der Farbgegensatz Weiß-Rot allmählich durch den als stärker und bedeutsamer angesehenen Gegensatz Schwarz-Weiß ersetzt.

Zwangsläufig beeinflussten die neuen Denkweisen ein spekulatives, philosophisches Spiel wie Schach. Auf den Schachbrettern wichen die roten Spielfiguren allmählich den schwarzen, und rote Felder wandelten sich in schwarze: Das Schachspiel war bereit für den Schwarz-Weiß-Antagonismus, der die neuzeitliche europäische Kultur bald prägen sollte. Vielleicht hat es neben dem Buchdruck, dem Kupferstich und der protestantischen Reformation ein wenig dazu beigetragen, diesen Antagonismus und seine ästhetischen Transformationen durchzusetzen. Denn was könnte heute noch »schwarz-weißer« sein als ein Schachbrett?

Wittgenstein und die Wappenfarben

Ludwig Wittgenstein (1889–1951) ist einer der größten Philosophen des 20. Jahrhunderts. Dies wurde erst nach seinem Tod deutlich, da viele seiner Arbeiten erst posthum zur Veröffentlichung kamen. So auch die Notizen, die er gegen Ende seines Lebens für eine Studie über das Verhältnis zwischen den Farben und der Sprache gesammelt hatte. Sie wurden erstmals 1979 in Frankfurt unter dem Titel *Bemerkungen über die Farben* zusammengestellt und herausgegeben.

Trotz ihres unbearbeiteten, fragmentarischen Charakters erscheinen mir viele von Wittgensteins Überlegungen elementar, insbesondere die zur Sprachphilosophie: Sie alle unterstreichen, wie sehr wir beim Nachdenken über Farben in Worten gefangen sind. Andere seiner Gedanken sind in meinen Augen etwas fragwürdiger, etwa die zur Materialität von Farben oder zu ihrer künstlerischen Wirkung: »Einer Farbe Weiß hinzufügen, nimmt ihr die Farbigkeit«, oder »Schwarz nimmt der Farbe ihre Leuchtkraft; es gibt kein leuchtendes Schwarz«. Angesichts dieser Aussage sei daran erinnert, dass viele Maler – angefangen bei Velázquez, Manet und Soulages – besonders leuchtende und strahlende Schwarztöne erzeugt haben.

Andere Betrachtungen und Formulierungen rufen Erstaunen in mir hervor. Beispielsweise diese: »Warum sollten glänzendes Schwarz und mattes Schwarz nicht unterschiedliche Farbnamen haben?« Weiß Wittgenstein nicht (oder gibt vor, es nicht zu wissen?), dass dies in mehreren indoeuropäischen Sprachen, allen voran dem Lateinischen, der Fall ist? Sowohl im klassischen als auch im mittelalterlichen Latein bezeichnet *niger* das glänzende und *ater* das matte Schwarz; jedem Lateinanfänger – und in Wien hat Wittgenstein in den 1900er-Jahren die Sprache sicherlich auch gelernt – wird dieser Unterschied beigebracht. Auch im Mittelenglischen existiert er (wie in den meisten altgermanischen Sprachen): *black* bezeichnet glänzendes und (das dem heutigen Deutschen ähnliche) *swart* mattes Schwarz. Shakespeare differenziert in seinen Stücken ebenfalls noch zwischen den beiden Bezeichnungen.

Eine andere Bemerkung, die unter Wittgensteins Feder zur Hypothese wird, berührt mich sehr. Sie lautet:

> Gäbe es eine Harmonielehre der Farben, so würde sie etwa mit einer Einteilung der Farben in verschiedene Gruppen anfangen und gewisse Mischungen oder Nachbarschaften verbieten, andere erlauben; und sie würde, wie die Harmonielehre, ihre Regeln nicht begründen. (*Bemerkungen über die Farben*, III, 91).

Ohne sich dessen bewusst zu sein, zumindest scheinbar, formuliert Wittgenstein mit anderen Worten die Regel zur Verwendung der heraldischen Farben, wie sie seit dem 12. Jahrhundert gilt. Es verwundert, dass der in Wien geborene und aufgewachsene Philosoph, der später einen Teil seines Studiums und seiner Lehrtätigkeit in Cambridge absolvierte, sprich in zwei Städten mit omnipräsenten Wappen lebte, sich offenbar keine Gedanken über Wappenfarben oder deren Anordnung gemacht hat – über eine diesbezüglich verbindliche Regel unbekannten Ursprungs, wie von ihm beschrieben. Es sei denn, der uns erhaltene Text fungiert lediglich als Einleitung zu einer längeren, nicht mehr geschriebenen Abhandlung über die heraldischen Farben. Wir werden es nie erfahren.

Im Wappen finden üblicherweise nur sechs Farben Verwendung: Gelb, Weiß, Rot, Schwarz, Blau und Grün – es sind dies die sechs Grundfarben der europäischen Kultur. Die heraldischen Farben sind absolut, konzeptuell und immateriell, ihre Nuancen spielen keine Rolle. Im Wappen des Königs von Frankreich, das »in Blau besät mit goldenen Lilien« ist, kann das Blau ein Himmelblau, Mittelblau oder Marineblau sein und das Gold der Lilien ein Zitronengelb, Orangegelb oder Goldgelb. Malern steht es frei, das Blau und das Gold so zu übersetzen, wie sie es für richtig halten, je nachdem, mit welchen Materialien und welchen Techniken sie arbeiten und welche Ästhetik sie verfolgen. Im Lauf der Zeit entstehen daher Wappen in unterschiedlichen Farbtönen, die dennoch dasselbe meinen.

Darin liegt allerdings nicht die einzige Besonderheit der sechs Wappenfarben. Sie sind in zwei Gruppen unterteilt: Weiß und Gelb bilden dabei die erste, Rot, Schwarz, Blau und Grün die zweite. Die Grundregel für die Verwendung heraldischer Farben besagt, dass zwei Farben aus derselben Gruppe nicht neben- oder übereinander verwendet werden dürfen (höchstens für unbedeutende Details). Nehmen wir den Fall eines Wappenschilds mit einem Löwen. Ist das Feld des Schildes rot, darf der

Löwe weiß oder gelb sein, nicht aber blau, schwarz oder grün. Umgekehrt gilt: Ist das Schildfeld weiß, darf der Löwe rot, blau, schwarz oder grün sein, jedoch nicht gelb. Diese Grundregel besteht, seit es Wappen gibt, und sie wurde immer und überall befolgt (der Anteil an Verstößen liegt pro Wappenart unter einem Prozent). Vermutlich wurden für die Gestaltung der ersten Wappen die Gestaltungsregeln für Banner übernommen, die in erster Linie auf eine gute Sichtbarkeit abzielten – ihr Einfluss ist jedenfalls beträchtlich. Die ersten, allesamt zweifarbigen Wappen dienten in der Tat als visuelle Zeichen, die aus weiter Ferne erkennbar sein sollten. Und aus der Distanz betrachtet, hebt sich Rot auf Weiß oder Gelb besser ab als auf Blau, Schwarz oder Grün. Die Frage der Sichtbarkeit reicht jedoch zur Erklärung der Gestaltungsregeln nicht aus. Eine wichtige Rolle spielt auch die im Feudalismus reiche Farbsymbolik, die sich damals im Wandel befand.

Eine neue Gesellschaftsstruktur, wie sie sich in Westeuropa nach dem Jahr 1000 herausbildete, brachte eine neue Farbordnung mit sich: Weiß, Rot und Schwarz waren nicht mehr die einzigen Grundfarben, anders als noch in der Antike und im frühen Mittelalter. Blau, Grün und Gelb erweiterten das Farbspektrum nun gleichrangig in allen Bereichen des gesellschaftlichen Lebens.

Die Regel zur Anordnung der Wappenfarben, die über Jahrhunderte auch andere Zeichensysteme beeinflusste – Flaggen, Militär- und Sportabzeichen, Verkehrsschilder –, etabliert eine echte »Harmonie« im Sinne Wittgensteins. Sie ist zugleich grammatikalisch, bildlich und musikalisch. Wie konnte der große Philosoph, der auf vielen Gebieten so gebildet war, nicht von ihr wissen?

Von Farben und Geschmäckern

Ein Geschenk aus Amerika

Das schönste Geschenk, das ich je bekam, stammte von der älteren Schwester meiner Großmutter, meiner Großtante Aline. Sie war die Witwe des Malers Henry Caro-Delavaille, einem vor dem Ersten Weltkrieg gefragten Porträtmaler und Freund des Theaterschriftstellers Edmond Rostand, dessen Villa in Cambo er farblich gestaltete, bevor er zu einem mondänen Künstler in den USA avancierte; er starb 1928. Meine in Los Angeles lebende Großtante kam nur selten nach Europa, um ihre Schwestern zu besuchen. Sie waren fünf Schwestern, alle zwischen 1876 und 1884 geboren, deren Ausbildung, wie in bürgerlichen Familien dieser Zeit üblich, entsprechend der Reihenfolge ihrer Geburt ausgewählt wurde. Aline, die Älteste, durfte auf die Elite-Universität gehen und Dozentin für klassische Literatur werden, eine der ersten in Frankreich. Sie ist außerdem Autorin mehrerer Romane, unter anderem eines Bestsellers der 1920er-Jahre: *Ce charmant Thaddée Svenko* (*Der charmante Thaddée Svenko*). Lucie, die Zweitgeborene, machte einen Universitätsabschluss in Englisch. Im Alter von 85 Jahren, als sie bereits bettlägerig war, begeisterte sie sich für die moderne Mathematik und erlangte, hochbetagt, noch ein solides Wissen auf diesem Gebiet. Ich kannte sie gut und weiß noch, dass sie die Farbe Blau verabscheute. Hélène, die dritte, kam jung bei einem Bergunfall ums Leben, sie war nicht über das Abitur hinausgekommen. Louise, meine Großmutter, war die vierte, sie hatte nur die Mittlere Reife, besaß aber ein phänomenales Gedächtnis, sodass sie im hohen Alter noch alle 454 Unterpräfekturen Frankreichs aufzählen und auf der Karte zeigen konnte. Ihre jüngste Schwester, Emma, hatte keinen Schulabschluss, doch war sie von den fünf Schwestern wahrscheinlich die kultivierteste und klügste. Ich mochte sie sehr, sie war für mich wie eine zweite Großmutter. Abgesehen von Hélène erreichten alle ein Alter zwischen 96 und 100 Jahren.

Im Frühling 1953 unternahm Aline eine vorletzte Reise nach Europa, um ihre Schwestern und deren Familien zu besuchen. Sie überquerte den Atlantik auf der *Queen Mary* und brachte viele Geschenke aus Amerika mit. Eines davon war für mich: ein Vier-Farben-Kugelschreiber, wie es ihn in Frankreich damals noch nicht gab. Meine Cousine Catherine bekam den gleichen. Wir waren beide sechs und ganz verzaubert von dem Geschenk. Nie zuvor hatten wir etwas so Wundersames in der Hand gehalten. Der Stift war quasi ein Zauberstab, sein silbernes Metallgehäuse hatte vier Schlitze mit je einem Schieber darin: Mit einem Klick ließ sich eine rote, eine blaue, eine grüne oder eine schwarze Mine herausschieben, die mit einem Klack, wenn man den Schieber ein weiteres Mal betätigte, wieder ins Metallgehäuse zurückglitt. Unser Glück war grenzenlos, monatelang spielten wir mit dem Stift, lediglich die Tatsache, dass unsere Cousins Pierre und Laurent das gleiche Geschenk bekommen hatten, trübte die Freude ein wenig.

Leider war ich der Erste, dem der Stift zu Bruch ging – die Kugelschreiberminen erwiesen sich als fragil und noch mehr der Schiebemechanismus. Bei Catherine hielt er dennoch einige Jahre, allerdings auch nicht so lange, bis die ersten vierfarbigen Kugelschreiber der Firma Jif-Waterman Anfang der 1960er Jahre in Europa auf den Markt kamen. Doch die hatten für mich bei Weitem nicht mehr den Reiz jenes Geschenks von 1953.

Der märchenhafte Gegenstand war mein erster greifbarer Kontakt mit der amerikanischen Welt. Wahrscheinlich spielte er eine prägende Rolle im Zusammenhang mit meiner Begeisterung für Farben, mit der freilich nicht unbedingt eine Liebe für alles Amerikanische einherging. An meine erste Reise in die USA, ein Vierteljahrhundert später, habe ich jedenfalls keine guten Erinnerungen. Es war Dezember, bitterkalt, und meine erste Handlung, noch am Kennedy Airport, war der Erwerb einer roten, sehr hässlich roten Mütze. Kein guter Anfang. Was mich damals und bei allen weiteren Reisen in dieses Land, das ich für hochmodern hielt, am meisten überraschte, war die rudimentäre oder gänzlich abwesende Beschilderung in den Städten, auf Straßen und Autobahnen, in Hotels, auf Parkplätzen, in Einkaufszentren und an Flughäfen. Nur wenige Schilder oder Leitsysteme helfen einem durch Farben, sich zurechtzufinden und zu orientieren, ständig muss man nach dem Weg fragen. Kein Vergleich zum alten Westeuropa, das man ohne Irrungen und Wirrungen in alle Richtungen durchqueren kann, selbst wenn man schüchtern ist oder wenig Talent für lebende Fremdsprachen hat. Codes, Signale und Farben aller Art leiten die Reisenden aus den Innenstädten bis in die hintersten Winkel des Landes. Als Vertreter der Kategorie »diskrete und wortkarge Reisende« sage ich: Es lebe das alte Europa!

Sonnenbräune im Wandel der Zeit

Als Kind verbrachte ich meine langen Sommerferien in Le Val-André, einem Badeort an der bretonischen Nordküste. Der Strand – einer der schönsten Westfrankreichs – erschien mir riesig und war für meine Freunde und mich ein weitläufiger, schier unendlicher Tummelplatz. Nirgends drohte Gefahr, alles war uns erlaubt, sowohl am Strand als auch im Wasser und auf den Felsen. Nur zwei von uns durften nicht, was die meisten anderen Kinder unbekümmert taten: auf einem Handtuch liegen und sich von der Sonne bräunen lassen. Ihre

Großmutter, eine herrische, immer in Grau gekleidete Frau, hielt das für gefährlich, albern und sogar – ich erinnere mich genau an den Ausdruck – »unerhört obszön«. Nicht nur das Ergebnis, ein brauner Teint, sondern vor allem auch der Weg dahin, das Sonnenbaden, waren ihr ein Gräuel. Ihr Wortschatz hatte gar nicht genug Adjektive parat für diese entwürdigende, groteske, obszöne, unmoralische Tätigkeit namens Sonnenbaden.

Als ich älter war, stellte ich fest, dass die gestrenge Großmutter, anders als von mir über Jahre vermutet, nicht allein dastand mit ihrer Ansicht. Viele andere, nicht nur ältere Menschen teilten sie, und tatsächlich wuchs die Zahl der Sonnenverächter an unserem Strand am Fuß der Pointe de Piégu mit den Jahren sogar an – einige meiner Freunde, die sich früher in der Sonne aalen durften, taten dies nun nicht mehr. Zwar gehörte es zum guten Ton, nicht weiß wie ein »Wattebausch« (so sagte man damals in der Bretagne) durch die Gegend zu laufen, aber dafür reichte eine leicht gebräunte Haut aus. Warum änderte sich das Verhalten an diesem Strand zwischen Mitte der 1950er- und Anfang der 1960er-Jahre? Waren die Leute hier früher und besser über die Gefahren des Sonnenbadens informiert als anderswo? Gab es in unserem Badeörtchen ein paar aufgeklärte Ärzte, die schon damals auf die Risiken übermäßigen Sonnenbadens hinwiesen? Keineswegs! Es ging seinerzeit nicht um gesundheitliche Belange, sondern um gesellschaftliche Konventionen, um soziale Klassenzugehörigkeit, ja um Standesdünkel. Doch das verstand ich erst später, als ich bemerkte, dass unser Strandabschnitt nur von wohlhabenden Familien besucht wurde, während die weniger bemittelten, die sich gerne bräunten, am anderen Ende lagen. Noch später dann, als junger Historiker, der sich zunehmend für die Geschichte der Farben interessierte, erkannte ich, dass die Gegebenheiten am Strand meiner Kindheit kein Einzelfall waren, sondern Teil eines generellen Phänomens: der über Jahrzehnte und Jahrhunderte wiederkehrend wechselnden Haltung der »feinen« Gesellschaft zu Sonne, Aufenthalt im Freien und Teint.

Werfen wir einen Blick in die Geschichte.

Während des Ancien Régime und noch in der ersten Hälfte des 19. Jahrhunderts waren es sich die Angehörigen der Aristokratie und Bourgeoisie in Frankreich und in ganz Westeuropa schuldig, zur Unterscheidung von den Bauern eine möglichst helle, glatte Haut zu haben. Die Bauern, die im Freien in der Sonne arbeiteten, hatten braune, manchmal rötliche, mit Flecken übersäte Haut: wie schrecklich! Die Vorgabe für die Hautevolee war eine weiße, ebenmäßige Haut und »blaues Blut«, sprich sichtbare Äderchen unter der fast durchscheinenden Epidermis. Das Ideal änderte sich jedoch in der zweiten Hälfte des 19. Jahrhunderts. Als die »feine« Gesellschaft an die Küsten und später in die Berge reiste, wurden ein dunkler Teint und sonnengebräunte Haut zunehmend salonfähig. Nun ging es nicht mehr darum, sich von den Bauern zu unterscheiden, die das Braunwerden bei der Feldarbeit nicht vermeiden konnten, sondern von den immer zahlreicher werdenden Arbeitern: Sie lebten in der Stadt, arbeiteten in geschlossenen Räumen, blieben blass und hatten eine fahle Gesichtsfarbe: welch ein Graus! Man durfte auf keinen Fall wie ein Arbeiter aussehen, das wäre noch abstoßender, als wie ein Bauer daherzukommen. Das neue Ideal und das damit einhergehende Sonnenbaden setzte sich im Laufe der Jahrzehnte immer mehr durch. Zwischen 1920 und 1960 erreichte es seinen Höhepunkt: Braunsein war schick; man »musste« sich bräunen.

Doch schon in der zweiten Hälfte der sechziger Jahre, als auch die Mittelschicht und untere Schichten zum Urlaub ans Meer und in den Wintersport fuhren, wandten sich die Bessergestellten nach und nach vom Sonnenbaden ab. Nun wollten Arbeitnehmer mit bezahltem Urlaub die Sonnenbräune mit nach Hause nehmen: wie grotesk! Von da an war es wieder angesagter, ungebräunt zu bleiben, vor allem, wenn man ans

Meer fuhr. In der Folgezeit verbreitete sich diese anfangs von Standesdünkel getriebene Haltung immer weiter, allerdings aus gesundheitlichen Gründen: Die Gefahr von Hautkrebs und anderen sonnenbedingten Schädigungen veranlasste gerade die Mittelschicht, das Sonnenbaden einzuschränken. Viel Bräune gilt inzwischen nicht mehr als Schmuck, ganz im Gegenteil. Der Modetrend zeigt, wie so oft in der Geschichte der Wertesysteme, wieder in eine andere Richtung. Wer weiß für wie lange?

Heute lassen sich höchstens noch Neureiche, Starlets und ein paar Prominente bräunen. Allerdings tun sie das nicht mehr am Strand auf ihrem Handtuch, sondern im Sonnenstudio, in zwangsläufiger Körperstarre, unter künstlichen Lichtquellen. Das ist natürlich ziemlich albern und sogar, um es mit den Worten der Großmutter meiner beiden Freunde zu sagen, grotesk und »unerhört obszön«.

Glitter und Glanz der 1950er-Jahre

Woher kommt meine Abneigung gegen Gold und Vergoldetes – und ganz allgemein gegen glänzende Farben? Wahrscheinlich aus der Kindheit. In meiner Familie gab es kein Gold, weder im Zusammenhang mit Gebrauchs- oder Einrichtungsgegenständen noch mit Schmuck und Kleidungsaccessoires. Die Männer trugen keinen Schmuck und die Frauen ganz bestimmt kein »Glitzerzeug«. Nicht, dass meine Eltern oder die Onkel und Tanten dafür zu arm gewesen wären, nein, das Tragen von Schmuck war in der Familie unüblich und verpönt. Es galt als vulgär, zu viel Wert auf Äußerlichkeiten, Kleidung und Accessoires zu legen. Als junger Mann hätte ich solche Vorgaben hinterfragen und mich bewusst dagegen auflehnen können. Doch das tat ich nicht: Genau wie meine Eltern, Onkel und Tanten bin ich beim Thema Mode wenig ambitioniert, trage keinen Schmuck, nicht mal eine Uhr, und fühle mich von allem, was glänzt und zu sehr den Blick auf sich zieht, herausgefordert. Gold ist mir besonders zuwider.

Wenn ich in meinen Kindheitserinnerungen stöbere, finde ich für diese Abneigung gegen Gold, die sich mit den Jahren fast zu einer Phobie auswuchs, eine mögliche Erklärung. Vom 8. bis zum 12. Lebensjahr war ich Wölfling bei den Pfadfindern. In dieser Zeit, in der wir oben auf dem Montmartre wohnten, hatte meine »Rotte« ihren »geografischen Schwerpunkt« dort, wo das 8., 9. und 18. Arrondissement aneinandergrenzen. Die große Bahnhofshalle der Gare Saint-Lazare war unser Treff- und Ausgangspunkt. An manchen Sonntagabenden, gegen 18 Uhr, nach einem Tag voller Pfadfinderei (wozu unter anderem der demütigende und wenig einträgliche Verkauf von Kalendern gehörte), konnten weder mein Vater noch meine Mutter mich dort abholen. Also begleitete ich einen etwas älteren Kameraden nach Hause, der nahe der Place Clichy wohnte. Dort harrte ich eingeschüchtert und mit mulmigem Gefühl der rettenden Ankunft meines Vaters und unserer Rückkehr hinauf auf den heimischen Hügel. Das Warten erschien mir endlos, und die Wohnung, in der es stattfand, ungemütlich: zu groß, zu verwinkelt, zu dunkel. Die Beleuchtung wirkte viel spärlicher als zu Hause, so als hätte man am liebsten gar keine. Das Unheimlichste aber war nicht einmal der Ort, sondern eine seiner Bewohnerinnen: die Großmutter meines Freundes nämlich, eine strenge Witwe, die noch recht jung war und Kinder offenbar nicht mochte. Sie machte uns ständig Vorhaltungen und kommandierte uns herum mit ihrer krächzenden Stimme, die ich bis heute im Ohr habe. Nun war die verbitterte Frau, die allzeit in Braun oder Schwarz gekleidet war, im Gegensatz dazu übertrieben geschminkt und trug viel Schmuck – Goldschmuck (oder was ich dafür hielt) – um den Hals, an den Ohren, an den Armen, den Fingern, auf der Brust. Sie erinnerte mich an eine böse Stiefmutter im Märchen, die zweite Frau eines Königs, die dessen Kinder aus erster Ehe hasste – wie bei Schneewittchen. Ihr Schmuck funkelte und klimperte … Kurzum, schon der Glitter und Glanz der 1950er-Jahre löste bei mir Unbehagen aus.

Später wurde meine Haltung durch meinen Onkel Henri verfestigt, der für mich wie ein zweiter Vater war. Er war strenger Calvinist, Historiker von Beruf und übernahm in der Familie oft die Rolle des Pädagogen und Familienoberhaupts. Er erinnerte gerne daran, dass Kleidung ein Zeichen der Sünde sei: Im irdischen Paradies waren Adam und Eva nackt, nach dem Verzehr der verbotenen Frucht wurden sie von dort vertrieben, und um ihre Schuld offenbar zu machen, mussten sie sich fortan in Kleidung hüllen. Daher war der Versuch, sich mit Kleidung oder Schmuck hervorzutun, für meinen Onkel wie für die meisten Protestanten eines guten Christen und rechtschaffenen Bürgers unwürdig: Es zeige sich darin sowohl Eitelkeit als auch Gewalt gegen andere.

Meine Erziehung zielte also ziemlich genau in die Richtung, in die ich mich tatsächlich entwickelte: Gold wurde für mich zu einem abscheulichen Material und einer abscheulichen Farbe, und noch mehr als Gold, das manchmal zumindest matt sein kann, verkörperte alles Vergoldete in meinen Augen den Gipfel der Vulgarität. Ich gebe freilich zu, dass meine Empfindungen und Gefühle hier eine untergeordnete Rolle spielen, schließlich handelt es sich dabei weder um historische Zeugnisse noch um persönlich Erlebtes. Aber anders als man meinen könnte, wird Gold von relativ vielen Menschen so wahrgenommen.

In Meinungsumfragen zu den liebsten und unbeliebtesten Farben werden Gold und Silber tatsächlich manchmal mit Farben gleichgesetzt und in einem Atemzug mit Rot, Grün, Blau und so weiter genannt. Wir wissen daher, dass in ganz Europa, wo solche Umfragen seit Ende des 19. Jahrhunderts durchgeführt werden, viele der Befragten Gold nicht mögen. Sicher gibt es geografische Unterschiede, etwa lässt sich in den südeuropäischen Ländern eine gewisse Ehrfurcht und eine Anziehung verzeichnen, die in den nordeuropäischen Ländern so nicht existiert. Doch ist die Kluft insgesamt eher kulturell als geografisch bedingt, die Lichtverhältnisse, das Klima und die Nähe zum Mittelmeer sind weniger bedeutsam als Traditionen und Religion: In katholischen wie auch muslimischen Ländern bewundert oder toleriert man Gold, während man es in protestantischen Breiten eher ablehnt. Zu den geografischen und kulturellen kommen soziale Unterschiede hinzu: Entgegen der allgemeinen Vermutung ist die Faszination für Gold nicht auf die Aristokratie oder das Großbürgertum zurückzuführen, es sind, im Gegenteil, die Kleinbürger, Neureichen und vornehmlich besonders Benachteiligten, die ihm eine starke mythologische Dimension zuschreiben.

Kurze Geschichte des Goldes

Ich weiß, wenn ich so etwas schreibe, bin ich ungerecht gegenüber Zeitgenossen, die Gold lieben: seine Farbe, sein Material und sein Licht. Auch ungerecht gegenüber dem Gold selbst, das mir als Mittelalterforscher so oft bei der Arbeit begegnet und dem ich bereits Seminare und Vorträge gewidmet habe. Um ihm Gerechtigkeit widerfahren zu lassen, will ich kurz auf einige Stationen seiner alten Geschichte eingehen. Sie ist mit der Geschichte der Farben eng verbunden.

Das glänzende, leuchtende, formbare, unveränderliche, leicht zu gewinnende und zu verarbeitende Metall Gold, das in vielerlei Formen überall auf der Welt vorkommt, scheint unsere Spezies seit jeher zu faszinieren. Schon früh wurde es zum Zeichen für Macht und Reichtum und erfüllte wichtige wirtschaftliche Funktionen. Zugleich umrankten es besonders einfallsreiche Erzählungen, in denen das Motiv der Goldsuche eine zentrale Rolle spielt. Zwei Erzählungen der griechischen Mythologie sind beispielhaft dafür: die Suche nach den goldenen Äpfeln im Garten der Hesperiden (die elfte Arbeit des Herakles) und die Suche nach dem Goldenen Vlies durch Jason und die Argonauten. Die germanische Mythologie steht der griechischen diesbezüglich in nichts nach, sie hat die Nibelungensage um das Rheingold aufgebaut, um die Suche danach und um seinen Besitz. Heute hat das Streben nach Gold eine andere Form angenommen, die Helden unserer Zeit kämpfen um die Goldmedaille bei Olympischen Spielen und bei anderen großen Wettbewerben. Kein anderes Metall, kein anderes Material hat so viele Begehrlichkeiten geweckt und so viele Mythen hervorgebracht.

Die ersten Goldvorkommen wurden zwar erst ab dem 4. Jahrtausend vor unserer Zeitrechnung abgebaut, doch wahrscheinlich waren den Menschen der Altsteinzeit bereits Goldpartikel in Flüssen aufgefallen, die sich mit etwas Sand leicht auswaschen ließen. Neben Muscheln und Tierzähnen gehörten Plättchen und Klumpen aus Fluss- und Schwemmgold zu den ersten Preziosen der Menschen. Später, in der Jungsteinzeit, inspirierte das gleiche Gold sie, Ringe, Armbänder und Halsketten zu schmieden – es ist der älteste metallene Schmuck, den wir kennen. Gold ist sehr gut formbar und kann kalt gehämmert werden, im Gegensatz zu anderen Metallen braucht es für die Bearbeitung keine Wärmezufuhr. Außerdem schmilzt Gold erst bei einer extrem hohen Temperatur: bei 1.200°C.

Neben dem Glanz und der Farbe, die schon im unbearbeiteten Zustand eine verführerische Wirkung haben, waren es wahrscheinlich die verschiedenen materiellen Eigenschaften – Formbarkeit, Teilbarkeit, einfache Gewinnung, Handhabung und Transportierbarkeit –, die Gold schon früh zu einem besonders begehrten Metall machten. Zumal seine (relative) Seltenheit und (bemerkenswerte) Unveränderlichkeit dazu einluden, es zu sammeln und als Tauschmittel beim Handel einzusetzen. Ab dem 2. Jahrtausend v. u. Z. wurde Gold in Ägypten und

Mesopotamien in Form von Pulver, Klumpen, Barren, Kugeln, Blättern, Ringen, Schmuck, Tellern und Tassen oder anderen wertvollen Gegenständen verwahrt. Münzen ließen noch ein wenig auf sich warten, die ersten geprägten waren griechisch und stammen aus dem 7. Jahrhundert v.u.Z. Damals hatte das Gold längst einen Eigenwert erlangt und spielte bereits eine wichtige wirtschaftliche Rolle: Goldscheiben oder -barren mit Stempelung zirkulierten im gesamten Nahen und Mittleren Osten und erleichterten den Zahlungsverkehr; oder es diente als Vergleichswert, vor allem in Ägypten, der wichtigsten antiken Goldmacht. Gold wurde nicht mehr nur als Ware, sondern auch als Referenzgröße betrachtet. Zwar gab es noch keine Goldwährung, aber der »Goldwert« ist bereits zweitausend Jahre vor Christi Geburt gut etabliert – und ist es noch heute.

Gold dient jedoch nicht nur als Vergleichsgröße oder sichere Anlageform. Es ist geschaffen, um in Umlauf zu sein, gehandelt zu werden, von Hand zu Hand zu wandern. Gold kann man berühren, Gold ist dynamisch: Es wird genommen und weitergegeben, verschenkt und gestohlen, bearbeitet und verwandelt. Zwar gehört es zur Welt der Metalle, und doch erschafft es ein ganz eigenes Universum. Der Handwerker, der das Gold bearbeitet, ist kein gewöhnlicher Schmied, der mit Zange und Feuer arbeitet, sondern ein Goldschmied, in dessen Werkstatt es – im Gegensatz zur Schmiede – keineswegs wie in einer Hölle aussieht. Der Goldschmied ist mehr als ein Handwerker: Er ist ein Künstler, der nicht nur über technisches Können verfügt, sondern auch über ästhetisches Wissen. Er ist kein Hexer, sondern ein Zauberer, der unvergleichlich schöne Gegenstände produziert, deren Glanz eine gewisse Magie hat. Im Hochmittelalter war der Goldschmied ein Mönch, da die Goldschmiedekunst hauptsächlich eine Kunst der Kirche war. In der Neuzeit ist der Goldschmied ein gebildeter, vielseitig begabter Künstler, der sich auf die Verarbeitung sämtlicher wertvollen Materialien versteht. Über lange Zeit waren Goldschmiede außerdem

Vertraute oder Berater von Königen und Prinzen, wie der berühmteste unter ihnen, der heilige Eligius († 660), Bischof von Noyon und »Minister« der Merowingerkönige Chlothar II. und Dagobert I.

Neben dem Schmied und dem Goldschmied sei noch der Alchemist genannt. Zwar verändert er, wie der Schmied, Materie und weiß um deren Geheimnisse, doch ist das Gold in der Alchemie, obschon sie als Kunst gilt, mit der sich Metalle in Gold verwandeln lassen, vor allem symbolisch und allegorisch gemeint, nicht stofflich. Die Alchemie stützt sich auf hermetische und mystische Kenntnisse, die jenseits chemischer Gesetzmäßigkeiten liegen: Gold wird hier nicht so sehr als Edelmetall betrachtet, sondern als Metapher für Wissen, als ein geistiges Gut, und es steht für das Streben nach dem Unerreichbaren. Als Symbol ist es ähnlich konnotiert wie die Sonne, Quelle von Leben, Wärme und Licht. In der Metallurgie und Alchemie werden Gestirne und Metalle häufig miteinander in Beziehung gesetzt. Manche Menschen sehen in den Metallen die Planeten der Unterwelt, verstehen sie als kosmische Energie, die sich verfestigt und im Boden angesammelt hat. Während Silber oft mit dem Mond assoziiert wird, bringt man Gold stets mit der Sonne in Verbindung.

Die vielseitigen Vorzüge und Eigenschaften von Gold werfen die Frage nach der Hierarchie wertvoller Materialien und Stoffe in verschiedenen Gesellschaften auf. Stand Gold schon immer an der ersten Stelle? Tatsächlich nicht. Eine Zeitlang galten Silber und sogar Kupfer als kostbarer und nützlicher. Dies betrifft jedoch sehr weit zurückliegende Zeiten. Bereits im 2. Jahrtausend v.u.Z., im pharaonischen Ägypten und im kaiserlichen China, betrachtete man Gold als das edelste aller Metalle, als das perfekte Metall und kostbarste Gut. In der jüngeren abendländischen Geschichte gab es Konkurrenz, sie kam allerdings von anderer Seite, nicht von anderen Metallen. In den Kirchenschätzen des Mittelalters und den Schatzkammern der Fürsten und Könige des 16. und 17. Jahrhunderts wurde das Gold von den Edelsteinen überholt: Smaragde, Rubine, Saphire und vor allem Diamanten liefen ihm den Rang ab. Und mehr noch als die Steine schätzte man Perlen. Vom 13. bis ins 18. Jahrhundert galten Perlen in ganz Europa als wertvollster Schatz überhaupt. Gold rangierte erst an dritter Stelle, zwar vor allen anderen Metallen, vor Elfenbein und Seide, vor Hermelin- und Zobelpelz, aber erst nach Perlen und Edelsteinen.

Doch ist Gold nicht nur ein Material, Gold bedeutet auch Glanz. In den nördlichen Breiten, wo die Menschen sich seit jeher nach Licht sehnen, lag darin sein Hauptwert: Gold glänzt, Gold erleuchtet, Gold führt uns heraus aus Nacht und Dunkel. Es birgt ein mineralisches Licht, das unter der Erde verborgen ist und an die Oberfläche geholt werden muss. Bei den Kelten und Germanen war die Suche nach Gold häufig mit der Suche nach Licht verbunden, ähnlich wie die Suche nach dem Heiligen Gral, die in mittelalterlichen Legenden ein beliebtes Motiv ist. Die Unterschiede zwischen den beiden, zwischen Grals- und Goldsuche, sind in der Tat marginal: Gold wie Gral sind göttliches Licht, kosmische Energie. Das Gold wird mit der Sonne assoziiert, der Gral mit dem Blut Christi, beides Quelle von Leben und Licht.

Wahrscheinlich hat die Leuchtkraft des Goldes dazu geführt, dass man es seit alters dem Heiligen zurechnete, weniger seine Seltenheit oder sein Preis. In den Tempeln der Alten wie der Neuen Welt spielte Gold schon früh eine große Rolle, zunächst als Opfergabe für die Götter, später als wichtiges Element der Raumausstattung und Bestandteil der Liturgie. Sowohl in antiken Tempeln wie auch in christlichen Kirchen vertreibt sein Glanz die Dunkelheit, erzeugt Lichteffekte und verweist auf die Gegenwart des Göttlichen. Aufgrund seiner starken Lichtreflexion dient es manchmal als Spiegel, es lässt die Farben vibrieren und belebt die geweihten Räume mit einer zwischen Himmel und Erde vermittelnden Energie.

Die massive Präsenz von Gold in Tempeln und Kirchen hat Kontroversen ausgelöst. Bereits in der Bibel finden sie Erwähnung: Wie der Prophet Jesaja sahen viele darin eine Form der Götzenanbetung und der Gotteslästerung. Mit der Ausbreitung des Christentums flammte der Disput erneut auf, zunächst in der Zeit der Romanik, dann in der frühen Neuzeit. Einige Kirchenvorsteher erkannten im Gold das Licht, deshalb sollte es in Gotteshäusern reichlich davon geben – es helfe, die Dunkelheit zu vertreiben und das Göttliche in der Welt zu verbreiten. Eine Auffassung, die auch Suger von Saint-Denis vertrat, als er seine Abteikirche von 1130 bis 1140 umbauen und neu ausstatten ließ: Bei den zahlreichen Emaille- und Goldschmiedearbeiten, der Illumination von Büchern und der Anfertigung von liturgischen Stoffen und Gewändern kamen beträchtliche Mengen an Gold zum Einsatz. Zeitgleich vertraten andere Prälaten die Meinung, so der heilige Bernhard von Clairvaux, Gold sei nichts als Materie, Eitelkeit und unnötiger Luxus, der den Kontakt zu Gott behindere: Man müsse sich davon abwenden und es aus den Kirchen verbannen. In den Zisterzienserkirchen geschieht dies mit aller Entschiedenheit. Im 16. Jahrhundert übernahmen die großen protestantischen Reformer die Lehren des heiligen Bernhard und forderten die Verbannung des Goldes aus den Gotteshäusern. Calvin verachtete es regelrecht, da es vom Wahren und Guten ablenke. Ein paar Jahrzehnte später vertrat die katholische Gegenreformation allerdings die Ansicht, für das Haus Gottes könne nichts prächtig genug sein. In der Folge kehrten in großem Stil Gold und Farben, Kunstwerke und wertvolle Materialien in die Kirchen zurück. Der Barock verwandelte die Kirche in ein wahres Theater, in dem das Gold umso üppiger glänzte, als die Goldvorkommen in der Neuen Welt erlaubten, es in nie gekannten Mengen in das alte katholische Europa zu überführen.

Materie oder Licht? In der jahrhundertelangen Debatte um diese Frage kann nicht abschließend entschieden werden. Gold ist in gleichem Maße Licht wie Materie. Und ist es noch mehr: Es ist auch Farbe. Alle Bildkünste wissen darum und haben Gold als festen Bestandteil in die Farbpalette aufgenommen.

Für unser heutiges Farbempfinden ist Gold in erster Linie mit Gelb verwandt. In Kinderzeichnungen, in der Fantasie und Vorstellung von Laien sowie in der Alltagssymbolik taucht Gold als gelbes Metall auf. Das war nicht immer so, zumal das Edelmetall in unbearbeitetem Zustand in sehr unterschiedlichen Farbnuancen vorkommt, von Weiß über sämtliche Gelbtöne, Orange, Rosa, Beige, Braun und Grau bis hin zu Rot und sogar Grün. Sein natürliches Farbspektrum ist extrem breit.

Kulturell gesehen ist es kleiner. Lange wurde Gold vornehmlich mit Weiß und nicht mit Gelb in Verbindung gebracht, vor allem in Gemeinschaften, die Gold als Licht und weniger als Materie begriffen. In alten Darstellungen ist auch das Licht weiß, nicht gelb, und Gold erscheint als »Superweiß«, weißer noch als Weiß. Beispielsweise in der mittelalterlichen Buchmalerei: Der Hintergrund der Miniaturen ist aus Gold, und mag er auch gelb wirken, so ist kein Bezug zu Gelb gedacht gewesen, das als Farbe der Lüge und des Verrats eine starke Abwertung erfahren hatte. Ein goldener Hintergrund symbolisiert, im Gegenteil, das göttliche Licht, die höchste Heiligkeit. Werden auf den Goldgrund weitere Farben aufgebracht, geschieht dies in einer Weise, als wäre der Hintergrund weiß beziehungsweise weißer als weiß. Wird hingegen nicht die Leuchtkraft des Goldes betont, sondern seine Materialität, soll der Fokus also auf sein Gewicht oder seine Macht gerichtet sein statt auf Reinheit oder Glanz, assoziiert man es mit Rot. Natürlich keinem gewöhnlichen Rot, sondern einem symbolischen: dicht, schwer, satt, imperial. Dieses im Mittelmeerraum allgegenwärtige Goldrot ist ein enger Verwandter des Purpurs.

Ein rätselhaftes Grün

Mit etwa 14 entdeckte ich einen neuen Grünton, den ich nie zuvor gesehen hatte und nie wieder zu Gesicht bekam, wenn ich mich nicht täusche. Mein Gedächtnis schweigt sich dazu jedenfalls aus. Um genau zu sein, habe ich diesen Grünton – seit der frühen Kindheit ist Grün meine Lieblingsfarbe – auch nicht wirklich gesehen, sondern nur von ihm gelesen. Und zwar in der Schule, kurz vor den Sommerferien. Die Atmosphäre war bereits entspannt-ferienhaft, mehrere Stunden fielen aus, sodass wir Neuntklässler viel Zeit auf dem Hof verbrachten, nur nachlässig beaufsichtigt von Aufsichtsschülern, die kaum älter waren als wir. Irgendwann hatte ich keine Lust mehr, mit einem alten Tennisball Fußball zu spielen, war es leid, durch meine Lehrbücher zu blättern, wollte möglichst bald nach Hause gehen, statt mich sinnlos zu beschäftigen, und las – was ich sonst nie getan hätte – die Mitteilung am Brett mit den »amtlichen Informationen«. Einige waren für mich schwer verständlich, vor allem solche zu Satzungs- und Haushaltsfragen oder zu den neuen Einstellungsvoraussetzungen für die Position der Schulleitung. Eine Information aber, die mich direkt beziehungsweise die zehnten Klassen und den im Oktober anstehenden Schulbeginn betraf, verstand ich sehr gut.

Die Schulleitung informierte Schülerschaft und Eltern über Bauvorhaben, die während des Sommers im Park ausgeführt werden sollten, damit zu Beginn des neuen Schuljahres acht zusätzliche Klassenräume zur Verfügung stünden. Das Wort »Fertigbauten« wurde nicht erwähnt, aber jedem, der dies las, auch mir als Jugendlichem, war klar, dass es sich um einfache Pavillons handeln musste. Im Weiteren ging es um Sicherheitsstandards, Angaben zu Größe und Standort der Neubauten sowie um ihre Farben: Die Außenfassade sollte aus weißen und beigefarbenen Materialien bestehen, während die Flure und Klassenräume »für das Wohlbefinden der Schüler und Lehrer«

in »Verwaltungsgrün« gestrichen werden sollten. Verwaltungsgrün!

Der Ausdruck hatte mir und meinen Mitschülern viel Freude bereitet und bringt mich auch heute noch zum Schmunzeln. Was verbirgt sich wohl hinter dem Begriff »Verwaltungsgrün«? Niemand weiß es, und auch 1961 wusste es niemand. Doch hatte ich gleich eine klare Vorstellung davon: ein tendenziell helles Grün, das leicht ins Graue geht, schon am ersten Tag schmutzig aussieht und mit der ganzen Schwermut des öffentlichen Dienstes behaftet ist. Ein relativ eingeschränktes Farbspektrum. Wenn man darüber nachdenkt, ist der Ausdruck anschaulicher und vielleicht sogar präziser als jeder Code auf einer Musterkarte: Pantone 341, Munsell GY 9.47 et cetera. Wer kein professioneller Kolorist ist und keine entsprechenden Karten zur Hand hat, dem sagen solche Codes und Nummern nichts. »Verwaltungsgrün« hingegen …

Wörter besitzen eine unendliche Färbekraft. Jedes Adjektiv, kombiniert mit einem beliebigen Farbnamen, verleiht der Farbe eine besondere Nuance und verortet sie auf einer Palette, die weitaus bunter ist als alle von der Wissenschaft oder Industrie produzierten Musterkarten. So lassen sich herrlich neue Farbtöne kreieren, lässt sich die Ideenfülle der Dichtung mit der Empfindsamkeit der Malerei verbinden. Und man muss sich keineswegs auf Adjektive beschränken, Substantive und Eigennamen entfalten ebenfalls ihre Wirkung: Sanftmutsblau, Bonifatiusrot, Sonntagsweiß, Kartoffelstampfergelb, Brecheisengrau, Bretagnegrün, König Heinrich III.-Rosa oder eben besagtes Mitterrand-Beige.

Um noch einmal auf das »Verwaltungsgrün« zurückzukommen: Am Lycée Michelet in Vanves wurden die für das Schuljahr 1961 geplanten Bauten nie errichtet, und niemand, weder aus der Lehrerschaft noch aus der Schülerschaft, konnte das Wohlbefinden verspüren, das die rätselhafte Farbe in uns ausgelöst hätte.

Nur wenige unter uns haben vermutlich die Gelegenheit, ihr Farbsehen zu testen. Augenärzte und Optiker scheinen sich nicht sehr dafür zu interessieren. Nur wer besonderen Berufsgruppen angehört, in der Marine, der Luftfahrt, der Forschung oder im Transportwesen tätig ist, muss für die Einstellung einen entsprechenden Test vorweisen. Wie genau wird was genau getestet? Keine Ahnung. Ich habe nur einmal einen solchen Test durchlaufen, und der war so abenteuerlich, dass ich nicht sagen könnte, was wie dabei getestet wurde.

Er fand statt einige Monate bevor ich zum Militärdienst eingezogen wurde, während der berühmten »drei Tage«, einem Ritual zur Musterung, das den einstigen *Conseil de révision* ersetzte. Genau wie das Gremium früher dienten die »drei Tage« der Auswahl, Orientierung und Zuteilung künftiger Rekruten. Ein prägendes Erlebnis für die jungen Männer meiner Generation, da viele zum ersten Mal in Kontakt mit der Welt des Militärs kamen, einer, gelinde gesagt, recht exotischen Welt.

Nach kurzer ärztlicher Untersuchung in einer zusammengezimmerten Kabine, die an eine Wahlkabine erinnerte, und einer Leseübung zur Feststellung eventueller Fehlsichtigkeit wollte ein Unteroffizier in ausgebeulter Uniform von mir wissen, ob ich Farben gut sehen könne. Ich antwortete: »Ja.« Er wiederholte seine Frage, und ich bejahte erneut. Er insistierte, erkundigte sich argwöhnisch, ob ich Rot von den anderen Farben »wirklich deutlich unterscheiden« könne. Wieder antwortete ich: »Ja.« Es folgte ein Dialog, der an Alfred Jarry oder Georges Courteline erinnerte: »Sind Sie sicher?« – »Ja.« – »Das ist wichtig, verstehen Sie?« – »Ich verstehe sehr gut, aber ich habe keine Schwierigkeiten, Rot zu erkennen.« – »Perfekt. Gehen Sie raus und schicken Sie den nächsten rein.«

Natürlich war ich verwirrt, vor allem, weil mir nicht klar war, warum nur nach Rot und nicht nach Blau, Grün und Gelb gefragt wurde. Hatte die französische Armee mit Rot ein Problem? Das an anderer Stelle beschriebene Zusammenfalten der Trikolore und die groteske Untersuchung in der lachhaften Kabine rechtfertigen die Annahme. Noch viel weniger habe ich allerdings verstanden, warum die Prüfung des Farbsehens lediglich aus einem kurzen Gespräch bestand und man auf Sehtests verzichtete. Es schien kein Material dafür zu geben. Tatsächlich musste niemand von den Wehrpflichtigen irgendwelche Farben einzeln oder in Kombination betrachten oder benennen, sondern wir alle wurden in gleicher Weise zu Rot befragt. Warum Rot? Galt das Interesse nur einer bestimmten Form von Farbenblindheit?

In der Augenheilkunde spricht man von Farbenblindheit, wenn jemand gar keine Farben voneinander unterscheiden kann (Achromatopsie) oder, was häufiger vorkommt, zwei Farben nicht voneinander unterscheiden kann, vor allem Rot und Grün oder bestimmte Rot- und Grüntöne (Dyschromatopsie oder Farbenfehlsichtigkeit). Der englische Physiker und Chemiker John Dalton (1766–1844), einer der größten Wissenschaftler aller Zeiten und der eigentliche Entwickler der modernen Atomtheorie, wies als Erster auf die Störung hin, die nach ihm, der er selbst daran litt, benannt ist (»Daltonismus«). Heute geht man davon aus, dass rund zwei Prozent der Männer (und sehr viel weniger Frauen) von Farbenfehlsichtigkeit in irgendeiner Form betroffen sind. In der Regel ist diese erblich und angeboren, nur selten wird sie später erworben. Nach derzeitiger Kenntnis beruht sie auf einer mangelhaften Zelldifferenzierung bei den Stäbchen und Zapfen in der Netzhaut oder rührt von der schlechten Anbindung der Sehzellen an bestimmte Stränge des Sehnervs her (die Zapfen reagieren auf längere Lichtwellen – rot, orange – die Stäbchen auf kürzere – grün, blau). Farbenfehlsichtigkeit ist keine Krankheit, dennoch verbietet sie es, bestimmte Berufe auszuüben, insbesondere die, in denen Farbsignale eine Rolle spielen.

Der Historiker steht manchmal ratlos vor Untersuchungen, die sich mit Farbenblindheit oder anderen Farbsehanomalien auseinandersetzen. Er wundert sich beispielsweise, dass John Dalton sein Verwechseln von Rot und Grün zu einem Zeitpunkt entdeckt, nämlich am Anfang des 19. Jahrhunderts, als in der westlichen Kultur Grün als Gegenteil von Rot gilt, was zuvor nicht der Fall gewesen war. Der Anthropologe hingegen fragt sich, was »normales« Farbsehen ausmacht und was eine »Farbsehanomalie« genau ist. Er weiß, dass die Wahrnehmung von Farben ein teils neurobiologisches und teils kulturelles Phänomen ist, weshalb sie je nach Zeit und Raum variiert und nicht in allen Gesellschaften gleich ist. Zudem weiß er, wie schwierig es ist, Farben zu erfassen, ohne über die Sprache, also über die Kultur, zu gehen: Farbnamen sind integrale Bestandteile der Farben. Es ist daher zulässig, den Begriff der Anomalie zu hinterfragen. Es genügt, hier von Unterschieden zu sprechen.

Doch was können wir wirklich über die Unterschiede im Farbsehen wissen? Wenn zwei Personen sich im selben Raum befinden, denselben Gegenstand betrachten und nach der Farbe gefragt werden, können wir nicht sicher sein, dass beide, nur, weil sie »blau« sagen, auch dieselbe Farbe sehen. Zwischen der tatsächlichen, der wahrgenommenen und der genannten (oder dargestellten) Farbe gibt es zahllose Stufen, sind Übergänge und Flimmern möglich.

In ähnlicher Weise frage ich mich, ob man einem blind geborenen Menschen wirklich erklären kann, was beim Farbsehen passiert. Lässt sich ihm ein Gefühl dafür vermitteln, was die Farbnamen Rot, Grün und Blau für einen Sehenden bedeuten? Können Menschen, die Farben sehen, und solche, die es nie konnten, sich darüber austauschen? Sind ihre Vorstellungen von Farbblindheit kompatibel? Und wenn man sich derlei Fragen stellt, wie viele Philosophen von Platon bis Wittgenstein es taten, untermauert man damit nicht die vollkommene Sinnlosigkeit jeder Diskussion über Farben?

In Hinblick darauf erscheint mir der Vergleich zwischen Mensch und Tier empfehlenswert. Was können wir über das Farbsehen von Tieren wissen? Schließlich sind es Menschen, die die Experimente organisieren, Farbreize setzen, das Verhalten der Tiere beobachten und die Ergebnisse interpretieren. Alle Tests, alle Messungen, alle Rechnungen, alle Analyse- und Interpretationsraster wurden von Menschen erstellt, codiert und decodiert. Aber was sagen sie wirklich aus? Wenig, außer dass verschiedene Arten nicht in gleicher Weise auf die gleichen Reize reagieren, dass Bienen durch bestimmte Farben stimuliert werden und Stiere durch andere, dass Eulen und Käuze offenbar viele verschiedene Grautöne unterscheiden können, dass Kaninchen kein Blau mögen und Schweine kein Rosa. Das ist in der Tat nicht viel. Und ziemlich anfechtbar ist es überdies.

Kein Violett für Kinder

Das Besondere an Farben ist, dass jeder Mensch eine Meinung zu ihnen hat. Das habe ich oft bei Vorträgen vor einem breiten Publikum erlebt. Bei anderen Themen zeigen sich die Leute, wenn sie nach dem Redebeitrag eingeladen sind, das Wort zu ergreifen und Fragen zu stellen, manchmal stumm, eingeschüchtert oder sind nicht interessiert, sich in irgendeiner Weise zu beteiligen, doch scheinen Farben sie gesprächig zu machen, sodass es bisweilen zu einer regelrechten Flut an Beiträgen kommt. Vor allem wenn im Publikum ein paar Hobbypsychologen oder Archetypenforscher sitzen, leicht esoterisch angehaucht, kann so eine Veranstaltung schon mal länger dauern.

Auch Kinder bringen sich eher ein und geraten schneller ins Erzählen, wenn sich das Gespräch um Farben dreht. Ich wurde mehrmals zu kurzen Vorträgen an Grundschulen eingeladen und durfte feststellen, dass Farben – genau wie Tiere – bei

Kindern Interesse oder sogar Begeisterung wecken. Kinder nennen, ohne zu zögern, ihre Lieblingsfarbe, machen sich gern über ungeliebte Farben lustig, und es fällt ihnen leicht, eine Farbe einer Idee, einem Gefühl oder Empfinden zuzuordnen. Auch mit Farbsymbolik können sie etwas anfangen, und wenn sie sich über Farben auslassen, ist es für den Fachmann immer lehrreich und für alle ein Spaß.

Vor einigen Jahren sprach ich im Pariser Viertel Marais vor einer dritten Klasse über Farben, die Schüler waren zwischen acht und zehn Jahre alt. Für meinen Besuch hatte die Lehrerin verschiedene Lernspiele vorgesehen und wollte die Klasse in fünf Gruppen einteilen: die Blauen, die Roten, die Gelben, die Grünen und die Violetten. Sie bat die Kinder, Mädchen wie Jungen, eine der fünf Farben für sich auszuwählen, am besten so, dass sich in etwa gleich große Gruppen bildeten. Die Übung erwies sich als unmöglich: Kein einziges Kind wollte zu den Violetten. Kein einziges von sieben- oder achtundzwanzig! Natürlich interessierte uns, warum das so war. Einige behaupteten, Violett sei »keine Farbe für Kinder«. Damit wollten sie sagen, es sei eher eine Farbe für »alte Leute«. Ein Kind erzählte, dass eine Freundin seiner Großmutter violette Haare habe, ein anderes, es schenke den Großeltern jedes Jahr zu Weihnachten eine violette Seife mit Veilchenduft. Zahlreiche Kinder betonten außerdem, Violett sei keine »echte Farbe«, so wie Blau, Rot, Gelb oder Grün – kurzum: Violett sei eben weniger gut. Die letzte Bemerkung ist für den Farbhistoriker besonders interessant. Sie weist darauf hin, dass Grün und Violett, zwei angeblich »sekundäre« Farben, für Kinder nicht in die gleiche Kategorie fallen. Grün genießt den gleichen Status wie Blau, Rot und Gelb; Violett aber nicht. Kindern sind soziale und kulturelle Praktiken, die der Farbe Grün die gleiche Wertigkeit zuschreiben wie den drei anderen Farben, also nicht fremd; die wissenschaftliche Klassifizierung hingegen, die sie (leider!) schon in der Vorschule lernen und die Grün zu einer zweitrangigen Mischfarbe degradiert, einer Halbfarbe, wie Violett und Orange, beeindruckt sie nicht. Möge man in der Chemie und Physik den Kindern zuhören und die gängige Farbtaxonomie überarbeiten!

In der Klasse, die kein Violett mochte, fiel ein Schüler auf, der (wie die anderen) nicht zu den Violetten wollte, und schon gar nicht allein, sich jedoch weigerte, den Grund dafür zu nennen. Es sei »ein Geheimnis«, sagte er. Die Lehrerin und ich wollten ihm sein Geheimnis gerne lassen, doch seine Mitschüler insistierten. Spott, Hohn und Versprechungen brachten den vermeintlich schüchternen Jungen (tatsächlich war die Schüchternheit aufgesetzt) schließlich dazu, kleinlaut zu erklären: »Violett bringt Unglück.« Seine Mitschüler lachten ihn dafür nicht aus oder widersprachen, sondern stimmten ihm zu: Ja, Violett bringe Unglück.

Die Geschichte der Farbe Violett scheint ihnen recht zu geben. Zumindest teilweise. Es lohnt sich, sie kurz zu betrachten.

Für uns, heute, ist Violett eine Mischung aus Blau und Rot; es erscheint uns evident, wie eine unumstößliche Wahrheit. Doch in den alten Gesellschaften, die Newtons Farbspektrum nicht kannten und die Farben anders einteilten, war das anders. Violett hatte für sie kaum etwas mit Rot und nur wenig mit Blau zu tun. Sie sahen es als ein besonderes Schwarz. So ist im mittelalterlichen Latein auch eine der gängigen Bezeichnungen für Violett das Wort *subniger*, also »unter-schwarz« oder »halbschwarz«. In den liturgischen Farben der katholischen Kirche findet sich diese alte Vorstellung von Violett bis heute. Violett gilt in diesem Kontext wie Schwarz als Farbe der Trauer und der Buße: Zur Advents- und Fastenzeit ist Violett die vorgegebene Farbe, am Karfreitag ist es Schwarz; Violett steht für die kleine Trauer, Schwarz für die große. Das christliche Violett fungiert durchaus als Vorstufe zu Schwarz.

Im Spätmittelalter aber ändern sich für das gewöhnliche Violett Status und Einordnung. Zwar steht es nach wie vor in keiner Beziehung zu Rot, wandert auf der Farbachse aber auf den Platz zwischen Blau und Schwarz. In Gemälden wird Violett nicht mehr nur als ein besonderes Schwarz verwendet, sondern wird auch als Blauton im dunkleren Farbbereich herangezogen. Chemisch ist es unbeständig, sowohl in der Färberei als auch beim Malen. Es gilt als falsch und veränderlich und wird als Farbe nicht gern gesehen. In der Farbsymbolik rangiert es deshalb neben Gelb als Farbe für falsche, tückische Geschöpfe. Nehmen wir beispielsweise Ganelon, den Verräter im *Rolandslied*, der zwar in der literarischen Vorlage aus dem 12. Jahrhundert nicht mit Violett in Verbindung gebracht wird, jedoch im Französischen ab dem 15. und 16. Jahrhundert recht oft Pate steht für die Farbe des Verrats: »Violet de Ganelon« (Ganelon-Violett).

Später, in der zweiten Hälfte des 17. Jahrhunderts, als Newton Experimente mit Prismen durchführte, das Spektrum entdeckte und in der Folge eine neue Farbordnung etablierte, rückte das Violett schließlich auf seinen heutigen Platz zwischen Rot und Blau. Sein Symbolgehalt erfährt eine Aufwertung. Im 19. Jahrhundert kennzeichnet Violett die katholischen Bischöfe (während Kardinäle sich schon seit langem in Rot kleiden) und weckt erstmals das Interesse von Künstlern und Dichtern. Nicht zuletzt die Symbolisten sahen in der violetten eine »geheime« Farbe, die das Mysterium der Wesen und Dinge in sich trage.

Heute wird Violett von vielen eher im Umfeld von Rot angesiedelt als von Blau. Dennoch bleibt es ungeliebt. Bei der Frage nach den unbeliebtesten Farben wird es immer an erster oder zweiter Stelle genannt. Nur Braun scheint noch unpopulärer zu sein. Die meisten Menschen in Europa nehmen Violett als aggressiv, exzentrisch und unheimlich wahr. Manche, insbesondere Frauen, glauben sogar (wie die weiter oben erwähnten Kinder), es brächte ihnen Unglück: Um nichts in der Welt würden sie sich in Violett kleiden. Im Gegensatz dazu stufen kreative Köpfe aus den Bereichen Stil und Design, die gern auch mal provozieren, Violett als »klug, fantasievoll, bedeutungsstark« ein. Einige gar sagen der Farbe nichts Geringeres als den Titel der »Farbe des 21. Jahrhunderts« voraus.

Gedächtnislaunen

Manchmal hilft die Fantasie dem Gedächtnis auf die Sprünge, begleitet es durch seine Windungen und plötzlichen Wendungen und hilft ihm bei der Suche nach einer verborgenen Erinnerung, die tief unter den vielen Schichten der alltäglichen Eindrücke schlummert. Dann wieder, und diese Fälle überwiegen vielleicht sogar, kommen sich die Fantasie und das Gedächtnis in die Quere und wollen ihre Eindrücke vergangener Ereignisse gegeneinander durchsetzen.

Als Reisender kenne ich die Streitigkeiten zwischen Erinnerung und Fantasie nur zu gut. Wenn ich mich vor einer Reise auf die Erkundung einer mir unbekannten Stadt oder eines nie besuchten Landes vorbereite, mache ich mir in den Wochen oder Monaten davor ein bestimmtes, zunächst vages, zunehmend klareres Bild davon – mithilfe von Lektüre, dem Betrachten von Fotos, durch Erzählungen von Freunden, Verwandten und Kollegen. So weit nichts Ungewöhnliches. Aber mein Bild entsteht auch anhand der Namen dieser oder jener Stadt und Region; Ortsnamen haben bei mir – und damit stehe ich nicht allein, man denke nur an den Ich-Erzähler aus Prousts *Auf der Suche nach der verlorenen Zeit* – eine immense evozierende Kraft, vor allem in Hinblick auf Farben. Oft tragen ein bestimmter Klang, die Schreibweise, der Rhythmus oder die Vokalverteilung eines Eigennamens dazu bei, mein geistiges Bild einzufärben und meine *Vorfreude*, wie es im Deutschen so schön heißt, zu steigern. Mein Glück ist in dem Fall schon die Erwartung des Glücks.

Dann folgt die Reise mit ihren Entdeckungen, Ereignissen und Begegnungen. Vor Ort stelle ich meist fest, dass mein vorab entworfenes Bild der Stadt oder des Landes gar nicht zutrifft, weder hinsichtlich der Formen noch der Farben oder der Topografie, die Atmosphäre ist eine andere, und auch die Menschen sind anders als in meiner Vorstellung. So oft muss ich mich korrigieren, was ich sehr gerne tue … Und manchmal lache ich auch über mich selbst, wenn ich mal wieder den »kleinen Proust« spielte und meiner Fantasie auf den Leim ging, die mich glauben machen wollte, dass ich in einer Stadt mit a-reichem Namen zwangsläufig viele rot gedeckte Dächer und Ziegelbauten zu Gesicht bekäme. Simple Poesie, konventionelle Malerei, billige Wortspiele, auf dem Kamm geblasene Assonanzen. Jaja.

Und dann kehre ich nach Hause zurück. Allmählich verblasst das genaue, vor Ort korrigierte und mittels Fotos und Postkarten festgehaltene Bild der Stadt oder des Landes und verändert sich. Nach einigen Wochen oder Monaten setzt sich wieder ein anderes Bild im Gedächtnis fest: und zwar das vor meiner Abreise entstandene geistige Bild, das sich von dem vor Ort Gesehenen unterscheidet, vor allem hinsichtlich der Farben. Dieses Bild erweist sich als unauslöschlich. Welchen Sinn hat es da noch zu reisen? Ich weiß, dass mich das erste Bild, das einzige und »wahre«, so wie meine Fantasie es sich ausgemalt hat, bis ans Ende meiner Tage begleiten wird. Als wäre die Erinnerung an etwas Geträumtes stärker als die Erinnerung an Selbsterlebtes. In der Dichtung dürfte das als banale Überlegung, als etwas Gängiges, ja Grundlegendes gelten. Werke wie die eines Nerval illustrieren das auf faszinierende Weise. Doch wie hält es die Geschichtsschreibung damit?

Farbumfragen und Vorlieben

Zum Thema Farben wurde ich nur ein einziges Mal auf der Straße befragt, und zwar erst recht spät in meinem Leben – ich war schon über 50, als ich an jenem 23. Dezember in Paris, am Boulevard Haussmann, unweit des großen Kaufhauses *Printemps* angesprochen wurde. Eine traurig wirkende junge Frau in einem noch traurigeren braunen Mantel wollte wissen, welche meine Lieblingsfarbe sei. Ich antwortete »Grün«, genau wie ich die Frage auch 30 oder 40 Jahre zuvor beantwortet hätte und wie ich es auch heute noch tun würde. Grün habe ich immer schon gemocht, sowohl die absolute Farbe als auch viele seiner Nuancen, insbesondere Dunkelgrün und all die mit Tendenz ins Graue. Der Öko-Trend, der später aufkam, hat mit meiner Wahl nur wenig zu tun.

Ich gab der Interviewerin eine kurze, knappe Antwort, aber die junge Frau verbrachte mehrere Minuten damit, auf unzähligen Zetteln Felder auszufüllen und verschiedene Kreuzchen zu setzen. Sie fragte mich aber nicht nach meiner geografischen Herkunft oder meiner beruflichen Tätigkeit, sondern lediglich, ob ich »über 60« sei. Das kränkte mich ein wenig, da ich ganze zehn Jahre jünger war. Sie selbst war wohl um die zwanzig, ich muss ihr senil vorgekommen sein. Damals hatte ich schon mehrere Bücher und Artikel zur Farbhistorik veröffentlicht und die Ergebnisse von Meinungsumfragen zu den beliebtesten und unbeliebtesten Farben kommentiert. Deshalb versuchte ich, die junge Frau in ein Gespräch zu verwickeln, ich wollte mehr über ihren Auftraggeber und die Zielsetzung der Umfrage erfahren und zeigen, dass auch ich Experte auf dem Gebiet war. Alles vergeblich. Ohne ein weiteres Wort wandte sie mir den Rücken zu und verschwand in der Menge. Wahrscheinlich hielt sie mich für irgendeinen Schwätzer, der die Gelegenheit nutzen wollte, mit ihr zu flirten. Wenn man dick ist, eine Glatze hat und noch dazu eine auffällig rote

Gesichtshaut, ist es schwierig, in so einer Situation keinen Argwohn zu wecken.

Für den Historiker ist das wahrscheinlich wichtigste Ergebnis einer solchen Umfrage zu Lieblingsfarben, dass die Antworten immer gleich lauten – und zwar seit es derartige Umfragen gibt, also seit Ende des 19. Jahrhunderts. Erstmals gab es sie in Deutschland in den 1880er- und 1890er-Jahren, dann um 1900 in den USA, bevor sie nach dem Ersten Weltkrieg in der gesamten westlichen Welt Verbreitung fanden. Marketing und Werbung steckten damals noch in den Kinderschuhen, waren aber bereits die Auftraggeber. Die Methodik, mit der man die Umfragen durchführte, veränderte sich in all den Jahrzehnten kaum; sie besteht darin, Passanten auf der Straße rundheraus anzusprechen mit: »Was ist Ihre Lieblingsfarbe?« Damit eine Antwort als gültig gewertet wird, muss sie klar und spontan ausfallen. Und es darf nur eine Farbe genannt werden, nicht zwei oder drei, auch kein Adjektiv, das Farbnuancen beschreibt, und schon gar nicht sind Spitzfindigkeiten zulässig oder die Gegenfrage, ob man seine Lieblingsfarbe für Kleider, Möbel oder Gemälde sagen soll. Nein, die klare, einfache Frage muss auch klar und einfach beantwortet werden. Worum es geht, ist nicht der praktische Gebrauch einer Farbe, auch nicht ihr materieller Aspekt, sondern die mit ihr verbundene Vorstellungswelt.

In Europa hat sich diese Vorstellungswelt als unveränderlich gezeigt. Trotz der neuen Technologien, Lichtquellen und Farbträger, trotz all der gesellschaftlichen und geschmacklichen Veränderungen, die sich seit dem Ende des 19. Jahrhunderts vollzogen haben, weichen die Ergebnisse von einer zur nächsten Generation kaum voneinander ab. Egal ob 1890, 1930, 1970 oder 2000, Spitzenreiter auf der Beliebtheitsskala ist immer Blau: 40 bis 50 Prozent der Befragten nennen Blau als ihre Lieblingsfarbe, gefolgt von Grün mit 15 bis 20 Prozent, dahinter kommt Rot mit 12 bis 15 Prozent. Weiß und Schwarz sind abgeschlagen mit je fünf bis acht Prozent, und den letzten Platz belegt das ungeliebte Gelb mit unter zwei Prozent. Die Nebenfarben, also Rosa, Orange, Grau, Violett und Braun, teilen sich die verbleibenden Nachkommastellen.

Die Ergebnisse bleiben nicht nur über Jahrzehnte hinweg unverändert, sondern sie sind auch in allen europäischen Ländern von Portugal bis Polen, von Griechenland bis Norwegen ungefähr gleich. Weder Klima, Geschichte, Religion noch kulturelle Traditionen, geschweige denn politische Systeme oder wirtschaftliche Entwicklungen scheinen Einfluss darauf zu haben, welche Farben beliebt oder verpönt sind. Überall steht Blau an erster Stelle, gefolgt von Grün und Rot, während Gelb das Schlusslicht bildet. Noch erstaunlicher ist, dass die Rangfolge der beliebtesten Farben für Männer und Frauen, in allen Altersgruppen und in sämtlichen sozioprofessionellen Kategorien die gleiche ist. Lediglich bei Kleinkindern gibt es Abweichungen: Bei ihnen steht Rot deutlich besser da und liefert sich ein Kopf-an-Kopf-Rennen mit Blau, und auch Gelb ist sehr viel beliebter als bei Erwachsenen.

So weit zu den Farbfavoriten in Europa. In den meisten anderen Ländern der westlichen Welt – den USA, Kanada, Australien und Neuseeland – sind die Ergebnisse sehr ähnlich. In den übrigen Weltregionen aber haben die Menschen andere Vorlieben. In Japan zum Beispiel steht Weiß an erster Stelle vor Rot und Rosa, in China liegt Rot vor Gelb und Blau, in Indien und auf der Indochinesischen Halbinsel sind Rosa und Orange sehr viel populärer als in Europa, Blau dagegen wird wenig geschätzt. Die Menschen in Schwarzafrika und Zentralasien haben manchmal Schwierigkeiten mit den Farbparametern der westlichen Kultur (Farbton, Farbhelligkeit, Farbsättigung). Bei bestimmten Farbnuancen finden sie es mitunter entscheidender zu wissen, ob sie trocken oder feucht, weich oder hart, glatt oder rau sind, als darüber zu urteilen, ob sie in die Skala der Rot-, Blau- oder Gelbtöne hineinpassten. Farbe gilt nicht als ein Phänomen, das nur die Augen wahrnehmen. Farbperzeption steht in Verbindung mit anderen sensorischen Parametern, und daher sind »europäische« Umfragen zur Beliebtheit von Farben nicht immer sehr aussagekräftig.

Die abweichenden Bewertungen, die die unterschiedlichen Gesellschaften vornehmen, illustrieren, wie erheblich der kulturelle Einfluss bei der Wahrnehmung von Farben ist. Sie relativieren die von der westlichen Wissenschaft aufgestellten angeblichen Wahrheiten (Farbspektrum, Farbkreis, Primär- und Sekundärfarben, Gesetz des Simultankontrastes et cetera) und mahnen bei vergleichenden Studien zu großer Vorsicht. Wie die Ethnologie müssen auch die Geschichtsschreibung und die Soziologie dies gebührend beachten.

Die Wörter

Braun und Beige

Einige Schritte beim Spracherwerb sind entscheidender als andere. In Bezug auf das Farbvokabular erscheint mir im Französischen der Übergang von *marron* zu *brun* recht bedeutsam (beides wird im Deutschen mit »braun« übersetzt). Französische Muttersprachler beginnen meist erst am Ende der Kindheit, zwischen diesen zwei Adjektiven zu unterscheiden. Kleine Kinder kennen *brun* oft gar nicht, und wenn sie anfangen, es zu verwenden, dann zur Bezeichnung einer Haarfarbe. Wenige bringen es dabei mit *marron* in Verbindung, und nur selten verstehen sie die beiden Wörter als synonym. Als Adjektiv ist *brun* im Wortschatz von Kindern kaum vertreten. Es taucht vor allem in Eigennamen auf, bezeichnet etwa einen oder gleich eine ganze Reihe von Bären, die seit gut einem Jahrhundert als Nachfolger von *Brun* (dem trotteligen Helden des altfranzösischen *Fuchsromans*) in Kinderbüchern auftauchen.

Marron hingegen ist für Kleinkinder ein geläufiges Wort. Es deckt ein extrem breites Farbfeld ab – von Ockerrot bis fast Schwarz –, lässt sich aber kaum in Nuancen unterteilen, anders als Rot und Blau, deren farbliche Abstufungen Kinder im Alter von fünf bis sechs Jahren bereits benennen können. Kinder verwenden *marron* gern, sie assoziieren es mit Esskastanien (Maronen), mit denen sie gerne spielen, und natürlich ist die Fäkalsprache auch nicht weit entfernt. Das Wort hat nichts Unflätiges, aber manchmal bringt es einen doch zum Lachen. Später, im Alter von zehn, elf Jahren, wenn sich der Farbwortschatz erweitert hat, nimmt der Gebrauch von *marron* zugunsten von *brun* allmählich ab. In der Pubertät gilt *marron* oft als Indikator für eine gewisse Unreife oder auch für einen verzögerten Spracherwerb, falls es weiterhin für sämtliche Nuancen und in jedem Kontext benutzt wird. Verwendet ein Erwachsener häufiger *marron* als *brun* in der gesprochenen Sprache, ist dies ein Hinweis darauf, dass die Person mit den Feinheiten des Französischen nicht vertraut ist. Wer ein Sprachbewusstsein hat, wird je nach Kontext das eine oder das andere Wort gebrauchen, um bestimmte Bedeutungs- und Farbnuancen zum Ausdruck zu bringen.

Während *brun* recht neutral und vielfältig einsetzbar ist, was letztlich auf das Gleiche hinausläuft, deutet *marron* einen »Stich ins Rote« an, wie die Farbe der Esskastanie ihn aufweist. *Marron* steht aber auch für ein warmes, feuchtes Braun, das wiederum an Exkremente erinnert. Daraus ergibt sich die pejorative Konnotation, die dem Wort anhaftet. Der Ursprung des Wortes ist übrigens unklar. Das Adjektiv, seit dem 18. Jahrhundert gebräuchlich, leitet sich zwar von der »Marone« ab, doch zu eben diesem Substantiv, das zu Beginn des 16. Jahrhunderts in der Botanik auftauchte, gibt es keine etymologische Erklärung.

Mit dem Wort beige – dessen Etymologie ebenfalls unklar beziehungsweise umstritten ist – verhält es sich ähnlich und doch wieder anders. Auch wenn es bereits im 13. Jahrhundert als Bezeichnung für naturbelassene, also ungefärbte und ungebleichte Wolle nachweisbar ist, fand das Adjektiv erst im Laufe des 19. und 20. Jahrhunderts größere Verbreitung. Außerdem scheint es bis in die jüngste Zeit weder alle Altersgruppen noch alle sozialen Schichten erreicht zu haben. Kleine Kinder kennen das Wort meist nicht oder verwenden es, ohne genau zu wissen, für welchen Farbton es steht. Man muss schon ein wenig älter sein, um es sinnvoll einzusetzen. Auch die Geografie spielt bei seinem Gebrauch eine Rolle. Ich erinnere mich, dass die Farbe

Beige vor etwa 40 Jahren in den ländlichen Gebieten Westfrankreichs (Bretagne, Normandie, Maine) nahezu unbekannt war. Dinge, die man anderswo mit »beige« bezeichnet hätte (Schuhe, Taschen, Kleidung), nannte man hier einfach »gelb« – bisweilen mit einem leicht verächtlichen Unterton, denn das verblasste, leicht schmutzige Gelb war ein Produkt der Stadt, galt also als exzentrisch, wenn nicht gar vulgär. Auf dem Land in der Basse-Normandie grenzte man damals beispielsweise »gelbe« (tatsächlich beige) Schuhe von »schwarzen« (dunklen) und »roten« (mahagonifarbenen oder bordeauxroten) Schuhen ab. Bereits 1872 stellte Émile Littré fest, dass man »in manchen Provinzen ungebleichte Wäsche als gelbe Wäsche und beige Wäsche als ungebleichte Wäsche bezeichnete«.

Heute ist Beige jedoch allgemein gebräuchlich und hat in der Farbhierarchie sogar einen bemerkenswerten Aufstieg erlebt. Galt Beige früher nur als eine Nuance, wird es heute als vollwertige Farbe anerkannt, und das nicht nur in der Modebranche, sondern in vielen Bereichen des täglichen Lebens. Zwar gehört es nicht zu den Grundfarben wie Rot, Blau, Grün und Gelb, aber doch zu den Nebenfarben wie Rosa und Violett. Erstaunlicherweise steht seine Beförderung nicht im Zusammenhang mit der Farbe an sich, sondern basiert auf reiner Zahlensymbolik. Wenn man nämlich, wie ich in diesem Buch immer wieder betone, in sechs »Grundfarben« (Weiß, Rot, Schwarz, Grün, Gelb, Blau) und fünf »Nebenfarben« (Violett, Orange, Rosa, Grau und Braun) unterscheidet – alles andere sind Nuancen und Nuancen von Nuancen –, so kommt man auf insgesamt elf Farben. Elf: eine Zahl ohne jeden Symbolwert! Elf Objekte sind entweder eines zu viel (zehn plus eins) oder eines zu wenig (zwölf minus eins). Ein System mit elf Farben ließ sich gesellschaftlich wie kulturell nur schwer vermitteln. Also musste eine zwölfte gefunden werden, damit zahlensymbolisch eine Gesamtheit, eine Vollkommenheit entstand. Kurzerhand beförderte man eine einfache Nuance zur Nebenfarbe. Seit einigen

Jahrzehnten ist das Beige in den westlichen Gesellschaften nun etabliert und schafft ein Gleichgewicht aus sechs Grundfarben und sechs Nebenfarben.

Gratulieren wir dem Beige zu dieser bemerkenswerten Karriere. Sie belegt, dass in der Welt der Farben – also ihrer Konzepte – bedeutende Veränderungen möglich sind, wenngleich sie sich selten und nur langsam vollziehen.

Ein Tag auf der Rennbahn

Pferde haben mich nie interessiert, Pferderennen noch weniger. Auch Wetten machen mir keinen Spaß, etwa eine Dreier-, Vierer- oder Fünferwette, und wie alle Glücksspiele halte ich sie für verwerflich. Mit ungefähr 20 entdeckte ein enger Freund von mir die Freuden und Leiden der Dreierwette. Mehrere Wochen lang stellte ich mich mit ihm am Sonntagmorgen in die Schlange vor einem Tabakladen im 17. Arrondissement, um auf die Rennen am Nachmittag zu tippen. Ich selbst wettete nicht, aber erhielt so Einblick in die mir unbekannte Welt der Pferderennen – eine Welt, in der sich die sozialen Klassen mischten und in der ein mir nicht geläufiges Vokabular zum Einsatz kam. Beispielsweise faszinierten mich die Bezeichnungen der Pferde mit spezifischer Fellfarbe: Brauner, Lichtfuchs, Falbe, Schecke und Isabell. Wie die Begriffe für Wappenfarben klangen sie in meinen Ohren wie eine geheimnisvolle Musik und Poesie.

Etwas später wagte mein Freund den nächsten Schritt und besuchte die Pferderennbahn von Vincennes. Ein Mal, ein einziges, begleitete ich ihn dorthin. Ich weiß noch, wie kalt und neblig es war und dass man als Laie den Rennen kaum folgen konnte. Aber ich erinnere mich auch noch daran, wie mir dort, zwischen all den Leuten, die sich besser auskannten als ich, wieder diese seltsamen Begriffe für Pferde mit einer bestimmten

Fellfarbe begegneten. Ich beschloss, mehr darüber herauszufinden, und mithilfe meiner Cousine Catherine, die sich seit Kindertagen für Pferde interessierte, und unzähligen Büchern aus der Bibliothek eignete ich mir über Wochen hinweg ein Wissen an, mit dem ich vor meiner Familie und meinen Freunden ordentlich angeben konnte. Zwar war ich noch kein Farbhistoriker, aber ich sprang schon damals auf alles an, was mit Farben zu tun hatte. Heute habe ich einige Feinheiten des Reitvokabulars vergessen, aber einiges habe ich doch behalten. Ein paar Begriffe tauchen bereits in den mittelalterlichen *Chansons de geste* und in den Ritterromanen auf; für den Mediävisten ist es also durchaus nützlich, sie zu kennen.

Anders als man meinen könnte, hat die Sprache der Pferderennbahn, die manche als pedantisch und lächerlich abtun, nichts Strenges oder Wissenschaftliches an sich. Wie alles im Bereich der Farben beruht sie auf subjektiven Eindrücken und Zuschreibungen und gehört eher in den Wortschatz von Malern und Dichtern als in den von Zoologen. Die Vermischung von veralteten und alltagssprachlichen, aber leicht entfremdeten Wörtern sorgt zudem für eine gewisse Unklarheit und Verwirrung. Als bestünde die wesentliche Aufgabe der Begriffe nicht darin, die Farben der Felle von Pferden zu beschreiben, sondern einen Jargon zu bedienen, der Uneingeweihte aus einem Mikromilieu ausschließt. Vergleichbare lexikalische Strategien, die eher ideologisch als ernsthaft semantisch sind, ziehen sich durch alle Wissensbereiche und alle sozialen Schichten. Linguisten sind sie wohlbekannt.

Wenn wir die ungewöhnliche Terminologie einmal etwas genauer betrachten, sehen wir, dass die Lexik in erster Linie poetisch ist.

Das Haarkleid eines Pferdes umfasst Fell, Mähne und Schweif. Das Fell ist bei der Geburt des Tiers meist dunkler als später, wenn es ausgewachsen ist, und es kann je nach Jahreszeit variieren, im Sommer aufhellen, im Winter nachdunkeln. Es kann einfarbig, zweifarbig oder mehrfarbig sein. Wenn ein Pferd ein einfarbiges Fell hat, ist der Grundton entweder weiß (Schimmel – allerdings ist der nie ganz weiß, er hat immer einen leichten Grauton), schwarz (Rappe), grau (Falbe) oder rot (Fuchs). »Fuchs« ist dabei keine präzise Farbnuance, es wird damit eine Vielzahl von Fellfarben zwischen Fahlgelb und Dunkelbraun beschrieben. Manchmal bestimmt ein Adjektiv die Schattierung des Fuchses: Hellfuchs, Rotfuchs, Dunkelfuchs. Auch für den Fall, dass das Fell eines Pferdes verschiedenfarbig ist, gibt es, je nach Verteilung, unterschiedliche Begriffe. Hat der Körper eine einheitliche Farbe und sind die Läufe, die Mähne und der Schweif schwarz, spricht man von einem »Braunen«, der Name »Isabell« bezeichnet ein gelb bis goldgelbes oder cremefarbenes Fell, einen »Mausfalben« erkennt man an seinem grauen Körper. Setzt sich die Farbe an Körper, Läufen und Mähne aus zwei Mischfarben zusammen, handelt es sich, je nach Kombination, um einen »Rotfalben«, »Braunfalben« oder »Graufalben«. Letztere Nuance erfährt im Französischen sowohl bei einfarbigen wie auch bei zweifarbigen Tieren auch schon mal eine Präzision – eisengrau, taubengrau und so weiter. Hat ein Falbe ein helles Fell, bezeichnet man die Farbe im Französischen als »Pfirsichblüte« (*fleur de pêcher*), bei einem dunklen Fell heißt sie »Fliederblüte« (*fleur de lilas*). Hat das Fell eine zweifarbige Scheckung und eine der beiden Farben ist Weiß, spricht man beispielsweise von »Fuchsschecke«, »Rappschecke« oder »Braunschecke«. Weist das Fell mehrfarbige unregelmäßige Streifen oder Flecken auf, verwendet man Bezeichnungen wie »Tigerschecke«, »Schabrackentiger«, »Schneeflockentiger«, »Forellenschimmel«, »Apfelschimmel«, »Rotschimmel«, »Varnish Roan«, »Brindle«, »Tobiano«, »Rabicano« oder »Sabino«.

Die Fellfarben beim Pferd, deren philologische Untersuchung komplex ist, wurden in Frankreich im *Traité d'hippologie* der École de cavalerie de Saumur kodifiziert. Die Festschreibung bleibt jedoch eher theoretisch als praktisch, da jedes Gestüt und jede Rennbahn eigene Attribute und Namensgepflogenheiten hat. Den Laien beschenkt der *Traité d'hippologie* mit einem unvergleichlichen Wortschatz, der uns träumen lässt. Und das rechtfertigt allemal, dass es ihn gibt.

Am Nullpunkt der Farben

Putzen wir unsere Schuhe, kommt dabei immer etwas Gutes heraus. Nicht nur Schuhe, die so gut wie neu aussehen, sondern manchmal auch neue und fruchtbringende Ideen. Beispielsweise verdanke ich einer großen Schuhcreme-Marke, die man heute nicht mehr findet, die Idee zu einer Untersuchung über das Konzept der Farblosigkeit und seine Geschichte in Europa von der klassischen Antike bis heute.

Was heißt eigentlich »farblos«? Wie lässt sich dieser Begriff definieren? Vor 25 Jahren gab mir eine einfache Schuhcremedose eine erste Antwort darauf: Farblos ist bunt – zumindest können farblos und bunt dasselbe sein. Schuhcreme-Marken zeigen in der Regel die Farbe des darin enthaltenen Produkts an: ein schwarzes Etikett für schwarze Schuhcreme, ein marineblaues für marineblaue, ein braunrotes für bordeauxrote, ein weißes für weiße Schuhcreme. Doch in meinem Fall ging es um eine farblose Schuhcreme. Welche Etikettfarbe sollte man hier verwenden? Der Hersteller hatte eine originelle Lösung gefunden: Auf der Dose war ein Regenbogen abgebildet, der eine seltsame und provokante Synonymie zwischen farblos und bunt nahelegte. So wie der Regenbogen für das gesamte Farbspektrum steht, so eignet sich auch farblose Schuhcreme für alle Schuhe und alle Lederfarben. Es ist wie ein Paradoxon: keine Farbe und zugleich sämtliche Farben – sollte es am Ende auf dasselbe hinauslaufen?

Um diese Frage besser zu verstehen, habe ich mich lange mit dem Begriff der Farblosigkeit auseinandergesetzt, eine vielschichtige und komplexe Angelegenheit, die mich auch heute noch beschäftigt. Ich möchte hier einige Elemente, zunächst lexikalischer Natur, zusammenfassen.

In allen modernen europäischen Sprachen gibt es ein allgemein gebräuchliches Wort für das Konzept von »farblos«: beispielsweise *incolore* im Französischen, *colorless* im Englischen, *incoloro* oder *incolore* im Italienischen, *incoloro* im Spanischen; in allen Fällen handelt es sich um Adjektive, die sich substantivieren lassen. Den Wortinhalt zu definieren ist hingegen gar nicht so einfach. Die meisten Erklärungen und Definitionen in den verschiedenen Wörterbüchern sind halbherzig, vage oder sogar widersprüchlich. Außerdem vermögen sie nicht, ein zufriedenstellendes Synonym anzuführen, ganz so, als entzöge sich »farblos« jeder Analyse, Präzision oder Erklärung. Der *Trésor de la langue française*, das umfangreichste und am besten recherchierte Verzeichnis des französischen Wortschatzes im 19. und 20. Jahrhundert, bietet folgende Definition:

> Farblos: 1. (im eigentlichen Sinne): ohne näher bestimmte Farbe, ohne eigene Farbe, mangelnder Teint (syn.: durchsichtig, durchscheinend, blass); 2. (im übertragenen Sinne): ohne Schärfe oder Glanz, ohne Ausdruck, Originalität, Persönlichkeit (syn.: trist, monoton, stumpf).

Die gängigen Wörterbücher für ein breiteres Publikum sind weder genauer noch expliziter und beschränken sich darauf, das Wort mit vagen Synonymen weiträumig zu umkreisen: »blass«, »bleich«, »fahl«, »schwach«, »matt«, »schal«, »fade«, »langweilig«, »monoton«, »unscheinbar«. Seltsamerweise wagen es nur wenige Nachschlagewerke, das Adjektiv »farblos« mit den einfachen Worten »ohne Farbe« zu definieren. Viele führen stattdessen »weiß« und »grau« als Synonyme an. Für die Sprache ist in der Farblosigkeit immer Farbe.

Das gilt auch für Kunstwerke. Hier ist die Schwierigkeit, den Begriff mit Wörtern zu fassen, noch größer. Wie lässt sich die Idee der Farblosigkeit in Zeichnungen, Gemälden oder Drucken darstellen? Wie lässt sich mithilfe von Farben die Abwesenheit von Farbe zeigen oder suggerieren? Dies ist keine rein theoretische Frage. Über die Jahrhunderte hinweg haben Künstler sich über die Beantwortung dieser Frage den Kopf zerbrochen und kamen zu verschiedenen Lösungsansätzen. Keiner konnte sich durchsetzen, aber alle dokumentieren, wie das Problem in bestimmten Epochen, in bestimmten Milieus mit bestimmten Techniken reflektiert wurde.

In der Antike wurde Farblosigkeit oft durch keinen Farbauftrag dargestellt; manchmal mit der – wie auch immer gearteten – Farbe des Bildträgers, seltener wurde farblos mit durchsichtig, schattenhaft, lichtlos gleichgesetzt. Seit dem Aufkommen des Buchdrucks und des Kupferstichs hat im Westen vor allem die Farbe des Bildträgers Papier, also Weiß, die Funktion übernommen, Farblosigkeit zu vermitteln. Zunehmend kam auch Schwarz und Grau diese Rolle zu. Dergestalt, dass die abendländische Kultur heute über drei Vektoren verfügt, um darzustellen, was in der einen oder anderen Form als »ohne Farbe« gedacht wird: Grau, Weiß und Schwarz-Weiß. Letzteres ist binär und konstituiert seit Newtons Entdeckung des Farbspektrums eine Welt, die in Opposition zur Welt der Farben steht. Viele Techniken und Bildpraktiken (Fotografie, Kino, Fernsehen) kennen nach wie vor die Gegnerschaft zwischen der Farbe auf der einen und Schwarz-Weiß auf der anderen Seite. Der Gegensatz ist heute dennoch nicht mehr so ausgeprägt wie noch vor 50 oder 100 Jahren. Und es ist wahrscheinlich, dass die Opposition bald nicht nur in den gesellschaftlichen Codes und in unserem Empfinden, sondern auch in der Wissenschaft das Feld räumen muss.

Weiß als Einzelfarbe hingegen verkörpert weiterhin den Begriff des Farblosen, als hätte die aus dem 15. Jahrhundert stammende Vorstellung einer Verbindung zwischen beidem seit der Verbreitung des Buchdrucks und des Kupferstichs nach wie vor Gültigkeit: In vielen Bereichen von Text und Bild stellt »das Weiß des Papiers« immer noch den Nullpunkt der Farbe dar. Die Informatik und das digitale Bild verändern diese Sichtweise jedoch allmählich, und sicher wird Weiß eines nahen Tages wieder als eigenständige Farbe gelten. In gleicher Weise wie Schwarz, das seit einigen Jahrzehnten für viele Kreativbranchen und auch in der Wissenschaft wieder als eigenständige Farbe gilt.

Was das Grau betrifft, so verkörpert es in erster Linie das Neutrale und scheint damit Vorreiter aller Farben zu sein, die weder kräftig noch leuchtend sind, aller Farben, die sich nicht trauen, ihren Namen zu sagen und ihren Farbton zu zeigen, bis hin zur Palette der Neben- und »Natur«-Farben sowie der Pastelltöne. In der Modewelt ist dies deutlich zu spüren, wenn jedes Jahr im April oder Mai Werbung und Zeitschriften sich mit Slogans wie »Erleben (oder wagen) Sie diesen Sommer die Rückkehr der Farben« hervortun. Als wären sie je weg gewesen! In Design, Stil, Architektur und Dekoration sind weiterhin die kräftigen Grund-und Nebenfarben vorherrschend: Rot, Gelb, Blau, Grün, Violett, Orange; selten Schwarz oder Weiß und schon gar nicht Grau. Heute verkörpert Grau, mehr als Weiß, den Nullpunkt der Farbe oder, besser gesagt, »eine Vorstufe dorthin«, da es ja nicht wirklich farblos ist.

Manchmal teilt sich Grau die Rolle auch mit allem Monochromen. Bei Kleidung, in der Werbung, zu Dekorationszwecken reicht eine einzige Farbe (egal welche) nicht mehr aus, um »Farbe in die Sache zu bringen«. Um zu existieren, um aufzufallen, um voll zu »funktionieren«, braucht eine Farbe das Spiel mit Assoziation und Opposition, braucht mögliche Kombinationen, Buntheit. Für das heutige Auge scheint etwas nur dann wirklich Farbe zu besitzen, wenn es sich zwei-, drei- oder vielfarbig zeigt. Allerdings können viele Farben auf einen Streich manchmal auch ins Farblose abdriften. Zu viele Farben sind der Farbe Tod, wie auf der Schuhcremedose, die der Anlass für meine Abschweifungen war …

In den westlichen Kulturen ziehen Extreme sich seit jeher an und verbinden sich; Systeme werden auf den Kopf gestellt und überschreiten ihre jeweiligen Grenzen, als wollten sie damit die Unmöglichkeit jeder Untersuchung oder jedes Diskurses untermauern. Als könnten Farben immer und überall nur in Farben Ausdruck finden.

Der Teil und das Ganze

Gegen Ende seines Lebens verließ mein Vater manchmal das Altersheim, in dem er damals lebte, und verbrachte ein paar Tage mit mir in unserem Haus in der Normandie. Die Reise und der Aufenthalt waren kurz, er brauchte nicht viel Gepäck: Ein einziger Koffer genügte. Mein Vater besaß jedoch zwei identische Koffer aus grauem Leinen, die an der Außenseite je mit einem schmalen Streifen verziert oder verstärkt waren. Anhand der Streifen unterschied er die Koffer: Der eine war grün, der andere marineblau. Den grauen mit dem grünen Streifen nannte er den »grünen Koffer«, den grauen mit dem blauen Streifen den »blauen Koffer«. Eine perfekte Synekdoche: Der Teil steht für das Ganze. Das Grau wurde völlig ausgeblendet, mein Vater hatte im Gegensatz zu mir ohnehin nicht viel für Farben übrig.

Anfangs schockierte mich diese Farbzuschreibung und führte zwischen uns zu Diskussionen über rhetorische Figuren und die Unterschiede zwischen der tatsächlichen und der genannten Farbe. Mein Vater wies mich zu Recht darauf hin, dass es in der Sprache üblich sei, den Teil nach dem Ganzen oder auch das Ganze nach dem Teil zu benennen. Und er fügte hinzu, dass die Presse diese Form der Metonymie tagtäglich anwandte: »London rief Botschafter zurück«, »Frankreich gewann Medaille im 1500-Meter-Lauf«, »30 Boote gingen bei Regatta an den Start«, »Zug spuckte schrecklichen Rauch« … Er hatte recht. Dennoch war ich irritiert und bestritt bockig, dass man eine solche Praxis auf Farben anwenden dürfe – sie seien ein Sonderfall – oder auf Koffer und ähnliche Gegenstände.

Einige Jahre später zeigte mir ein Dokument aus dem 16. Jahrhundert, wie falsch ich lag und wie alt die sprachliche Figur schon war. Ich untersuchte das Kleiderinventar der 1527 in Ferrara verstorbenen Adelsfrau Eleonora aus dem Hause Este, der Nichte von Herzog Ercole I. Zwei Notare hatten das Inventar der Garderobe Eleonoras erstellt, und zwar nach Farben geordnet: sechs rote Kleider, vier blaue Kleider, drei grüne Kleider und so weiter. Aus anderen Dokumenten – Chroniken, Porträts, Zahlungsbelegen und der Korrespondenz – wissen wir jedoch, dass die junge Frau stets in Weiß gekleidet war. Genau so – in Weiß – ist sie auf zwei Porträts zu sehen, darunter das prächtige, von unbekannter Hand gemalte Gemälde, das heute im Museum der Krakauer Jagiellonen-Universität hängt. Haben sich die Notare geirrt? Kann ich als Historiker den Nachlassverzeichnissen des 16. Jahrhunderts nicht mehr trauen, die ich lange für zuverlässiger als jede andere Quelle gehalten habe? Nein, die Notare haben sich nicht geirrt, und ihr Inventar ist weiterhin vertrauenswürdig. Aber sie nahmen den Teil für das Ganze und benannten die Kleider der Adelsfrau nicht nach der überwiegenden Farbe, sondern nach der Farbe des Gürtels, der Bänder und weiterer Accessoires. Für Eleonora d'Estes Garderobe galt, dass ein »rotes Kleid« ein weißes Kleid mit rotem Gürtel war, ein »blaues Kleid« ein weißes mit blauen Bändern und so fort.

Bei meinen Recherchen stellte ich fest, dass diese Art der Benennung in alten Dokumenten üblich ist, vielleicht sogar üblicher als heute. Als Historiker oder Historikerin muss man also immer bedenken, dass schriftliche und bildliche Zeugnisse kein direktes Abbild der farblichen Wirklichkeit liefern: Nur weil ein mittelalterlicher Chronist berichtet, ein König sei an einem bestimmten Tag in einer bestimmten Stadt in einem blauen Mantel einmarschiert, heißt das nicht unbedingt, dass der König an dem Tag in Blau gekleidet war, genauso wenig bedeutet es, dass er es nicht war. Aber die Problemlage war meist eine andere, sowohl bei Texten als auch bei Bildern.

Derartige Abweichungen sind häufig Ergebnis einer Synekdoche, bei der, wie bereits erwähnt, der Teil für das Ganze genommen wird. Besonders beliebt ist diese Stilfigur in den lateinischen Epen (etwa bei Vergil), aber auch heute noch ist sie sehr geläufig. So bezeichnen wir in einem Haus, in dem alle Zimmer blau gestrichen sind, das einzige Zimmer mit einer gelben Bordüre auf den ansonsten blauen Wänden als das »gelbe Zimmer« – kennt man die Gegebenheiten vor Ort nicht, könnte man fälschlicherweise davon ausgehen, dass die Bezeichnung »gelbes Zimmer« ein vollkommen gelb gestrichenes Zimmer meint.

In Wissenschaft und Journalismus sei man also auf der Hut: Farbangaben sind nicht immer wortwörtlich zu nehmen, sie beschreiben nicht in erster Linie eine Farbrealität, sondern sind als indirekte, partielle oder metaphorische Beschreibungen zu verstehen.

Das griechische Blau

Manchmal fällt es uns schwer zu akzeptieren, dass unsere Vorfahren andere Definitionen, andere Codierungen, vielleicht sogar eine andere Wahrnehmung von Farben hatten, als wir sie haben. Ich erlebe das ab und zu bei Vorträgen zur Farbgeschichte: Wir begreifen unser heutiges Wissen gern als Wahrheit und unsere Eindrücke als Norm. Als Historiker kann ich noch so oft darauf hinweisen, dass die Vergangenheit sich nicht mit den Maßstäben der Gegenwart messen lässt und dass unser heutiges Wissen keine Wahrheit, sondern nur eine Stufe in der Geschichte des Wissens darstellt, es hilft nichts: Die Wissenschaft von heute gilt im Vergleich zu früheren Epochen als »wissender«, und unsere Werte gelten als absolut. Auch aktuell ist es schwierig zu vermitteln, was Kulturrelativismus im Raum bedeutet, und noch schwieriger, was Kulturrelativismus in der Zeit genau heißt.

Das Unvermögen, den Bereich des Kulturellen als veränderlich und damit zeitlich bedingt zu verstehen, ist im Übrigen nicht nur für unsere Zeit charakteristisch. In der Blüte des Positivismus, gegen Ende des 19. und Anfang des 20. Jahrhunderts, verschrieben sich namhafte Historiker, renommierte Philologen und angesehene Neurologen bei der Farbforschung einer reduzierenden, für uns heute erstaunlichen Wissenschaftsgläubigkeit. Die Diskussion um den Stellenwert von Blau im antiken Griechenland ist in dieser Hinsicht beispielhaft. Sie ist auch historiografisch bedeutsam.

Das seltene Vorkommen von Blautönen im Alltagsleben und in der Kultur der Antike sowie die spärliche Präsenz der Farbe im altgriechischen Wortschatz verleitete einige Historiker und Philologen zu der Frage, ob die Griechen womöglich blaublind waren. Im Griechischen ist die Farbe schwer zu benennen, da es für Blau nicht den oder die festen Grundbegriffe gibt, wie im Fall von Weiß, Rot oder Schwarz. Die beiden am häufigsten verwendeten Begriffe sind *glaukos* und *kyaneos* – Letzteres bezeichnete wahrscheinlich ursprünglich ein Erz oder ein Metall; seine Wurzel ist jedenfalls nicht griechisch, und seine Bedeutung blieb lange Zeit vage. Zu Zeiten Homers wurde das Wort sowohl für das helle Blau von Augen als auch für das Schwarz eines Trauergewands, nie aber für das Blau des Himmels oder Meeres gebraucht. Außerdem fand man heraus, dass in Homers *Ilias* und *Odyssee* von 60 Adjektiven zur Beschreibung der Elemente und der Landschaft nur drei echte Farbadjektive sind, hingegen ist die Anzahl der Begriffe zur Beschreibung von Lichtverhältnissen äußerst hoch. In der klassischen Antike bezeichnete *kyaneos* gemeinhin eine dunkle Farbe: Dunkelblau, aber auch Violett, Schwarz und Braun. Das Wort vermittelt hauptsächlich, wie eine Farbe empfunden wird, als dass es eine spezifische Farbnuance beschriebe. Anders verhält es sich mit *glaukos*, das bereits in der Archaik existierte und von dem Homer sehr häufig Gebrauch macht, mal steht es für Grün, mal für Grau, mal für Blau, manchmal sogar für Gelb oder Braun. Es drückt eher einen Eindruck von Fahlheit oder geringer Farbdichte aus denn eine genau definierte Nuance; es bezeichnet sowohl die Farbe von Wasser als auch von Augen, von Blättern und von Honig.

Umgekehrt verwenden altgriechische Autoren zur Beschreibung der aus unserer Sicht ganz offensichtlich blauen Farbe von Gegenständen, Pflanzen und Mineralien manchmal Namen von Farben, die nicht in die Kategorie der Blautöne gehören. Ein Beispiel aus der Flora: Die Blüten von Iris, Immergrün und Kornblume können mit »rot« (*erythros*), »grün« (*prasos*) und »schwarz« (*melas*) beschrieben werden. Und auch Meer und Himmel tauchen in Verbindung mit allerlei Farben oder Schattierungen auf, bekommen aber nie die Zuschreibung »blau«. Daher der Zweifel, der sich Mitte des 19. Jahrhunderts regte: Konnten die Griechen Blau sehen? Und wenn ja, sahen sie es so wie wir heute? In einigen Beiträgen wird die Frage verneint, mit dem Verweis auf evolutionäre Theorien zum Farbsehvermögen: Menschen aus »hoch entwickelten« Gesellschaften könnten eine Vielzahl von Farben besser unterscheiden und benennen als Menschen aus antiken oder »primitiv« geltenden.

Bis zum Ersten Weltkrieg wurde über diese Theorien leidenschaftlich debattiert. Biologen und Neurologen stürzten sich ins Getümmel, machten sich die Fragen der Historiker und Philologen zu eigen und fanden mit ihren Theorien oft Gehör. Noch heute gibt es Verfechter dieser Theorien, die mir unhaltbar erscheinen (siehe dazu, beispielsweise: Brent Berlin und Paul Kay in ihrem 1969 veröffentlichten Buch *Basic Color Terms*). Sie stützen sich nicht nur auf ein ungenaues und gefährlich ethnozentristisches Weltbild – nach welchen Kriterien lässt sich bestimmen, ob eine Gesellschaft als »entwickelt« oder »primitiv« zu gelten hat? Und wer entscheidet das? –, sie verwechseln auch das Sehen (ein teils biologischer Vorgang) mit der Wahrnehmung (einem größtenteils kulturellen Vorgang). Außerdem vergessen oder ignorieren sie die oft beträchtlichen Unterschiede, die in einer bestimmten Epoche, in einer bestimmten Gesellschaft von einem bestimmten Individuum zwischen tatsächlichen, wahrgenommenen und genannten Farben gemacht werden können. Das Fehlen beziehungsweise das Vage der Farbe Blau im griechischen Farbwortschatz muss zunächst in Bezug auf diesen Wortschatz, seine Entstehung und seine Funktionsweise untersucht werden, dann in Bezug auf die zugrundeliegenden Wertesysteme und auf die Gesellschaften, die sich dieses Wortschatzes bedienen; aber keinesfalls in Bezug auf den neurobiologischen Apparat. Zapfen und Stäbchen zum einen und Farbbegriffe zum anderen sind wahrlich zwei Paar Schuhe.

Der Sehapparat der alten Griechen war identisch mit dem heutiger Menschen. Dass die alten Griechen Blau selten benennen, liegt vermutlich daran, dass Blau in ihrem Alltag und auch in ihrer Symbolwelt eine sehr viel geringere Rolle als Weiß, Rot, Schwarz und Gelb spielte. Die Abweichungen lassen sich also nicht physiologisch oder neurobiologisch herleiten, sondern sind lexikalischer, ideologischer oder symbolischer Natur. Der Mensch lebt nicht allein, er lebt in einer Gesellschaft.

Mit einem Teil der zuvor angesprochenen Fragen habe ich mich in einem Buch beschäftigt, das vor ein paar Jahren auch auf Deutsch erschien: *Blau – Die Geschichte einer Farbe*[11]. Der Band ist das Ergebnis von 20 Jahren Forschung und meiner langjährigen Lehrtätigkeit im Gebiet der Sozialgeschichte der Farben in Europa. Natürlich war Blau darin nicht mein einziges Thema, aber es diente mir als Richtschnur für eine Farbgeschichte von der Jungsteinzeit bis zum Ende des 20. Jahrhunderts. Das Buch kam gut an und wurde in etwa 15 Sprachen übersetzt; auf Kritik stießen zu meiner Überraschung nicht die Kapitel, mit denen ich selbst am wenigsten zufrieden war und von denen ich wusste, dass sie recht skizzenhaft waren und sich manchmal auf Material aus zweiter Hand stützten – das 18. und 19. Jahrhundert, für das ich kein Experte bin –, sondern jenes zur Römischen Epoche, einer Zeit, in der ich mich zu Hause fühle, auch weil ich die lateinischen Texte am Original studieren konnte.

Ich hatte geschrieben, dass Blau im antiken Rom wenig vertreten war, weder im gesellschaftlichen Leben und in der materiellen Kultur, noch spielte es eine Rolle in religiösen Zusammenhängen und in der Symbolik. Außerdem hatte ich angemerkt, dass die Römer Blau nicht besonders mochten – für sie war es die Farbe der Barbaren, der Germanen und Kelten – und dass Blau als Augenfarbe im Rom der Kaiserzeit nicht sehr geschätzt war: Bei Frauen galt es als Beleg liederlichen Lebenswandels, bei Männern als Zeichen ihrer Lächerlichkeit. Schließlich hatte ich darauf hingewiesen, wie schwierig es generell war, im klassischen Latein die Farbe Blau zu benennen: Zwar gab es Wörter dafür, doch waren diese ungenau und

11 Michel Pastoureau, *Blau – Die Geschichte einer Farbe*, dt. von Antoinette Gittinger, Berlin, Wagenbach, 2013

sogar polysem, angefangen bei dem am häufigsten gebrauchten *caeruleus*. Deshalb mussten auch die aus dem Lateinischen hervorgegangenen Sprachen für ihr Farbvokabular aus anderen Sprachen Wörter entlehnen: Das französische *bleu* stammt aus dem Germanischen (blau) und das französische *azur* aus dem Arabischen (l zuward). In all diesen Punkten glaubte ich, mich klar ausgedrückt und Beweise für meine Behauptungen geliefert zu haben. Nie hatte ich behauptet, dass es Blau im römischen Leben nicht gegeben oder niemand im alten Rom blaue Augen gehabt hätte, und schon gar nicht, dass im Lateinischen kein Begriff für diese Farbe existierte.

Dies aber wurde von einigen Lesern und Journalisten und sogar von mehreren Kollegen so verstanden – »Pastoureau leugnet Existenz von Blau im antiken Rom«. Triumphierend brachten sie mir Beweise für meine »Fehler« – Textauszüge, archäologische Funde (Glasarbeiten, Mosaike oder Ähnliches) – und zeigten damit, dass für sie »selten« und »abwesend« dasselbe bedeuteten und dass eine differenzierte Darstellung, die sorgsam mit Adverbien der Zeit, der Häufigkeit oder der Menge arbeitet, heute kaum noch begriffen wird.

Das Beispiel mit dem römischen Blau ist an sich nebensächlich, aber es spiegelt bedenkliche Rezeptions- und Verständnismuster wider. Als ich vor einigen Jahren in Genf eine Vorlesung über die Geschichte der Pigmente in der europäischen Malerei hielt, erklärte ich den Studierenden, dass Gelb zwischen der Mitte des 16. und dem Anfang des 19. Jahrhunderts in Europa nur sparsam verwendet wurde und in den Gemälden weniger präsent war als Rot, Blau, Braun und Schwarz. Einige Wochen später las ich in Arbeiten derselben Studierenden, dass Gelb in der europäischen Malerei zwischen dem 16. und 19. Jahrhundert nicht vorkam! Als ich in anderem Kontext einen Vortrag über ein verwandtes Thema vor einem nichtakademischen Publikum hielt und auch da wieder auf die relative Seltenheit von Gelb in der Malerei des 16. und 17. Jahrhunderts hinwies, legte man mir am Ende des Vortrags mehrere Gegenbeispiele vor, um zu beweisen, dass ich Unsinn geredet hatte. Auch hier war die Vermittlung differenzierter, abwägender und gegebenheitsspezifischer Informationen fehlgeschlagen. Als ob jede Aussage, um verstanden zu werden, absolut, eindeutig und allgemeingültig sein müsste und jede Antwort ins Raster eines Multiple-Choice-Verfahrens passen oder »digitalisierbar« (noch so ein schrecklicher Begriff!) sein müsste.

In der Sprache gibt es praktisch keinen Platz mehr für Differenzierungen, Feinheiten, Einschränkungen, Ausnahmen oder Zögern. Zweifel zu formulieren ist kein Denkwerkzeug mehr; Gespür zu haben ist in der Forschung obsolet geworden (in der Tat, wie sollte man den sakrosankten Computer mit einer Ahnung füttern?). Der Kulturrelativismus ist wissenschaftlich unkorrekt und politisch verdächtig geworden. Es heißt *ja* oder *nein*, nie *vielleicht*; es heißt *weiß* oder *schwarz*, nicht *grau*, und schon gar nicht *perlgrau* oder *taubengrau*. Konjunktionen, Abtönungspartikel und Konzessivsätze zur grammatischen Feinjustierung sind zu uneindeutig oder unnötig. *Möglicherweise* und *wahrscheinlich* werden als Synonyme betrachtet, und die damit einhergehenden Feinheiten sind für viele Zeitgenossen anscheinend nicht mehr zu verstehen. Im Gegensatz dazu haben Adverbien wie *absolut* oder *total* im Sprachgebrauch überhandgenommen, ebenso wie der Superlativ in all seinen Formen. In den westlichen Sprachen ist das Wort *sehr* heutzutage eines der am meisten verwendeten und am meisten missbrauchten Wörter. Für Nuancen, Relatives und Ambivalenzen wird es eng.

Wie soll man da historisch forschen? Wie Geisteswissenschaft betreiben? Wie kann man über Farben und ihre unterschiedliche Präsenz in bestimmten Epochen sprechen? Wie über Bildkunst und Lyrik? Wie können wir eine Empfindung, Sorge oder Unschlüssigkeit ausdrücken? Wie berichten wir über Erinnerungen und Träume?

Über Farben sprechen, ohne sie zu zeigen

Das vorliegende Buch hat keine Illustrationen. Und das nicht ohne Grund. Schon früh wurde mir nämlich klar, dass sich durchaus über Farben sprechen lässt, ohne sie zu zeigen. Zuerst bei Vorträgen an der Uni, wenn ich, weil der Projektor – das wohl widerspenstigste Gerät, das Menschen je erfunden haben – mal wieder eine Panne hatte, improvisieren und notgedrungen ohne Dias die Funktion von Farben in der mittelalterlichen Kunst erläutern musste. Später, im Radio, das naturgemäß ohne Bildmaterial auskommen muss, durfte ich feststellen, dass sich niemand daran störte, selbst wenn die Sendung über eine Stunde oder länger ging. Und schließlich zeigte sich, dass auch in meinen Büchern Abbildungen und Schautafeln entbehrlich waren. Stört in diesem Buch das Fehlen farbiger Illustrationen beim Lesen? Ich glaube kaum. Vielmehr glaube ich, dass Farben primär Konzepte, Ideen und gedankliche Kategorien sind. Zweitens sind sie Wörter, also launische Namensschildchen, die je nach Zeit und Ort variieren und mit der Realität oft wenig gemein haben. Um über Farben zu sprechen, sind wir aber in diesen Wörtern gefangen. Und schließlich sind Farben auch Stoffe, sie sind Licht, Wahrnehmung und sinnliche Empfindung.

Diese Rangfolge bei der Farbdefinition erklärt, warum wissenschaftliche Theorie und Klassifizierung so wenig Einfluss auf die ideologische und symbolische Farbpraxis hat. Die Rangfolge hilft auch der Geschichtsschreibung zu verstehen, warum es in einer spezifischen Gesellschaft so selten und nur allmählich zu Veränderungen kommt. Farben sind Abstraktionen: Sie müssen nicht materialisiert werden, damit es sie gibt. Sobald sie materiell werden, verlieren sie oft an emotionaler oder bedeutungstragender Kraft. Deshalb hatten technische Veränderungen, neue Materialien, neue Lichtquellen und sogar soziale Veränderungen auf ihre Entwicklung kaum Einfluss. Eine solche

Entwicklung gibt es, das ist nicht zu leugnen, aber sie vollzieht sich langsam; und Neuerungen entfernen nie vollständig, was ihnen vorausgegangen ist.

Tatsächlich betreffen Farben jeden Menschen, wirklich jeden. Jeder von uns trägt eine Vorstellung der Farben in sich: Man muss also nicht zeigen, was Rot, Grün oder Gelb ist, um gewinnbringend über sie sprechen zu können. Im Gegenteil: Farben zu zeigen ist unserem Austausch darüber manchmal hinderlich, lenkt uns mit Fragen zur jeweiligen Nuance ab, lässt uns auf einen Farbton fokussieren, auf eine Materialität, und hält unseren Geist von Streifzügen durch die unendlichen Felder von Sinn und Traum ab. Farben zu zeigen bedeutet manchmal, sie zu berauben. Es bedeutet überdies, sich den Launen und dem Verrat von Reproduktionen zu unterwerfen, ganz unabhängig von deren Art und Qualität. Natürlich gibt es Bereiche, in denen das Zeigen von Farbe unerlässlich ist, zum Beispiel bei Kunstwerken, aber es gibt auch andere, in denen ein Austausch ohne Farbbeispiele möglich, vielleicht sogar zielführender ist. Die Erfahrung habe ich beim Lehren an der Uni gemacht. Man kann unmöglich über bestimmte Gemälde sprechen, ohne sie zu zeigen, kommt also um Projektionen nicht umhin, auch wenn diese immer einen mehr oder weniger großen Verrat bedeuten. Die Geschichte der Färberei und des Färberhandwerks lässt sich hingegen ohne Bildprojektionen unterrichten, anhand von Texten – Regularien, Anleitungen, berufskundlichen und buchhalterischen Dokumenten. Zur Geschichte der Farben kann uns die Färberei oft viel mehr lehren als die Malerei. Die Geschichte der Malerei ist eine spannende Sache, doch die Farbgeschichte ist deutlich umfassender.

Widmen wir uns noch einmal der Suggestivmacht der Worte und betrachten wir das Beispiel der Versandhauskataloge. Mein Freund Philippe Fagot hat dazu Untersuchungen angestellt. Bis in die 1930er-Jahre finden sich in solchen Katalogen keine Farbabbildungen; die Illustrationen sind einfache Strichzeichnungen, die bis auf wenige Ausnahmen in Schwarz-Weiß abgedruckt werden. Einigen Luxusbroschüren liegen Farbkarten bei, doch das ist selten; meist werden die Farben und ihre Abstufungen nur genannt, nicht gezeigt. Mehreren Generationen von Käufern scheint das ausgereicht zu haben: Sie begnügten sich mit Beschreibungen und gewöhnlichen Farbadjektiven: blau, rot, grün, braun, grau, schwarz. Manchmal wurde zusätzlich eine Farbnuance angegeben: marineblau, hellgrau, blassgelb, dunkelrot. Farbnamen bleiben einfach und verständlich. Später, vor und nach dem Zweiten Weltkrieg, tauchten dann Farben in den Katalogen auf, allerdings noch nicht in Gestalt von Farbfotografien, sondern in Form von Kästchen mit bescheidenen Farbproben, sogenannten Farbtabellen. Als Kind fühlte ich mich von Farbtabellen angezogen: Ich schnitt sie aus, sammelte sie und klebte sie in ein Heft (das heute leider verschollen ist). Die abgebildeten Farbtöne entsprachen nicht genau denen der feilgebotenen Stoffe oder Kleidungsstücke, doch näherten sie sich ihnen an. Die Produktbeschreibung folgte diesem Beispiel und sprach nicht mehr von den großen Farbgruppen, sondern den spezifischen verfügbaren Nuancen: Johannisbeere, Pfingstrose, Aprikose, Mimose, Mandel, Chamois, Haselnuss. Das Vokabular wollte sich präziser als früher geben, war tatsächlich aber weniger einleuchtend. Manche Formulierungen hatten sich sogar von jeder farblichen Realität entfernt: »Der Artikel ist verfügbar in *Moderot*, *Duftgrün* und *Pondicherryblau*.« Selbst den damaligen Zeitgenossen vermittelten solche Begriffe nicht, welches Rot, Grün und Blau genau gemeint war. In den späten 1950er-Jahren tauchten dann erste Farbfotos in den Katalogen auf und bekamen schnell einen festen Platz. Somit konnten die Beschreibungen sich mehr Freiheit erlauben: Die Zahl der bildhaften Ausdrücke und Wendungen, die nichts mehr mit den konkreten Farbtönen zu tun hatten, nahm zu.

Besonders spektakulär lässt sich die Entwicklung am Beispiel von Damenstrümpfen und Strumpfhosen verfolgen.

Lange Zeit war in dem Bereich ein einfaches, keusches Farbvokabular in Gebrauch, das sich wie bei aller Damenunterwäsche auf *Grau*, *Braun*, *Weiß*, *Schwarz* und *Beige* beschränkte, höchstens ergänzt durch geläufige Adjektive wie *hell*, *dunkel* und *mittel*. Als in den 1920er- und 1930er-Jahren die Sortimente größer, die Werbung schriller und der Wettbewerb härter wurden, kamen ambitionierte, der Flora, Fauna und Mineralwelt entlehnte Begriffe auf: *Elfenbein*, *Chamois*, *Maulwurfgrau*, *Mausgrau*, *Taubengrau*, *Kastanie*, *Ocker*, *Schiefer*, *Anthrazit*; die Bedeutung blieb verständlich, doch der Farbton wurde vager. Im nächsten Schritt legte man noch ein Schippe drauf: Der Wortschatz füllte sich mit ungenauen, aber reißerischen Begriffen. Sie standen für schwer definierbare Farbtöne – immerhin in Farbtabellen oder schon auf Fotos dargestellt –, die sich vor allem durch ihre Suggestivkraft auszeichneten: *Morgenrot*, *Edelrost*, *Rauch*, *Bernstein*, *Wolke*, *Nebel*, *Staub*. Und in der Folge, seit den sechziger Jahren, verließen die Farbnamen endgültig die Sphäre der Beschreibung und sind bis heute nicht wieder dorthin zurückgekehrt. Von da an lassen sich die gewählten Begriffe überhaupt nicht mehr mit einer Farbe in Verbindung bringen, sondern allein mit Empfindungen, einer Atmosphäre, mit Wünschen und Träumen: *Rausch*, *Vergänglichkeit*, *Ernüchterung*, *nicht heute Abend*, *wie üblich* oder das exquisite *zwischen vielleicht und nicht so ganz* für eine nicht näher bestimmbare Graunuance.

»Zwischen vielleicht und nicht so ganz« – ist das nicht ziemlich genau die Farbe unseres Lebens?

Was ist Farbe?

Farben eindeutig zu definieren ist eine unmögliche Aufgabe. Das habe ich zu Beginn betont und betone es erneut zum Schluss. Für die Geisteswissenschaften ist alles kulturell bedingt, und zwar im engsten Sinne. Schauen wir ein letztes Mal zurück in die Geschichte und erinnern daran, wie die Farben über die Jahrhunderte nacheinander als Materie, als Licht und schließlich als Empfindung definiert wurden. Unsere Kenntnisse und Bräuche sind teilweise das Erbe dieser dreifachen Definition.

In mehreren Sprachfamilien belegt die Etymologie des Worts für Farbe, dass sie zunächst für Materie gehalten und als solche wahrgenommen wurde, als eine Hülle, die Wesen und Gegenstände umgibt. Insbesondere in den indoeuropäischen Sprachen ist dies der Fall. Das lateinische *color* beispielsweise, von dem sich das italienische, französische, spanische, portugiesische und englische Wort für Farbe ableiten, gehört zur großen Familie des Verbs *celare*, das »verbergen«, »umhüllen«, »verstecken« bedeutet: Farben sind das, was verbirgt, bedeckt und bekleidet. Sie sind eine materielle Realität, eine alles umhüllende Schicht, eine zweite Haut oder Oberfläche. Die gleiche Idee findet sich im Griechischen: Das Wort *khrôma* geht auf *khrôs* zurück, das so viel wie »Haut«, »Körperoberfläche« bedeutet. Ähnlich ist es in den germanischen Sprachen: Das deutsche Wort »Farbe«, um nur ein Beispiel zu nennen, stammt von dem urgermanischen Morphem **farwa* ab und bedeutet »Form«, »Haut«, »Hülle«. Und auch Sprachen ohne jeden indoeuropäischen Bezug vermitteln eine ähnliche Vorstellung: Man dachte Farbe ursprünglich als Materie, Hülle, Schicht.

Allerdings sind unser Vokabular und die philosophischen und wissenschaftlichen Theorien zwei unterschiedliche Dinge. In Europa wurden Farben schon früh nicht mehr nur als Materie betrachtet, sondern auch und vor allem als Licht; oder, genauer gesagt, als gebrochenes Licht. Aristoteles sah als einer der Ersten in den Farben Abstufungen des weißen Lichts und entwarf die älteste bekannte Farbskala von der hellsten zur dunkelsten Farbe: Weiß, Gelb, Rot, Grün, Schwarz. Auf der aristotelischen Skala fehlt noch das Blau, das erst im Laufe des Mittelalters zwischen Grün und Schwarz seinen Platz fand.

Diese Farbordnung blieb bis ins 17. Jahrhundert hinein die wissenschaftliche Grundordnung. Genau genommen bis 1665/66, als Isaac Newton seine berühmten Prismenexperimente durchführte und es ihm gelang, das weiße Sonnenlicht in verschiedenfarbige Lichtstrahlen zu zerlegen. Damit verhalf er der Wissenschaft zu einer neuen Farbordnung: dem Spektrum. Darin war nun kein Platz mehr für Schwarz und Weiß, außerdem wurden die Farben in einer Reihenfolge angeordnet, die mit der bisherigen nichts mehr zu tun hatte: Violett, Indigo, Blau, Grün, Gelb, Orange und Rot. Mit der Zeit konnte sich die spektrale Farbeinteilung in den meisten Naturwissenschaften als physiochemische Grundordnung durchsetzen. Sie wurde sogar auf meteorologische Phänomene wie den Regenbogen übertragen, obwohl dessen Farben seit jeher empirisch waren. Und während die alten Gesellschaften im Regenbogen nur drei, höchstens vier Farben entdeckten, neigt unser heutiger Blick dazu, sieben Farben auszumachen: die Farben des Spektrums. Richtig erkennen können wir die sieben Farben nicht. Doch bereits in der Grundschule lernen wir, dass es sieben Farben im Regenbogen gibt; also sehen wir sie. Oder glauben es zumindest.

Die Definition von Farbe als Licht und nicht mehr als Materie bedeutete eine einschneidende Veränderung für die Physik und ab dem 18. Jahrhundert auch für einige technische Verfahren: Die Wissenschaft ging nach und nach dazu über, Farben in

Wellenlängen zu messen, und das Kunsthandwerk, sie in vielen verschiedenen Farbabstufungen zu verwenden. Das Jahrhundert der Aufklärung ist auch das Jahrhundert der Farbmuster. Da Farben nun messbar, kontrollierbar und reproduzierbar waren, büßten sie augenscheinlich einen Teil ihres Geheimnisses ein. Zumal auch die Malerei begann, sich den wissenschaftlichen Theorien zu unterwerfen: Sie richtete ihre Farbpalette nach dem Spektrum aus, unterschied zwischen Primär- und Sekundärfarben und glaubte an die Gesetze der Optik und Wahrnehmung. Etwas später unterstrichen die Neurowissenschaften ihrerseits die Bedeutung der Wahrnehmung und verkündeten, Farbe sei nicht nur materielle Hülle und physikalisches Phänomen, sondern auch sinnliche Erfahrung: die Erfahrung nämlich eines Farbeffekts, der durch das Auge aufgenommen und an das Gehirn weitergeleitet werde. Farbwahrnehmung basiere auf dem Zusammenspiel dreier Elemente: einer Lichtquelle, einem Objekt, das von ihr beschienen wird, und einem reizaufnehmenden Organ, über das der Mensch in Form seines komplexen – sowohl biologischen als auch kulturellen – Wahrnehmungsapparats verfüge, seiner Auge-Gehirn-Verbindung.

Heutzutage wird der reizempfangende Mensch im Experiment durch einen Sensor ersetzt, und die Ansichten driften stark auseinander. Für die Naturwissenschaften sind die aufgenommenen Wellenlängen nach wie vor Farben, eben in Wellenlängen messbare. Für die Geisteswissenschaften sind die aufgenommenen Wellenlängen keine Farben, sondern Licht: Farbe existiert nur, wenn sie wahrgenommen wird, das heißt, wenn sie nicht nur mit den Augen gesehen, sondern mit allen Sinnen aufgenommen und von Gedächtnis, Vorwissen und Vorstellungskraft entschlüsselt wird. Diesen Vorgang beschrieb Goethe bereits im dritten Teil seiner 1810 veröffentlichten *Farbenlehre*, als er fragte: »Ist ein rotes Kleid auch dann noch rot, wenn niemand es ansieht?« Der Universalgelehrte antwortete auf diese grundlegende Frage mit »Nein«. Ich stimme ihm da zu.

Die Farben der Physik oder Chemie sind also andere als die der Neurologie oder Biologie. Die wiederum unterschieden sich von denen der Geschichtswissenschaft, der Soziologie und Anthropologie. Letztere – und allgemein alle Geisteswissenschaften – definieren und untersuchen Farben in erster Linie als gesellschaftliches Faktum. Demnach sind es nicht nur natürliche Gegebenheiten, Pigmente, Augen und das Gehirn, sondern ist es die Gesellschaft, die Farben »macht«, sie definiert und ihnen Sinn verleiht, die ihre Codes und Werte festlegt, die Bräuche und Aspekte bestimmt.

Für den Historiker bedeutet das Reden über Farben daher zunächst das Reden über die Geschichte der Wörter und der Sprache, über die Geschichte der Pigmente und Farbstoffe, der Mal- und Färbetechniken. Vor allem aber geht es um den Platz von Farben im täglichen Leben, um die Codes und Farbsysteme, die mit ihnen einhergehen, um farbspezifische Vorgaben, um die Entwicklung der Moralvorstellungen und Symbole in den Religionen, um die Thesen der Wissenschaft und die Erfindungen der Kunst. Die Fülle der Forschungsgebiete und Denkansätze stellt die Geisteswissenschaft vor vielfältige Fragen. Farbphänomene sind naturgemäß ein transdokumentarisches Beobachtungsfeld. Einige Bereiche erwiesen sich im Gegensatz zu anderen in der Praxis als besonders fruchtbar. Das gilt insbesondere für die Bereiche Färberei, Stoffe und Bekleidung. Mehr als in der Malerei oder der Kunst gehen hier chemische, technische oder materielle Fragestellungen Hand in Hand mit sozialen, ideologischen oder symbolischen Aspekten. In jeder Gesellschaft sind Stoffe und Kleidung die ersten Farbträger, sie bilden die ersten Farbcodes und Klassifikationssysteme. Sie assoziieren, opponieren, unterscheiden, hierarchisieren: Die erste Funktion von Farbe ist oft das Klassifizieren. Das Unterscheiden von Wesen und Dingen, Tieren und Pflanzen, Individuen und Gruppen, Orten und Zeiten, Ideen und Träumen. Auch von Erinnerungen …

Um das zu tun, stützen sich die meisten Gesellschaften, entgegen der landläufigen Meinung, auf eine sehr begrenzte Farbauswahl. Lange Zeit waren in vielen Kulturen drei Farben wichtiger als alle anderen, zumindest in ideologischer und symbolischer Hinsicht: Weiß, Rot und Schwarz; also Weiß und seine beiden Gegenpole. Später, im Laufe der Jahrhunderte gesellten sich, in jeder Kultur auf ganz eigene Weise, drei weitere Farben dazu, bis die Anzahl der Grundfarben auf sechs gestiegen war: Weiß, Rot, Schwarz, Grün, Gelb, Blau.

So geschah es auch in den westlichen Gesellschaften: Die Triade Weiß-Rot-Schwarz dominierte die Zeit von der Jungsteinzeit (oder einer noch früheren Epoche) bis ins Hochmittelalter, dann kamen die drei weiteren Farben hinzu. Der Wandel vollzog sich zwischen dem 11. und dem 14. Jahrhundert. Seitdem gab es kaum noch Veränderungen. Ungeachtet des wissenschaftlichen Fortschritts und der physikochemischen Theorien, ungeachtet der Entdeckung des Spektrums, ungeachtet der Unterscheidung in Primär- und Sekundärfarben, ungeachtet der Weigerung, Schwarz und Weiß als eigenständige Farben anzusehen, lebt die westliche Welt nach wie vor mit einem System aus sechs Farben: Weiß, Rot, Schwarz, Grün, Gelb und Blau. Die sind es auch, die Kinder und Erwachsene bei Befragungen auf der Straße als Erste nennen, wenn sie nach Farben gefragt werden. Die nächstfolgenden Farben – Orange, Rosa, Violett, Braun, Grau – gelten nur als Halbfarben, beziehungsweise als »zweitrangig«. Und was kam danach? Nichts mehr, zumindest kamen keine echten, isolier- oder kategorisierbaren Farben hinzu, sondern nur noch Nuancen und Nuancen von Nuancen.

So gestaltete sich im Zeitraffer die Entwicklung der Farben in Europa und der westlichen Welt. Anderswo verlief die Farbgeschichte oft in einem anderen Tempo, nach anderen Mustern, mit anderen Variablen. Einige Kulturen zergliedern Farbeinheiten nicht so, wie es in der abendländischen gang und gäbe ist, sondern haben ihre eigenen Parameter. In Schwarzafrika war bis vor kurzem nicht von Belang, ob eine Farbe rot, grün, gelb oder blau ist, sondern trocken oder feucht, glatt oder rau, weich oder hart, dumpf oder klingend. Um diese Parameter herum bildete sich in mehreren afrikanischen Sprachen ein eigenes Farbvokabular. Farben existieren dort nicht kontextunabhängig und sind schon gar nicht ein allein vom Sehen abhängiges Phänomen, da sie in Kombination mit anderen sensorischen Parametern wahrgenommen werden. Ähnlich verhält es sich auch in anderen Teilen der Welt, etwa in Zentralasien oder im hohen Norden. Die westlichen Farbdefinitionen sind dort nicht gebräuchlich.

Die Unterschiede zwischen den Gesellschaften sind von grundlegender Bedeutung und sollten stets im Auge behalten werden, gerade weil der Westen über Jahrhunderte dazu tendierte, der ganzen Welt den Großteil seines Wissens, seiner Praktiken und seiner Werte aufzuzwingen. Heute gibt es fast überall auf der Welt sechs Grundfarben, teils schon seit langem, teils seit kurzem. Sie zu definieren ist unmöglich, da sie im Gegensatz zu den Nebenfarben keinen naturgegebenen oder objektiven Bezugspunkt haben. Die Begriffe, die sie bezeichnen, sind weder konkret noch begründet.

Geben wir ein letztes Mal dem Philosophen Ludwig Wittgenstein das Wort. Von ihm stammt ein Satz, der vielleicht das Wichtigste ist, das je zu dem Thema geschrieben wurde. Er scheint mir besser als jeder andere geeignet, ein Erinnerungsbuch zu beenden, dessen einziger und schwer fassbarer Gegenstand die Farbe ist:

> Auf die Frage »Was bedeutet ›rot‹, ›blau‹, ›schwarz‹, ›weiß‹?« können wir freilich gleich auf Dinge, die so gefärbt sind, zeigen, – aber das ist auch alles: weiter geht unsre Fähigkeit die Bedeutungen zu erklären nicht. (*Bemerkungen über die Farben*, III, 102).

Weiterführende Literatur

Allgemeines

Birren, Faber, *Color. A Survey in Words and Pictures*, New York, University Books, 1963.

Birren, Faber, *Schöpferische Farbe*, dt. von Jonas Zenker, Winterthur, Werk-Verlag, 1971.

Conklin, Harold C., «Color Categorization», *American Anthropologist*, vol. LXXV / 4, 1973, S. 931–942.

Gage, John, *Kulturgeschichte der Farbe: von der Antike bis zur Gegenwart*, dt. von Magda Moses und Bram Opstelten, Leipzig, Seemann, 2009.

Gage, John, *Die Sprache der Farben: Bedeutungswandel der Farbe in der Wissenschafts- und Kunstgeschichte*, dt. von Bram Opstelten, Leipzig, Seemann, 2011.

Gerschel, Lucien, «Couleurs et teintures chez divers peuples indoeuropéens», *Annales E.S.C.*, 1966, S. 608–631.

Indergand, Michel und Fagot, Philippe, *Bibliographie de la couleur*, Paris, Société des amis de la Bibliothèque Forney, 1984–1988.

Junod, Philippe und Pastoureau, Michel, Hrsg., *La couleur: Regards croisés sur la couleur du Moyen Âge au xxe siècle*, Paris, Le Léopard d'or, 1994.

Meyerson, Ignace, Hrsg., *Problèmes de la couleur*, Paris, S.E.V.P.E.N., 1957.

Pastoureau, Michel, *Blau – Die Geschichte einer Farbe*, dt. von Antoinette Gittinger, Berlin, Wagenbach, 2013.

Pastoureau, Michel, *Schwarz: Geschichte einer Farbe*, dt. von Birgit Lamerz-Beckschäfer, Darmstadt, Philipp von Zabern, 2016.

Pastoureau, Michel und Simonnet, Dominique, *Le Petit Livre des couleurs*, Paris, Seuil, 2006.

Portmann, Adolf und Ritsema, Rudolf, Hrsg., *The realms of colour = Die Welt der Farben*, Leiden, Brill, 1974 (*Eranos Yearbook*, 1972).

Pouchelle, Marie-Christine, Hrsg., *Paradoxes de la couleur*, Paris, 1990 (numéro spécial de la revue *Ethnologie française*, t. 20/4, oct.–déc. 1990).

Tornay, Serge, Hrsg., *Voir et nommer les couleurs*, Nanterre, Labethno, 1978.

Vogt, Hans-Heinrich, *Farben und ihre Geschichte: von der Höhlenmalerei zur Farbchemie*, Stuttgart, Franckh, 1973.

Zahan (Dominique), «L'homme et la couleur», in: Jean Poirier, Hrsg., *Histoire des moeurs*, t. I, *Les Coordonnées de l'homme et la Culture matérielle*, Paris, Gallimard, 1990, S. 115–180.

Farbvokabular und Sprachliches

André, Jacques, *Étude sur les termes de couleurs dans la langue latine*, Paris, Klincksieck, 1949.

Baum, Maggy und Boyeldieu-Duyck, Chantal, *Passepoil, piqûres, paillettes. Dictionnaire du fil, des aiguilles et des étoffes*, Vorwort von Lydia Flem, Paris, Seuil, 2008.

Berlin, Brent und Kay, Paul, *Basic Color Terms. Their Universality and Evolution*, Berkeley, University of California Press, 1969.

Crosland, Maurice P., *Historical Studies in the Language of Chemistery*, London, Heinemann, 1962.

Favre, Jean-Paul und November, André, *Color and Communication*, dreisprachig: dt., engl., frz.; dt. von Pater Naujack, Zürich, ABC-Verlag, 1979.

Grossmann, Maria, *Colori e lessico: studi sulla struttura semantica degli aggettivi di colore in catalano, castigliano, italiano, romena, latino ed ungherese*, Tübingen, G. Narr, 1988.

Indergand, Michel/Lanthony, Philippe und Sève, Robert, *Dictionnaire des termes de la couleur*, Avallon, Terra rossa, 2007.

Jacobson-Widding, Anita, *Red-White-Black as a Mode of Thought*, Stockholm, Almqvist & Wiksell, 1979.

Kristol, Andres M., *Color. Les langues romanes devant le phénomène de la couleur*, Bern, 1978.

Magnus, Hugo, *Histoire de l'évolution du sens des couleurs*, Paris, 1878.

Meunier, Annie, «Quelques remarques sur les adjectifs de couleur», *Annales de l'Université de Toulouse*, vol. 11/5, 1975, S. 37–62.

Mollard-Desfour, Annie, *Le dictionnaire des mots et expressions de la couleur du XXe siècle: Le Bleu*, Paris, CNRS éditions, 1998; *Le Rouge*, Paris, CNRS éditions, 2000; *Le Rose*, Paris, CNRS éditions, 2002; *Le Noir*, Paris, CNRS éditions, 2005; *Le Blanc*, Paris, CNRS éditions, 2007.

Wierzbicka, Anna, «The Meaning of Color Terms: Semantics, Culture, and Cognition», *Cognitive Linguistics*, vol. I/1, 1990, S. 99–150.

Färberei und Pigmente

Bomford, David et al., *Art in the Making: Impressionism*, London, National Gallery, 1990.

Brunello, Franco, *L'arte della tintura nella storia dell'umanita*, Vicenza, N. Pozza, 1968.

Cardon, Dominique und Du Châtenet, Gaëtan, *Guide des teintures naturelles*, Neuchâtel et Paris, Delachaux et Niestlé, 1990.

Delamare, François und Guineau, Bernard, *Les Matériaux de la couleur*, Paris, Gallimard, 1999.

Feller, Robert L. und Roy, Ashok, *Artists' Pigments. A Handbook of their History and Characteristics*, Washington, National Gallery of Art, 1985–1986, 2 vol.

Guineau, Bernard, Hrsg., *Pigments et colorants de l'Antiquité et du Moyen Âge*, Paris, Édition du Centre National de la Recherche Scientifique, 1990.

Harley, Rosamond D., *Artists' Pigments* (c. 1600–1835), 2nd. ed., London, Butterworth Scientific, 1982.

Hours, Magdeleine, *Les Secrets des chefs-d'œuvres*, Paris, R. Laffont, 1988.

Jaoul, Martine, Hrsg., *Des teintes et des couleurs*, exposition, Paris, 1988.

Kittel, Hans, Hrsg., *Pigmente: Herstellung, Eigenschaften, Anwendung*, 3. Aufl., Stuttgart, Wissenschaftliche Verlags-Gesellschaft, 1960.

Montagna, Giovanni, *I pigmenti. Prontuario per l'arte e il restauro*, Florenz, Nardini, 1993.

Pastoureau, Michel, *Jésus chez le teinturier. Couleurs et teintures dans l'Occident médiéval*, Paris, Le Léopard d'or, 1998.

Reclams Handbuch der künstlerischen Techniken. I: *Farbmittel, Buchmalerei, Tafel-und Leinwandmalerei*, 2. Aufl., Stuttgart, 1988.

Techné. La science au service de l'histoire de l'art et des civilisations, vol. 4, 1996 («La couleur et ses pigments»).

Varichon, Anne, *Couleurs, pigments et teintures dans les mains des peuples*, Paris, Seuil, 2000.

Farben, Kleider und Gesellschaft

Augé, Marc, *Ein Ethnologe in der Metro*, dt. von Eva Moldenhauer, Frankfurt, Campus Verlag, 1988.

Augé, Marc, *Le Métro revisité*, Paris, Seuil, 2008.

Batchelor, David, *La Peur de la couleur*, Paris, Éditions Autrement, 2001.

Birren, Faber, *Selling Color to People*, New York, University Books, 1956.

Boehn, Max von, *Die Mode. Menschen und Moden vom Untergang der alten Welt bis zum Beginn des zwanzigsten Jahrhunderts*, München, Bruckmann, 1907–1925, 8 vol.

Boucher, François, *Histoire du costume en Occident de l'Antiquité à nos jours*, Paris, Flammarion, 1965.

Couleur, travail et société du Moyen Âge à nos jours, exposition, Lille, 2004.

Eco, Renate, Hrsg., *Colore: divietti, decreti, discute*, Milan, 1985 (Sonderausgabe der Zeitschr. *Rassegna*, vol. 23, Sept. 1985).

Fagot, Philippe, «Rêver la couleur sans la toucher. Mise en scène de la chromaticité par les catalogues de vente par correspondance», in: *Couleurs, travail et société du Moyen Âge à nos jours*, exposition, Lille, 2004, S. 74–81.

Friedmann, Daniel, *Une histoire du blue-jean*, Paris, Ramsay, 1987.

Harvey, John, *Men in Black*, London, Reaktion Books, 1995.

Heller, Eva, *Wie Farben wirken. Farbpsychologie, Farbsymbolik, Kreative Farbgestaltung*, Reinbek bei Hamburg, Rowohlt, 1999.

Lauffer, Otto, *Farbensymbolik im deutschen Volksbrauch*, Hamburg, Hansischer Gildenverlag, 1948.

Lenclos, Jean-Philippe und Dominique, *Les Couleurs de la France. Maisons et paysages*, Paris, Éditions du Moniteur, 1982.

Lenclos, Jean-Philippe und Dominique, *Les Couleurs de l'Europe. Géographie de la couleur*, Paris, Éditions du Moniteur, 1995.

Lurie, Alison, *The Language of Clothes*, London, Heinemann, 1981.

Nathan, Harriet, *Levi Strauss and Company, Taylors to the World*, Berkeley, University of California, 1976.

Nixdorff, Heide und Müller, Heidi, Hrsg., *Weiße Westen – rote Roben. Von den Farbordnungen des Mittelalters zum individuellen Farbgeschmack*, Berlin, Museum für Völkerkunde, 1983.

Noblet, Jocelyn de, Hrsg., *Design, miroir du siècle*, Paris, Flammarion, 1993.

Noël, Benoît, *L'Histoire du cinéma couleur*, Croissy-sur-Seine, Press'communication, 1995.

Pastoureau, Michel, «Du vague des drapeaux», *Le Genre humain*, vol. 20 (Face au drapeau), 1989, S. 119–134.

Pastoureau, Michel, *Dictionnaire des couleurs de notre temps. Symbolique et société*, 4. éd., Paris, C. Bonneton, 2007.

Rabbow, Arnold, *dtv-Lexikon politischer Symbole*, München, dtv, 1970.

Philosophie und Wissenschaftsgeschichte

Blay, Michel, *La Conceptualisation newtonienne des phénomènes de la couleur*, Paris, J. Vrin, 1983.

Blay, Michel, *Les Figures de l'arc-en-ciel*, Paris, Éditions Carré, 1995.

Boyer, Carl B., *The Rainbow: from Myth to Mathematics*, New York, Yoseloff, 1959.

Goethe, Wolfgang, *Zur Farbenlehre*, Tübingen, J. G. Cotta'sche Buchhandlung, 1808–1810, 2 vol.

Goethe, Wolfgang, *Materialien zur Geschichte der Farbenlehre*, Neuaufl., München, dtv, 1971–1972, 2 Bd.

Halbertsma, K.J.A., *A History of the Theory of Colour*, Amsterdam, Swets en Zeitlinger, 1949.

Lanthony, Philippe, *Des yeux pour peindre*, Paris, Éditions de la Réunion des musées nationaux, 2006.

Lindberg, David C., *Theories of Vision from Al-Kindi to Kepler*, Chicago, University of Chicago Press, 1976.

Newton, Isaac, *Opticks or a Treatise of the Reflexions, Refractions, Inflexions and Colours of Light*, London, Éditions Carré, 1704.

Pastore, Nicholas, *Selective History of Theories of Visual Perception*, 1650–1950, Oxford, Oxford University Press, 1971.

Sepper, Dennis L., *Goethe contra Newton.Polemics and the Project of a New Science of Color*, Cambridge, Cambridge University Press, 1988.

Sève, Robert, *Physique de la couleur. De l'apparence colorée à la technique colorimétrique*, Paris, Masson, 1996.

Sherman, Paul D., *Colour Vision in the Nineteenth Century: the Young-Helmholtz-Maxwell Theory*, Bristol, Hilger, 1981.

Westphal, Jonathan, *Colour: a Philosophical Introduction*, 2nd. ed., Oxford, Blackwell, 1991.

Wittgenstein, Ludwig, G.E.M. Anscombe, Hrsg., *Bemerkungen über die Farben*, Frankfurt/Main, Suhrkamp, 1979.

Zuppiroli, Libero et al., *Traité des couleurs*, Lausanne, Presses Polytechniques et Universitaires Romandes, 2001.

Geschichte und Kunsttheorie

Albers, Josef, *L'Interaction des couleurs*, 2é. éd., Paris, Hazan, 2008.

Aumont, Jacques, *Introduction à la couleur: des discours aux images*, Paris, Armand Colin, 1994.

Brusatin, Manlio, *Geschichte der Farben*, dt. von Sabine Schulz, mit einem Vorwort von Louis Marin, Berlin, Diaphanes, 2003.

Dittmann, Lorenz, *Farbgestaltung und Farbtheorie in der abendländischen Malerei*, Darmstadt, Wissenschaftliche Buchgesellschaft, 1987.

Hall, Marcia B., *Color and Meaning. Practice and Theory in Renaissance Painting*, Cambridge (Mass.), Cambridge University Press, 1992.

Imdahl, Max, *Farbe. Kunsttheoretische Reflexionen in Frankreich*, München, Fink, 1987.

Itten, Johannes, *Kunst der Farbe*, 4. Aufl., Ravensburg, O. Maier, 1961.

Kandinsky, Wassily, *Über das Geistige in der Kunst*, München, R. Piper, 1912.

Le Rider, Jacques, *Farben und Wörter: Geschichte der Farbe von Lessing bis Wittgenstein*, dt. von Dirk Weissmann, Köln, Böhlau, 2000.

Lichtenstein, Jacqueline, *La Couleur éloquente. Rhétorique et peinture à l'âge classique*, Paris, Flammarion, 1989.

Roque, Georges, *Art et science de la couleur. Chevreul et les peintres de Delacroix à l'abstraction*, 2é. éd., Paris, Gallimard, 2009.

Rubens contre Poussin. La querelle du coloris dans la peinture française à la fin du XVIIe siècle, exposition, Arras, Éditions Carré, 2004.

Teyssèdre, Bernard, *Roger de Piles et les Débats sur le coloris au siècle de Louis XIV*, Paris, Bibliothèque des Arts, 1957.

Einige chronologische Anhaltspunkte zum vorliegenden Buch

17. Juni 1947: Geburt in Paris

1947–1956: Kindheit in Montmartre, oben auf dem Hügel, wo auch die Apotheke meiner Mutter steht.

Juli 1948: Gino Bartali gewinnt zum zweiten Mal die *Tour de France.*

1950–2010: Sommerferien in einem Badeort an der bretonischen Nordküste, in Le Val-André (Côtes-d'Armor)

Frühjahr 1951: Pastoureau-Carrouges-Affäre: endgültiger Bruch zwischen meinem Vater und André Breton

1952–1956: Regelmäßige Besuche im Atelier des Malers Marcel Jean am Fuß des Montmartre

1954: Erster Besuch im Louvre; erste Pfadfinderaktivitäten

Sommer 1955: Richard Thorpes Film *Ivanhoe – Der schwarze Ritter* läuft an fünf Tagen hintereinander im Kino. Damit ist die Leidenschaft für das Mittelalter geweckt.

1957–1997: Ferien und zahlreiche Aufenthalte in einem kleinen Dorf in der Normandie: Saint-Céneri-le-Gérei (Orne)

1. Oktober 1957: Eintritt ins Lycée Michelet in Vanves

1958–1960: Erste »Farbkapriolen« (das gelbe Fahrrad, das marineblaue Jackett)

Frühjahr 1960: Erste Begegnung mit der Heraldik – im Lycée lässt ein Kunstlehrer uns ein Buntglasfenster mit einem Wappen von 1500 abzeichnen.

1960–1965: Meine Leidenschaften als Jugendlicher: Farben, Heraldik, Schach, Sport, insbesondere Leichtathletik.

1965–1968: »Classes préparatoires« am Lycée Henri-IV

1968–1972: Studium an der *École nationale des chartes*; Doktorarbeit über das mittelalterliche Bestiarium, erste ernsthafte Recherchen zur Farbgeschichte

1972–1982: Anstellung als Konservator im *Cabinet des Médailles et Antiques de la Bibliothèque nationale*: eine Welt voller Münzen, aber mit nur wenigen Farben.

1974–1975: Militärdienst, fünfwöchige Ausbildung in der Provence: erster und einziger Kontakt mit der Trikolore; anschließend elf Monate im »wissenschaftlichen Dienst« am *Musée de l'Armée* in Paris. Dort, in der Museumsbibliothek, die ich nachmittags betreue, in die sich jedoch niemand verirrt, schreibe ich mein erstes Buch: *Das Alltagsleben zu Zeiten der Ritter der Tafelrunde.*

1977: Erscheinen meines ersten Artikels über die Farbgeschichte im Mittelalter

1979: Veröffentlichung von *Traité d'héraldique* (Picard)

Dezember 1980: Erste Reise in die USA: große Enttäuschung

1982: Berufung zum *Directeur d'études* an der *École pratique des hautes études.* Es folgte eine 28 Jahre währende Lehrtätigkeit – die Hälfte meiner Veranstaltungen widmete ich der Geschichte und Symbolik der Farben, die andere Hälfte der Tiergeschichte.

1991: Veröffentlichung von *Des Teufels Tuch: eine Kulturgeschichte der Streifen und der gestreiften Stoffe* (Campus)

1992: Veröffentlichung des *Dictionnaire des couleurs de notre temps. Symbolique et société contemporaines* (Bonneton)

1996: Besuch der Vermeer-Ausstellung in Den Haag

1998: Veröffentlichung von *Jésus chez le teinturier. Couleurs et teintures dans l'Occident médiéval* (Le Léopard d'or)

2000: Veröffentlichung des französischen Originals von *Blau – Die Geschichte einer Farbe* (Wagenbach)

2009: Veröffentlichung des französischen Originals von *Schwarz: Geschichte einer Farbe* (Zabern)

2013: Veröffentlichung des französischen Originals von *Vert* (Grün)

2016: Veröffentlichung des französischen Originals von *Rouge* (Rot)

2019: Veröffentlichung des französischen Originals von *Jaune* (Gelb)

2022: Veröffentlichung des französischen Originals von *Blanc* (Weiß)

Danksagungen

Dies ist ein Buch voller Erinnerungen, das aus meiner eigenen Geschichte schöpft, aus Selbsterlebtem oder Erzählungen und Reflexionen aus erster Hand. Es ist außerdem das Ergebnis von Gesprächen, Kontakten und jahrelangem Austausch mit zahlreichen Verwandten, Freundinnen und Freunden, Studierenden sowie Kolleginnen und Kollegen. Mein Dank gilt all jenen, die sich auf das »Spiel der Farben« eingelassen und meine Fantastereien, Obsessionen und Farbkapriolen – teils seit fast einem halben Jahrhundert – ertragen haben.

Mein besonderer Dank gilt: Emmanuelle Adam, Irène Aghion, Odile Blanc, Pierre Bureau, Perrine Canavaggio, Yvonne Cazal, Claude Coupry, Philippe Fagot, Henri Dubief (†), Michel Indergand, François Jacquesson, Philippe Junod, Laurence Klejman, Christine Lapostolle, Maurice Olender, Anne Pastoureau, Laure Pastoureau, Caroline Pichon, François Poplin, Claudia Rabel.

Für die deutsche Ausgabe: Ein besonderer Dank geht an Dr. Ludwig Biewer und Guido Dankwarth M. A. vom HEROLD. Verein für Heraldik, Genealogie und verwandte Wissenschaften e.V. zu Berlin für ihre Mithilfe bei der Übertragung der Blasonierungen.

Zum Autor

Michel Pastoureau wird 1947 in Paris geboren und studiert an der Sorbonne sowie an der *École des chartes*, wo er 1972 mit einer Arbeit über die mittelalterlichen Wappentiere die Doktorwürde erlangt. Zunächst arbeitet er als Konservator im *Cabinet des Médailles der Bibliothèque nationale*, bevor er 1982 als *Directeur d'études an die École pratique des hautes études* (4e section) berufen wird, wo er siebenunddreißig Jahre lang den Lehrstuhl für die Geschichte der mittelalterlichen Symbolik innehat. Ebenso ist er zwanzig Jahre lang (1986–2006) als *Directeur d'études associé an der École des hautes etudes en sciences sociales* tätig, wo er Lehrveranstaltungen zur Symbolgeschichte der europäischen Gesellschaften anbietet.

Darüber hinaus bekleidet er verschiedene Ämter an Universitäten und in Vereinen, unter anderem als Gastprofessor an mehreren Universitäten in Europa,namentlich in Lausanne und Genf. Er wird *Correspondant* am Institut de France (*Académie des inscriptions et belles-lettres*) und Ehrenpräsident der *Société française d'héraldique et de sigillographie.*

Michel Pastoureaus Bibliografie, die 2021 von seinen Studenten, Kollegen und Freunden für den Vorlesungsband *Mélanges* zusammengestellt wurde, umfasst 82 Bücher und um die 300 Artikel. In seinen ersten Arbeiten greift er Themen aus seiner Doktorarbeit auf und widmetet sich der Analyse von Wappen, Siegeln und Bildern. Seine Veröffentlichungen tragen dazu bei, die in akademischen Kreisen einst wenig geschätzte Heraldik als eigenständiges Fach der Geschichtswissenschaft zu etablieren. Er beschäftigt sich auch intensiv mit der Artuslegende und der literarischen Symbolik. Seit den 1980er-Jahren forscht und lehrt er jedoch vornehmlich zur Geschichte der Farben. In diesem neu zu erschließenden Bereich gilt er heute international als führender Spezialist. Neben seinen sonstigen Projekten führt er stets die Forschung zu Wappentieren und echten Tieren fort, insbesondere im Kontext der römischen Antike und des christlichen Mittelalters. Aktuell liegt hierin der Schwerpunkt seiner Forschung.

Lesen Sie weiter ...

Kunst- und Kulturgeschichte …

... **bei Wagenbach**

Die französische Originalausgabe erschien 2010
unter dem Titel *Les couleurs des nos souvenirs*
in der Reihe «La Librairie du XXIe siècle», herausgegeben
von Maurice Olender bei Éditions de Seuil in Paris.

Dieses Buch erscheint im Rahmen des Förderprogramms
des französischen Außenministeriums, vertreten durch
die Kulturabteilung der französischen Botschaft in Berlin.

INSTITUT FRANÇAIS
DEUTSCHLAND

FSC
www.fsc.org
MIX
Papier aus verantwortungsvollen Quellen
FSC® C014889

Emser Straße 40/41, 10719 Berlin www.wagenbach.de

Covergestaltung: Julie August unter Verwendung einer Fotografie
© NPL – DeA Picture Library / C. Sappa / Bridgeman Images.
Gesetzt aus der Sabon und der Akzidenz Grotesk.
Gedruckt und gebunden bei Pustet, Regensburg.

ISBN 978 3 8031 3725 8